JN176476

ヘーゲル
講義録
入門

寄川条路 編

Einführung in die Nachschriften von Hegels Vorlesungen

法政大学出版局

目次

まえがき

校訂版『ヘーゲル全集』(Hegel: *Gesammelte Werke*) は、一九六八年に第一部「著作集」の最初の巻 (第四巻『イェーナ批評集』) が出版され、それから四十六年後の二〇一四年にようやく最後の巻 (第二巻『初期著作集Ⅱ』) が出版された。これによって全集の第一部「著作集」全二十二巻が完結したことになる。それと同時に、全集の第二部「講義録」の出版が本格的に始まった。また、テキストの出版にあわせてヘーゲル研究の対象も、ヘーゲル自身が書いた著作と草稿から、ヘーゲルの講義を聴講していた学生たちの筆記録へと移っていった。

『ヘーゲル全集』第二部「講義録」の出版のために、全集の編集作業をしているドイツのヘーゲル文庫は、『ヘーゲル研究』(*Hegel-Studien*) の第二十六号 (一九九一年) で特集を組んでいる。筆記録についての報告と論文からなるこの特集号は、その後のヘーゲル研究にとって欠くことのできない基礎資料となった。そこでまずは、この特集号を日本語に翻訳して、ヘーゲル哲学に関心を持つ日本の読者にドイツの本格的なヘーゲル研究を紹介した。それが、オットー・ペゲラー編『ヘーゲル講義録研究』(法政大学出版局、二〇一五年) である。

そして本書では、ヘーゲル研究の必読書である『ヘーゲル講義録研究』と、そのもとになった『ヘーゲル研究』を踏まえながら、日本の読者に『ヘーゲル全集』のその後の進捗状況を伝え、そこからさらに一歩を踏み出して、気鋭のヘーゲル研究者が最新の研究成果を披露するものである。

本書『ヘーゲル講義録入門』では、「ヘーゲルの哲学講義」についての論文を序章として、つづいて『ヘーゲル全集』の第二部をなす「講義録」を内容別に考察していく。目次を見ると、「論理学講義」から始まって、「論理学・形而上学講義」「自然哲学講義」「精神哲学講義」「法哲学講義」「国家学講義」「歴史哲学講義」「美学講義」「芸術哲学講義」「宗教哲学講義」「神学講義」「哲学史講義」というように、各論文が講義科目ごとに並んでいるのがわかる。したがって、本書を一読するだけで、ヘーゲル研究の全体を概観することができる。加えて、ドイツで「ヘーゲル研究」と呼ばれているものが、そもそもどのようなものであって、これからどのような方向へ進んでいくのかも見えてくる。

『ヘーゲル全集』の第一部「著作集」は「ヘーゲルが書いたもの」であり、第二部「講義録」は「ヘーゲルが語ったもの」である。ヘーゲル哲学を研究するとは、ヘーゲルが書いたものを読むことであり、ヘーゲルが語ったものを聞くことである。この点を確認するために、最初に、『ヘーゲル全集』第一部「著作集」の内容目次を挙げておく。

校訂版『ヘーゲル全集』全三十巻（一九六八年～現在）。

Georg Wilhelm Friedrich Hegel: *Gesammelte Werke*, hrsg. von der Nordrhein-Westfälischen Akademie der Wissenschaften und der Künste, Hamburg: Meiner, 1968 ff.（= GW）

GW 1: *Frühe Schriften I*, hrsg. von Friedhelm Nicolin und Gisela Schüler, 1989.

GW 2: *Frühe Schriften II*, hrsg. von Walter Jaeschke, 2014.

GW 3: *Frühe Exzerpte (1785–1800)*, hrsg. von Friedhelm Nicolin und Gisela Schüler, 1991.

GW 4: *Jenaer kritische Schriften*, hrsg. von Hartmut Buchner und Otto Pöggeler, 1968.

GW 5: *Schriften und Entwürfe (1799–1808)*, hrsg. von Manfred Baum und Kurt Rainer Meist, 1998.

GW 6: *Jenaer Systementwürfe I*, hrsg. von Klaus Düsing und Heinz Kimmerle, 1975.

GW 7: *Jenaer Systementwürfe II*, hrsg. von Rolf-Peter Horstmann und Johann Heinrich Trede, 1971.

GW 8: *Jenaer Systementwürfe III*, hrsg. von Rolf-Peter Horstmann und Johann Heinrich Trede, 1976.

GW 9: *Phänomenologie des Geistes*, hrsg. von Wolfgang Bonsiepen und Reinhard Heede, 1980.

GW 10: *Nürnberger Gymnasialkurse und Gymnasialreden (1808–1816)*, hrsg. von Klaus Grotsch, 2006.

GW 11: *Wissenschaft der Logik. Erster Band. Die objektive Logik (1812/13)*, hrsg. von Friedrich Hogemann und Walter Jaeschke, 1978.

GW 12: *Wissenschaft der Logik. Zweiter Band. Die subjektive Logik (1816)*, hrsg. von Friedrich Hogemann und Walter Jaeschke, 1981.

GW 13: *Enzyklopädie der philosophischen Wissenschaften im Grundrisse (1817)*, hrsg. von Wolfgang Bonsiepen und Klaus Grotsch, 2001.

GW 14: *Grundlinien der Philosophie des Rechts*.

— GW 14/1: *Naturrecht und Staatswissenschaft im Grundrisse*, hrsg. von Klaus Grotsch und Elisabeth Weisser-Lohmann, 2009.

— GW 14/2: *Beilagen*, hrsg. von Klaus Grotsch und Elisabeth Weisser-Lohmann, 2010.

— GW 14/3: *Anhang*, hrsg. von Klaus Grotsch und Elisabeth Weisser-Lohmann, 2012.

GW 15: *Schriften und Entwürfe I (1817–1825)*, hrsg. von Friedrich Hogemann und Christoph Jamme, 1990.

GW 16: *Schriften und Entwürfe II (1826–1831)*, hrsg. von Friedrich Hogemann, 2001.

GW 17: *Vorlesungsmanuskripte I (1816–1831)*, hrsg. von Walter Jaeschke, 1987.

GW 18: *Vorlesungsmanuskripte II (1816–1831)*, hrsg. von Walter Jaeschke, 1995.

GW 19: *Enzyklopädie der philosophischen Wissenschaften im Grundrisse (1827)*, hrsg. von Wolfgang Bonsiepen und

Hans Christian Lucas, 1989.

GW 20: *Enzyklopädie der philosophischen Wissenschaften im Grundrisse (1830)*, hrsg. von Wolfgang Bonsiepen und Hans Christian Lucas, 1992.

GW 21: *Wissenschaft der Logik. Erster Band. Die Lehre vom Sein (1832)*, hrsg. von Friedrich Hogemann und Walter Jaeschke, 1984.

GW 22: *Exzerpte und Notizen (1809–1831)*, hrsg. von Klaus Grotsch, 2013.

つぎに、『ヘーゲル全集』第二部「講義録」の内容目次を挙げておく。講義録は、第一部の「著作集」とは違って、複数の学生が複数の学期に記録しているため、講義科目ごとに分冊になって出版されている。

GW 23: *Vorlesungen über die Wissenschaft der Logik*.

—— GW 23/1: *Nachschriften zu den Kollegien der Jahre 1801/02, 1817, 1823, 1824, 1825 und 1826*, hrsg. von Annette Sell, 2013.

—— GW 23/2: *Nachschriften zu den Kollegien der Jahre 1828, 1829 und 1831*, hrsg. von Annette Sell, 2015.

—— GW 23/3: *Zusätze und Anhang*, hrsg. von Annette Sell, 2016.

GW 24: *Vorlesungen über die Philosophie der Natur*.

—— GW 24/1: *Nachschriften zu den Kollegien der Jahre 1819/20, 1821/22 und 1823/24*, hrsg. von Wolfgang Bonsiepen, 2012.

—— GW 24/2: *Nachschriften zu den Kollegien der Jahre 1825/26 und 1828*, hrsg. von Niklas Hebing, 2014.

—— GW 24/3: *Zusätze*, hrsg. von Niklas Hebing, 2016.

— GW 24/4: *Anhang*, hrsg. von Niklas Hebing und Wolfgang Bonsiepen, 2016.

GW 25: *Vorlesungen über die Philosophie des subjektiven Geistes*.

— GW 25/1: *Nachschriften zu den Kollegien der Jahre 1822 und 1825*, hrsg. von Christoph Johannes Bauer, 2008.

— GW 25/2: *Nachschriften zum Kolleg des Wintersemesters 1827/28 und sekundäre Überlieferung*, hrsg. von Christoph Johannes Bauer, 2012.

— GW 25/3: *Anhang*, hrsg. von Christoph Johannes Bauer, 2016.

GW 26: *Vorlesungen über die Philosophie des Rechts*.

— GW 26/1: *Nachschriften zu den Kollegien der Jahre 1817/18, 1818/19 und 1819/20*, hrsg. von Dirk Felgenhauer, 2014.

— GW 26/2: *Nachschriften zu den Kollegien der Jahre 1821/22, 1822/23*, hrsg. von Klaus Grotsch, 2015.

— GW 26/3: *Nachschriften zu den Kollegien der Jahre 1824/25 und 1831*, hrsg. von Klaus Grotsch, 2015.

— GW 26/4: *Anhang*, hrsg. von Klaus Grotsch, 2016.

GW 27: *Vorlesungen über die Philosophie der Weltgeschichte*.

— GW 27/1: *Nachschriften zu dem Kolleg des Wintersemesters 1822/23*, hrsg. von Bernadette Collenberg-Plotnikov, 2015.

— GW 27/2: *Nachschriften zu dem Kolleg des Wintersemesters 1824/25*, hrsg. von Rebecca Paimann, 2016.

GW 28: *Vorlesungen über die Philosophie der Kunst*.

— GW 28/1: *Nachschriften zu den Kollegien der Jahre 1820/21 und 1823*, hrsg. von Niklas Hebing, 2015.

— GW 28/2: *Nachschriften zu dem Kolleg des Sommersemesters 1826*, hrsg. von Niklas Hebing, 2016.

GW 29: *Vorlesungen über die Philosophie der Religion und Vorlesungen über die Beweise vom Dasein Gottes*.

— GW 29/1: *Nachschriften zu den Kollegien der Jahre 1821 und 1824*, hrsg. von Manuela Köppe, 2016.

GW 30: *Vorlesungen über die Geschichte der Philosophie*.

— GW 30/1: *Nachschriften zu den Kollegien der Jahre 1819 und 1820/21*, hrsg. von Klaus Grotsch, 2016.

— GW 30/2: *Nachschriften zu dem Kolleg des Wintersemesters 1823/24*, hrsg. von Klaus Grotsch, 2016.

以上が、『ヘーゲル全集』第一部「著作集」と第二部「講義録」の目録である。さらに第三部「書簡集」の編集が予定されているものの、しばらくのあいだは第二部「講義録」の編集がヘーゲル研究の中心をなすのは間違いない。

講義録の研究はまだ始まったばかりだが、これからテキストの検討が進むことで、これまで知られていなかったヘーゲル像が見えてくるだろう。ヘーゲル研究にとってもっとも大事なのは、遺跡を発掘するように、テキストをそのとおりに再現することであり、そのためにも『ヘーゲル全集』の第一部「著作集」では、ヘーゲルが書いたものをそのまま、執筆された順序で、文字通りに再現する方針がとられた。そして、第二部の「講義録」の編集に当たっては、講義の科目別に、かつ、講義が行われた学期順に、聴講者の筆記録をそのまま再現するという方針がまずはとられた。その結果が、『ヘーゲル全集』の第二部「講義録」に先立って刊行された、『ヘーゲル講義録選集』である。試行版と呼ばれたこの選集は、一九八三年から二〇一四年まで刊行され、全十七巻をもって完結した。念のために、試行版『ヘーゲル講義録選集』のテキストも挙げておこう。

試行版『ヘーゲル講義録選集』全十七巻（一九八三―二〇一四年）。

Georg Wilhelm Friedrich Hegel, *Vorlesungen. Ausgewählte Nachschriften und Manuskripte*, Hamburg: Meiner, 1983–2014. (= V)

V 1: *Vorlesungen über Naturrecht und Staatswissenschaft, Heidelberg 1817/18. Mit Nachträgen aus der Vorlesung*

1818/19. Nachgeschrieben von P. Wannenmann, 1983.

V 2: *Vorlesungen über die Philosophie der Kunst, Berlin 1823. Nachgeschrieben von H. G. Hotho*, 1998.

V 3: *Vorlesungen über die Philosophie der Religion, Teil 1, Einleitung. Der Begriff der Religion*, 2014.

V 4: *Vorlesungen über die Philosophie der Religion, Teil 2, Die bestimmte Religion*, 1985.

V 5: *Vorlesungen über die Philosophie der Religion, Teil 3, Die vollendete Religion*, 1984.

V 6: *Vorlesungen über die Geschichte der Philosophie, Teil 1, Einleitung in die Geschichte der Philosophie. Orientalische Philosophie*, 1994.

V 7: *Vorlesungen über die Geschichte der Philosophie, Teil 2, Griechische Philosophie, I. Thales bis Kyniker*, 1989.

V 8: *Vorlesungen über die Geschichte der Philosophie, Teil 3, Griechische Philosophie, II. Plato bis Proklos*, 1996.

V 9: *Vorlesungen über die Geschichte der Philosophie, Teil 4, Philosophie des Mittelalters und der neueren Zeit*, 1986.

V 10: *Vorlesungen über die Logik, Berlin 1831. Nachgeschrieben von Karl Hegel*, 2001.

V 11: *Vorlesungen über Logik und Metaphysik, Heidelberg 1817. Mitgeschrieben von Franz Anton Good*, 1992.

V 12: *Vorlesungen über die Philosophie der Weltgeschichte, Berlin 1822/23. Nachschriften von Karl Gustav Julius von Griesheim, Heinrich Gustav Hotho und Friedrich Carl Hermann Victor von Kehler*, 1996.

V 13: *Vorlesung über die Philosophie des Geistes, Berlin 1827/1828. Nachgeschrieben von Johann Eduard Erdmann und Ferdinand Walter*, 1994.

V 14: *Vorlesungen über die Philosophie des Rechts, Berlin 1819/20. Nachgeschrieben von Johann Rudolf Ringier*, 2000.

V 15: *Vorlesungen über philosophische Enzyklopädie, Nürnberg 1812/13. Nachschriften von Christian Samuel Meinel und Julius Friedrich Heinrich Abegg*, 2002.

V 16: *Vorlesungen über die Philosophie der Natur, Berlin 1819/20. Nachgeschrieben von Johann Rudolf Ringier*, 2002.

V 17: *Vorlesungen über die Philosophie der Natur, Berlin 1825/26. Nachgeschrieben von Heinrich Wilhelm Dove*, 2007.

校訂版『ヘーゲル全集』第二部「講義録」と試行版『ヘーゲル講義録選集』に収められたテキストはすべて、ヘーゲルの講義を聴いていた学生たちの筆記録である。これらの講義録を読んでみると、ヘーゲルの哲学は、初期の作品から一貫して「体系の哲学」であったのと同時に、「講義の哲学」であったことがよく伝わってくる。ヘーゲルは一八〇一年にイェーナ大学の講師に就職して以来、ニュルンベルクのギムナジウム校長職にあっても、そしてハイデルベルク大学とベルリン大学の教授職にあっても、さらには一八三一年に亡くなるまでずっと講義によって自らの哲学を体系的に語っていたといえる。

以下の考察では、ヘーゲルのテキストは原則として校訂版『ヘーゲル全集』を使用し、全集に収録されていない場合にかぎって、試行版『ヘーゲル講義録選集』を使用した。参照指示は、それぞれの略号をもって巻数と頁数を示している。

序章　ヘーゲルの哲学講義

寄川条路

はじめに

ヘーゲルが生前に発表した本は五冊で、若いころに匿名で出版した翻訳を加えても、全部で六冊にすぎない。そのなかで著書と呼べるのは、デビュー作の小著『差異論文』（一八〇一年）と、『学問の体系』の第一部をなす主著『精神現象学』（一八〇七年）、そして三分冊からなる大著『論理学』である。このうち、『論理学』は第一巻第一分冊「存在論」が一八一二年に、第一巻第二分冊「本質論」が一八一三年に、そして第二巻「概念論」が一八一六年に、それぞれ出版されている。これとは別に、大学での講義用の教科書として出版された本に、『エンチクロペディー』第一版（一八一七年）、第二版（一八二七年）、第三版（一八三〇年）と、同じく教科書の『法哲学綱要』（一八二一年）がある。

ヘーゲルは一八三一年に『精神現象学』と『論理学』の改訂を試みるも、一八三一年十一月にコレラにより急死したため、『精神現象学』の第二版は計画されただけで結局のところは出版されず、『論理学』の第二版は第一巻第一分冊「存在論」だけが一八三二年になって出版された。

三分冊の刊行によって完結した『論理学』第一版にかぎっていえば、ヘーゲルは一八一二年から一八一六年まで足かけ五年の歳月をかけて『論理学』を完成したことになる。そして今年は二〇一六年なので、『論理学』の完成からちょうど二〇〇年を迎える。この記念の年に、新資料の講義録を取り入れて[1]、ヘーゲル論理学の生成と発展を描き出しておこう。

第一節　論理学講義

まず、『ヘーゲル全集』第二十三巻『論理学講義』を見ていくと、ヘーゲルは講義のなかで試行錯誤を繰り返していたのがわかる。第一分冊に収録された六つの講義録を見ると、『エンチクロペディー』第一版（一八一七年）が大幅に改訂されて、第二版（一八二七年）へと結実していく過程も再現される。

つぎに、『論理学講義』の第二分冊に収録されている三つの講義録を見ていくと、『エンチクロペディー』第二版の完成によって、講義の順番と説明の仕方は安定してくるのがわかる。増補改訂された「予備概念」によって、第一版に欠けていた思考の説明が加わり、哲学への導入の役割も持つようになる。講義録は『エンチクロペディー』の節構成にも対応していて、テキストのより正確な理解のための最良の手引きとなる。

では、『エンチクロペディー』の「補遺」とホトーの筆記録を比較してみよう。ホトーの筆記録の大きな特徴は、思考についての詳述にあるが、これが補遺に用いられ、第二版以降に活用されているのがわかる。『エンチクロペディー』第三版の補遺のうち、六割もがホトーの筆記録から採用されている。ただし、文脈を無視して具体例を切り取っているところもある。事例を過小評価してテキストを編集したために、読者を誤らせる危険もある。

他方で、カール・ヘーゲルの筆記録で示された「仮言判断」の具体例によって、『大論理学』にある抽象的で難解な箇所が明らかにもなった。ヘーゲルの仮言判断は、「Aがあれば、Bがある」あるいは「Aの存在は自分自身の存在ではなく、他者すなわちBの存在である」と定式化される独特なものであるが、これをどのように解釈するのかは『大論理学』だけでは確定できない。ところが、『論理学講義』には、「青があれば、黄がなければならない」と「明るさは暗さに現れ、暗さは明るさに現れる」という二つの例がある。前者は、定言判断「青は色である」が持っている直接性の欠陥を、すなわち、青は色であるが、黄や赤も色であるという種を示している。後者は、種を枚挙する無限進行の原理的な克服を示している。二つの例を統一して、類の全体を示したのが、選言判断「色は明と暗の統一である」というものである。このように『論理学講義』にある具体例によって論理の展開がはっきりと見えてくる。

第二節　論理学・形而上学講義

『論理学・形而上学講義』は、ヘーゲル論理学の発展史を解明するためにさらに重要である。とりわけ、『エンチクロペディー』の「予備概念」は、哲学の導入問題を明らかにするうえで欠かせない。個々の筆記録については『論理学・形而上学講義』の編者が紹介しているが、それでもまだ講義録研究の出発点に立ったばかりだ。それというのも、ヘーゲル論理学研究のさらなる課題として、『自然哲学講義』や『精神哲学講義』などとの体系的な連関を探る共時的な研究と、『論理学・形而上学講義』による発展史をたどる通時的な研究が必要となるからである。

まず、『エンチクロペディー』の予備概念のところで、思考の過程が描き出される。ただし、第一版（一八一七年）では、論理的なものの三側面が提示されるにとどまっていた。ホトーの筆記録ではじめて思考の三段階が示され、第二版（一八二七年）で最終的に、科学と哲学の基本区分が提示される。

つぎに、客観性に対する思想は、「古い形而上学」「経験論・カント哲学」「直接知」の三つに区分される。直接知の項目が独立するのは『エンチクロペディー』第二版であり、直接知はカント哲学との関係でわずかに述べられるにすぎなかった。直接知の成立過程は講義録の比較によって明らかになる。

そして、論理的なものの三側面である「抽象的な知性」「弁証法的で否定的な理性」「思弁的で肯定的な理性」の説明がなされる。三側面は、一八一七年には予備概念の冒頭に置かれていた。すでに一八一二年には提示されていることを考えると、三つの思想は、論理的なものの三側面を原型とする哲学史的な発展の叙述と理解できる。

このように、『論理学・形而上学講義』と『エンチクロペディー』の「予備概念」の比較によって、論理的なものの三側面、予備概念の冒頭箇所、客観性に対する思想の三つの態度が、各々対応しているのがわかる。対応の企ては、毎年行われた講義のなかで徐々に形をなしていったといえる。

第三節　自然哲学講義

自然哲学は、ヘーゲルの哲学体系のなかで、今日にいたるまでもっとも顧みられることが少なかった部門である。ヘーゲルは継続的に自然哲学に取り組んできたにもかかわらず、その研究は遅れているといわざるをえない。とくにその内容は、『精神現象学』や『論理学』と密接な関係にあるはずであるにもかかわらず、十分な検討が加えられてこなかった。

ようやく、校訂版『ヘーゲル全集』第二十四巻『自然哲学講義』が出版されたので、そこで、現在アクセスできるヘーゲル講義録の資料状況を確認したうえで、従来指摘されていた二つの論点について検証し、今後の自然哲学研究の展望を与えてみたい。

まず、『自然哲学講義』の資料状況を確認すると、かつては八つの筆記録が指摘されていた。だが、現存する筆記録を収録した『ヘーゲル全集』第二十四巻の第一分冊と第二分冊によって確認できるように、さらに三つの筆記録が用いられている。とくに、一八一八／一九年冬学期の講義については、信憑性の疑われていたベルンハルディーの筆記録に代わって、新たなリンギエの筆記録が底本とされている。

つぎに、『エンチクロペディー』第一版（一八一七年）と第二版（一八二七年）において、自然哲学の構成の変更がどのように生じたのかを検証する。第一版において自然哲学は、数学・物理学・有機体からなるものとされていたが、第二版においては、数学に含まれていた空間・時間論が力学と統一され、力学・物理学・有機体という構成となった。一八一九／二〇年冬学期のヘーゲルのベルリン大学での最初の講義において、すでにこの構成が確認される。

そして、序論部分で言及されている、自然に対する理論的態度と実践的態度が、一八二八年には後退したとする編者ボンジーペンの指摘に対して、そうした後退は見られないことが確認される。むしろ、一八二八年の講義録では、理論的態度が実践的態度を内包する事態を、知への欲望という観点から示していて、一貫した立場が見いだされる。両者が統一されるとき、自然において精神の自己が見いだされる。「自然哲学は自由の学である」というヘーゲルのことばは、私たちの自然認識のあり方を精神の活動として反省的にとらえ返すことを促している。

第四節　精神哲学講義

精神の活動を反省すると、精神にとって主体がどのように生じてくるのかが見えてくる。その意味で、主観的精神の哲学は精神哲学の体系全体にとって重大な意義を持っている。なぜなら、精神は主体となるときにはじめて自由を自覚するからである。

精神哲学の特徴は、主体のはじまりを意識に先立つところに見いだす点にある。そのさい問題となるのは自己感情である。ところが、この概念をどのように位置づけるかでヘーゲルは試行錯誤を繰り返してきた。たしかに、精神哲学は『エンチクロペディー』のテキストが改訂されるたびに大きく変化しているが、自己感情を含む「人間学」の変化はとくに著しい。『エンチクロペディー』第一版（一八一七年）と第二版（一八二七年）・第三版（一八三〇年）とでは、概念の位置づけが大きく異なっているから、主体のはじまりをめぐるヘーゲルの問いの全体像をつかむためには、テキスト各版のあいだを埋める講義録への参照が不可欠となる。

たとえば、第一版では、精神はまだ自然状態に埋没している実体から出発している。この段階では自己感情とは、まだ感覚の生じる個体としての精神を指している。まさにこうした状態から、感覚の受容に還元されない精神の主体がどのように生じてくるのかが問題となる。だが、ヘーゲルがこの問題に取り組むのは一八二二年の講義からである。そこでは、精神が自分自身に抱く分裂と、分裂の解消である充足という二つの契機によって、主体が実体から分割される過程が説明される。ここでは、自己感情とは、充足に伴って生じる主体としての精神を指すものとされる。

それに対して、一八二五年の講義では、感覚内容を自分のうちにつなぎ止めているところから出発して、精神の主体のはじまりが説明される。そこでは、感情を自分自身とする精神のあり方が、自己感情と呼ばれて位置づけられる。そして、ヘーゲルはこの成果を受けて、『エンチクロペディー』第二版（一八二七年）以降、人間学の区分自体を改めて、感情概念を軸に議論を組み立て直していく。

自己感情は没意識的な感情に出発するから、意識に先立つ段階で主体が始まるようにも見える。とはいえ、自己感情の概念も意義を失うわけではない。いずれにせよ、意識に先立つ水準にあって主体のはじまりを見いだそうというヘーゲルの試みは、つねに、講義とテキストの改訂を通じた試行錯誤のなかにあったといえる。そこに見られるのは、近代哲学以降の共通問題である主体を、まさにそのはじまりから徹底的に問い直そうとする、ヘーゲル哲学のダイナミズムである。

第五節　法哲学講義

ヘーゲル哲学のダイナミズムを語る『法哲学講義』から、『法哲学綱要』で大きな反響を呼んだ二つの問題が考察される。一つは、ヘーゲルのフリース批判であり、もう一つは、序文にある「理性的なものは現実的であり、現実的なものは理性的である」という命題である。

まず、ヘーゲルのフリース批判を見ておこう。学生組合の祝祭で演説をしたフリースに対抗して、ヘーゲルは『法哲学綱要』の序文で感情を国家の基礎に据えることはできないと批判している。ヘーゲルの『法哲学講義』にも、哲学は感情を基礎とすることはできないとあるが、フリースの名は出てこない。これは、ヘーゲルのシュライアマハー批判でも同じだ。ヘーゲルの真意は、フリースへの批判でも学生組合に対する批判でもなく、若者の感情が自由主義の芽を暴徒へと育てるという点にあった。

つぎに、二重命題の問題をめぐる、ハイネとヘーゲルの会話を見ておこう。ハイネの伝える二重命題は、「理性的なものは存在しなければならない」という意味で理解されてきた。ハイネもまた二重命題の後半を重視してきたが、実際のところ、後半部をもって現状肯定の静観主義であると、ヘーゲルは非難されてきた。しかし、講義録を年度ごとに追ってみるとわかるように、一八一七／一八年のハイデルベルク大学での講義には、「理性的なものは生じなければならない」とある。つまり、講義のなかで論じられたのは二重命題の前半部だったのだ。ハイネやヘーゲルの批判者たちが論難の矛先を向けたのは二重命題の後半部であるから、彼らはヘーゲルの真意を汲んでいない。

では、ハイネはヘーゲルの二重命題をどのように受け取っていたのだろうか。ハイネはヘーゲルを無神論者とみなして交友していた。ハイネは命題を宗教的文脈のなかで理解しているが、ハイネの理解はヘーゲルの『法哲学綱要』からは想像もできないだろう。だが、ヘーゲルの『法哲学講義』にあるシュライアマハー批判を勘案すると、ハイネの理解を捨て去ることもできない。ヘーゲルはハイネとは違って、現行の国家に不満を持ちながらも死後の魂を否定した徹底した哲学者として現れているからである。

第六節　国家学講義

ヘーゲルが国家を真正面から論じた『法哲学綱要』は、一八二一年に刊行されたものだが、これまで読まれてきたテキストは、一八三三年にベルリン版『ヘーゲル全集』として刊行するさいに、編者のガンスが「補遺」を付け加えたものであり、日本語の翻訳もガンス版にもとづいている。この補遺は、『法哲学綱要』とは異なる時期に行われたヘーゲルの講義録から取られたものだから、全部で七回行われた講義の筆記録と『法哲学綱要』との区別が必要となる。

なかでも、講義録の編集を手がけたイルティングは、当時の不安定な政情によってもたらされた検閲の影響を考慮して、『法哲学綱要』ではなく『法哲学講義』においてこそヘーゲルの真意が現れていると主張した。こうしたなかでとりわけ問題にされたのが、君主の持つ「深い思想的葛藤」である。すなわち、最終的な決定であるとともに形式的な決定でもある、君主権の両義性である。イルティングは復古主義的な側面を、『法哲学綱要』を刊行するさいにヘーゲルが検閲を恐れてリベラルな側面をカモフラージュするために強調したものと見なし、講義録を周密に検討することでヘーゲルのリベラルな側面を明らかにしようとした。

一八一九／二〇年の講義録が刊行されたことによって、君主権の持つ両義性が確認されたものの、この講義録はほかの講義録のように節分けされていないことや、授業中の口述筆記ではなく、授業中のメモをあとになって第三者の筆耕者がまとめ直したものであることから、真偽が問われていた。しかしその後、同じ講義の別の筆記録が発見されて、講義録の信頼は回復された。こうした背景をもとに、新しい講義録を用いて、君主の最終的な決定と形式的な決定との関係を問い直すことができるようになった。

これまで、君主の持つ二つの性格はたがいに排他的なものとされてきたが、しかし実際には、君主の決定は形式的であるからこそ最終的であることが、恣意の排除という観点から明らかにされる。最終的な決定だけを取り出して、ヘーゲルを復古主義であると評することも、形式的な決定だけを取り出して、ヘーゲルをリベラルであると評することも、いずれも当たらない。一八一九／二〇年の講義録は、二つが不可分であることを示すことによって、従来の研究が支配されていた二項対立を克服する。

第七節　歴史哲学講義

ヘーゲルの『歴史哲学講義』は、ベルリン大学で一八二二／二三年冬学期から一八三〇／三一年冬学期まで行われた「世界史の哲学」講義を、聴講した学生たちが記録した筆記録をもとにして編集されたものである。つまり、私たちが読んできた『歴史哲学講義』はヘーゲル自身が書いたものではない。

しかも、編集されたテキストにはいずれも問題があった。なかでもカール・ヘーゲルが編集した版は、ヘーゲルが書いた講義草稿と聴講者による講義の記録が区別されることなく一つにまとめられており、しかも講義が行われた年度を考慮することなく筆記録が取り込まれている。また、どれほど多くの重大な改竄がなされているのかも、現在では資料にもとづいて証明されている。これまでの版では、ヘーゲル自身による講義草稿にも講義録にもない文章が挿入されており、また字句の改変や段落丸ごとの置き換えが行われ、さらには原稿の文章が丸ごと削除されることも行なわれていた。このような編集によって、従来の『歴史哲学講義』では、講義の最初と最後でヘーゲルの考えが変わったという可能性も無視されてきた。それどころかこれらの版は、ヘーゲル自身は考えてもいなかったようなことをヘーゲル自身の考え方であったかのように読者に伝えてしまった。

ヘーゲルの歴史哲学をめぐるこのような状況は、一九九六年に試行版が出版され、二〇一四年に校訂版が出版されて以来、大きく変わってきた。二つの新版は一八二二／二三年の講義を再現したものであり、これを読むと従来の版からは知ることのできなかった、ヘーゲル自身が講義の開始にあたって抱いていた考えを知ることができる。

たとえば、「世界史の四区分」は、地理学的な観点から、あるいは、文化論的な観点から論じられていたのであって、自由の理念が歴史のなかで発展していくのも、自由の意識における進歩という考え方も、これまで解釈されてきたように自由な人の数によって世界史が図式的に区分されていたからではない。そうではなくて、このような発展や進歩は、キリスト教の三位一体にもとづいて精神の発展段階として論じられていたのである。

新版を参照すると、ヘーゲルのそもそもの歴史観を解明することができ、さらに芸術・宗教・国家について、ヘーゲルがそれらをどのように歴史において論じているのかを確認できる。また、ヘーゲルの歴史哲学がけっして完結したものなのではなく、当時のヨーロッパにおける政治と宗教の問題をありのままに提示したものであって、ヘーゲルの歴史に対するそのような姿勢こそ、現代の私たちも共有すべきものであることがわかる。

第八節　美学講義

これまでヘーゲルの『美学講義』は、ベルリン版『ヘーゲル全集』に収められたホトー編集のテキストが使われてきた。しかしこのテキストは、筆記録の寄せ集めであり、そのために各学期の違いがわからなくなった。さらに、ホトーがベルリン大学でヘーゲルの後任として引き継いだ『美学講義』の講義録と比べると、項目分けが驚くほど似ており、ヘーゲルの『美学講義』と見なされてきたものが、じつは、ホトーの『美学講義』であったこともわかってきた。このため近年では、ヘーゲルが行った各学期の『美学講義』の筆記録の編集が進められており、ヘーゲル自身の『美学講義』がどのようなものであったのかも見直されるようになった。

ヘーゲルはベルリン大学で、『美学講義』をはじめて行ったときに作ったノートをもとに、その後の講義を行っているが、現存している筆記録を見ると、口述内容には多くの違いがある。ヘーゲルがノートに多くのメモを書き加えながら講義をしていたためである。ヘーゲルの『美学講義』の筆記録はいくつも残されているから、各学期の変遷を追うことができる。

ヘーゲルの『美学講義』のなかの「序論」と「一般部門」の変遷を見ていくと、そこでは、美は概念と実在の統一と規定され、理念そのものと見なされている。概念と実在の統一が感覚に現れるとき、美として直観される。ヘーゲル美学の基本となるこの規定は、各学期で共通しているが、そこから展開される内容は異なっている。たとえば、一八二〇／二一年では、有機体の美しさが論じられ、自然美と芸術美の区別という項目で、有機体の美しさと不完全さが語られている。自然美については、一八二三年の講義でも論じられるが、そこでは自然の美しさが重視されている。

しかし、一八二六年の講義になると、自然美から芸術美へと重心が移っていき、芸術の目的について論じられる。とりわけ、自然の模倣、情熱の惹起、道徳的目的という、これまでの芸術論で語られてきた三点に、ヘーゲルは反論を加えていく。芸術とは、普遍と特殊、必然と自由、客観と主観、理性と感性といった、人間をとりまく対立を統一することであり、統一が実現されたところに美が現れるという。さらに、カント批判を通じてシラー美学への評価もなされ、ヘーゲルは自らの美学を展開していく。

このように各学期の筆記録の違いに注目すると、ヘーゲルの『美学講義』がホトー版のように体系立てて仕上げられたものではないことも見えてくる。

第九節　芸術哲学講義

ホトーによる『美学講義』の編集については、これまでも疑念がもたれてきたが、講義録研究はこうした疑念を確認することになった。そこで、講義録研究から見えてきた『美学講義』の問題、そして一八二三年の講義録における「特殊部門」の内容、そしていわゆる「芸術終焉論」について考察していこう。

まず、ホトーによる『美学講義』の改変については、二つの点で問題視される。一つは、ホトーが講義録を体系的な美学として樹立するという意図のもとに編集したことである。しかしこのことによって、四学期にわたる講義録のなかで起きていた変化と発展が隠されてしまった。もう一つは、ホトー自身による書き加えという問題である。これはホトー編『美学講義』の膨大な分量に比べ、講義録の分量があまりに少ないことから推測されるが、そのなかでヘーゲルの意図とは異なる書き加えもあったという問題である。

では、ホトー編『美学講義』との比較を通して、そして他の学期の講義録との比較を通して、講義録から見えてくるものを確認しておこう。それは、美学の体系というよりも、精神の歩みがさまざまな芸術のジャンルを通して具体的に表現されている、ということである。そこでは、芸術の本質が建築・彫刻・絵画・音楽・文学を通して明らかになる。

講義録研究の視点から、有名な「芸術終焉論」を考察することもできる。芸術終焉論は、現代の美学においても主要な問題であり、ホトー編『美学講義』の叙述にもとづいて議論されることが多い。講義録でも「芸術の過去」について述べられているが、ホトーが編集した『美学講義』とは異なる意味を持っている。芸術が神をとらえる最高の形式ではないという表現はどちらにもあるが、『美学講義』では、喜劇をもって芸術が解消されるという側面も強調される。しかし、筆記録では、神をとらえるものとしては過去のものという表現になっている。建築から文学にいたるまでの流れを踏まえると、近代における芸術の積極的意味が具体的な作品を通して描かれていくのも、時代にふさわしい芸術の可能性が示唆されているからであろう。

第十節　宗教哲学講義

ヘーゲルはベルリン大学で四回、『宗教哲学講義』を行い、自らの思想を試行錯誤しながら展開している。ヘーゲルの『宗教哲学講義』は、シュライアマハーに対抗して行われたものだが、しかしヘーゲルにとって情勢はしだいに悪くなる。このためヘーゲルは無神論者という批判にあらがわなければならず、しだいにキリスト教の教義にもとづいた立場を論じるようになる。

ヘーゲルの『宗教哲学講義』は、一八三二年に第一版が、一八四〇年に第二版が、そして一九二五年に増補版が出版された。その後、年度ごとの編集が企てられ、ついに一九八三年になってはじめて学期ごとの講義の内容が明らかになった。

それによると、一八二一年の『宗教哲学講義』の第一部「宗教の概念」では、宗教と哲学の関係が論じられ、第二部では、『論理学』にある存在・本質・概念の区分が宗教史に対応させられる。第三部は、抽象的概念、具体的表象、教団・祭祀という構成になっている。一八二四年の『宗教哲学講義』になると、ヘーゲルは啓蒙主義の神学と対決する。第一部では、主観の立場にあるシュライアマハーの『信仰論』との対決がなされる。一八二七年の『宗教哲学講義』では、ヘーゲルは一転して、主観の立場を肯定する。汎神論者だとする批判と攻撃が始まったために、ヘーゲルは自身の弁解をしなければならなかった。

また、一八二一年と一八二四年の『宗教哲学講義』では、意識から宗教への高まりが示されたのに対して、一八二七年の『宗教哲学講義』は、精神の立場から体系的に展開される。第一部に神の概念が新設されたのも、汎神論者という批判に対して抗弁するためだろう。第二部は、自然宗教、ユダヤの崇高とギリシアの美の宗教、ローマの宗教、絶対宗教というように構成される。

一八三一年の『宗教哲学講義』の第一部では、国家と宗教の関係が付け加わり、第二部では、自然宗教は原始的な呪術宗教であり、本来の宗教は宗教的意識が自己内分裂した中国の宗教、ヒンズー教、仏教の段階となる。さらに、ペルシア、ユダヤ、シリア、エジプトの宗教があり、つぎに、自由の宗教であるギリシアの宗教とローマの宗教が続き、完成された宗教がキリスト教となる。第三部では、キリストにおける和解が神の「三位一体」から論じられる。

第十一節　神学講義

ヘーゲルはベルリン大学で一八二九年夏学期に「神の存在証明」についての講義をしていて、全十六回の講義内容をまとめたヘーゲル自筆の原稿が伝えられている。講義原稿は、これまで『宗教哲学講義』の付録として収められていたが、校訂版『ヘーゲル全集』では第十八巻『講義草稿Ⅱ』（一八一六―一八三一年）のなかに収められている。

神の存在証明は、ヘーゲルの哲学体系において独立した部門を占めてはいない。しかし、神である絶対者を認識することが最高の課題であるというヘーゲルの基本姿勢に変わりはない。ヘーゲルは生涯を通じてたえずこのテーマに強い関心を払っていた。体系期のヘーゲルの哲学においても、神の存在証明は三つの場面で言及されている。すなわち、純粋な思想である論理学において、宗教の歴史的な展開において、神についての知のあり方と同時代の思想的立場との対決においてである。

まず、『論理学』では、概念の進展の系列が展開されるが、低次の概念から高次の概念への高まりは、各々が異なるレベルで神の存在証明という意味合いを持つとされる。つぎに、『宗教哲学講義』では、形而上学の伝統のなかで論じられてきた神の存在証明、すなわち宇宙論的証明、目的論的証明、存在論的証明は、人間の宗教意識の歴史的段階に基礎を持つものとされ、宗教の発展と神の存在証明が対応づけられて論じられる。そして、宗教の概念のなかで神についての知が取り上げられ、直接知・感情・表象との違いを視野に入れ、思考による神の認識としての存在証明の意義を説く。

ヘーゲルの狙いは、体系上の論点を踏まえて、神の認識について哲学的な思索の集大成を示すという点にあった。具体的にいえば、講義の狙いは、形而上学の伝統における神の存在証明を、ヘーゲル固有の論理学的な見地から把握し直すという点に認められる。すなわち、三つの証明を一つの神の理念の発展過程として解釈するというものである。

講義のスタンスは『論理学』とは異なり、思弁的な概念の展開を純粋に叙述するものではない。むしろそこには、従来の神の存在証明の欠陥を指摘するとともに、同時代の直接知の立場をも論駁するというモチーフが込められている。ヤコービを代表とする直接知の立場は、神を論証によって認識しうるという可能性を退け、神の認識は直観や感情による直接的な確信によってのみなされるとされた。ヘーゲルには、同時代のこうした動向に対して自らの哲学の正当性を弁明する必要があった。それゆえ、媒介知と直接知の両者をともに一面的なものとして批判的に乗り越えるのが、講義に込められた一貫したモチーフであった。

第十二節　哲学史講義

ヘーゲルはイェーナ時代からベルリン時代にいたるまで、大学における講義活動の全期間にわたって、哲学史を繰り返し講義しつづけた。この事実は、ヘーゲルにとっての『哲学史講義』の重要性を示すものである。現在では、草稿の執筆時期や、講義録の属する講義年次が明確化され、それぞれの開講時期による思想の変化を検討することも可能となった。学期別に編集された新版にもとづいて、哲学史をめぐる論点の形成過程や変遷をたどることができる。

ヘーゲルの体系における哲学史の位置づけには、二つの可能性がある。一つには、絶対精神に到達した哲学が自己を認識していく過程として、体系の終わりをなし、もう一つには、哲学に先立つ歴史的な導入として、体系の始めをなす。一八二七／二八年の講義録を見ると、一方では体系の終着点であり、他方では体系への導入であるという、哲学史の二重の性格づけをヘーゲルは晩年まで維持している。

哲学史は歴史的な知見の集合でもなく、単線的な進歩でもない。そう考えるヘーゲルは、哲学史を学問的に基礎づけていく。哲学史は、永遠なものの認識である哲学と、時間的な変転にかかわる歴史との結合であり、過去の思想を対象としながら、過ぎ去りえないものに取り組むという逆説を持つ。このことは、あらゆる過去の思想形態を契機として含む全体として、現在の哲学を規定することで可能となる。さらにヘーゲルは、哲学史の進展と論理の展開あるいは体系とを対応させることによって、哲学史を基礎づけようとする。

哲学史は経験に先立って展開される歴史記述であってはならない。ヘーゲルはここで、歴史に固有の偶然を強調していく。本来は無時間で必然的であるはずの哲学が、時間的な偶然として現れるのはなぜか。それは、精神がみずからを自分自身から区別して、時間のうちに登場するからである。ここでヘーゲルは時間の積極的な意義に触れて、時間は有限な精神の表徴であるばかりではなく、哲学の理念が歴史的に発展する契機であるとする。みずからを外面化しつつ、そこにおいて自己同一を達成する精神の作用に、ヘーゲルは発展を基礎づける。

精神は他者において自己同一である、あるいは、自分から出ていくことによって自分自身と完全に一致する。哲学のこうした自己関係のうちに、哲学史が想起の体系であることを見て取ることができる。哲学史は、全体の契機という形で保存された思想の形態を、画廊を巡り歩くように、順繰りに想起する営みである。哲学史のうちに登場する思想の形態は、時間のうちに生起して保存されたものであり、永遠と時間の緊張関係のなかから紡ぎだされたものである。

おわりに

一八三一年に有限な生をまっとうしたヘーゲルに代わって、ヘーゲルの無限な哲学を体系化するために、弟子たちが集まってベルリン版『ヘーゲル全集』全十八巻（一八三二—四五年）を刊行することになった。第一巻は『論文集』、第二巻は『精神現象学』、第三巻から第五巻は『論理学』、第六巻と第七巻は『エンチクロペディー』、第八巻は『法哲学綱要』、第九巻から第十五巻までは『講義録』、第十六巻から第十七巻までは『雑論』、第十八巻は『教育論』である。その後、第十九巻の『書簡集』、補巻のローゼンクランツ『ヘーゲル伝』が出版され、全二十巻となる。そのさい、第九巻から第十五巻までの『講義録』とは、ヘーゲルが書いた講義草稿ではなく、ヘーゲルの講義を聴講していた学生が書いた筆記録から構成されることになった。内訳は、第九巻が『歴史哲学講義』（ガンス編）、第十巻が『美学講義』（ホトー編）、第十一巻と第十二巻が『宗教哲学講義』（マールハイネッケ編）、第十三巻から第十五巻が『哲学史講義』（ミシュレ編）となっている。

ベルリン版『ヘーゲル全集』では、ヘーゲルのテキストと学生の筆記ノートが分けられずに一つの本として出版されていたが、しかし、新しい校訂版『ヘーゲル全集』では、ヘーゲルのテキストは第一部「著作集」に収められ、学生の筆記ノートは第二部「講義録」に収められるようになった。

ヘーゲルの講義を扱った以下の各章は、講義科目ごとに、旧版のテキストと新版のテキストを比べ、ヘーゲルが書いたものと、ヘーゲルの講義を聴いた学生たちが書いたものを分けていく。そして、新版にもとづいて新たなヘーゲル像を描き出すことになる。これによって本書は、ヘーゲル哲学を「講義によって形成された哲学体系」として新たに定義し直すものである。

第一章　論理学講義

赤石憲昭

はじめに

ヘーゲルが論理学をどのように講義していたのかについては、これまでは基本的に、ベルリン版『ヘーゲル全集』出版のさいにヘニングが『エンチクロペディー』の論理学部分、いわゆる『小論理学』に付加した「補遺」によって窺い知ることができるのみであった。そもそも『エンチクロペディー』が口頭説明を前提とした教科書であり、ヘーゲル論理学自体も非常に抽象的で難解であるため、たしかにこのような配慮はその欠点を補うものではある。しかし、年代も筆記者も違う筆記録の記述を取捨選択し、しかも必要に応じて「自分の記憶から取り出してそれを完全にする」[1]というような編集姿勢は、ヘーゲルの授業の復習教師として評判を得ていたヘニングの手によるものとはいえ、やはり問題である。すでにヘニング以外の他の編集者の編集において、複数年度の講義を一つの作品にまとめあげたためにその発展史がとらえられなくなってしまったり、意図的な改竄があったりしたことも報告されている。このため、近年、講義録に関しては聴講者の筆記ノートをなるべくそのままの形で出版するという編集方針が取られるようになり、その最初の成果が試行版『ヘーゲル講義録選集』の刊行であった。その第十一巻には、F・A・ゴート筆記の一八一七年夏学期「論理学と形而上学」の講義録、[2]第十巻には、ヘーゲルの実の息子であるカール・ヘーゲルが筆記した一八三一年の「論理学」の講義録が収められていたが、[3]とうとう校訂版『ヘーゲル全集』第二十三巻の第一分冊・第二分冊が刊行され、論理学の講義について信頼できる研究資料が一応出そろうことになった。今後は、この講義録を基にしたヘーゲル論理学研究が盛んに行われていくことになるはずである。

そこで本章では、ヘーゲルの論理学講義研究の意義を明らかにすべく、第一節では、この第二十三巻第一分冊に収録された講義録の、続く第二節では、第二分冊に収録された講義録の特徴を概観する。[4]第三節では、ヘニングが「補遺」の編集のさいに利用した一つとされる一八二三年のホトーの筆記録を取り上げ、ヘニングがこのノートをどのように利用し、また、その編集にどのような問題があるのかを具体的に検証する。第四節では、一八三一年のカール・ヘーゲルの筆記録を取り上げ、そこではじめて示された仮言判断の具体例によって、『論理学』における抽象的で難解なヘーゲルの仮言判断、およびそれを含む必然性の判断全体の解釈をいかに深めることができるかを明らかにする。

第一節　校訂版『ヘーゲル全集』第二十三巻第一分冊に収められた講義録

まずは、第一分冊に収められた六つの講義録を見ていく。一つめは、一八〇一／二年冬学期「論理学と形而上学」講義のトロクスラーによる要約である。[5]この講義は、イェーナ大学の私講師時代のもので、ヘーゲルの最初の論理学講義であったが、開講はされたものの、その難解さのためか聴講者の数が減ったために中断され、のちにトロクスラーとシュロッサーの二人のために私講義として継続されたものである。イェーナ大学におけるヘーゲルの論理学講義は、予告はされるものの、開講されなかったことがほとんどであり、[6]この時代の筆記録としてはこれが唯一のものである。校訂版全集にしてわずか十頁の記録ではあるが、『大論理学』（一八一二―一八一六年）完成以前の、まだ形而上学と区別されたヘーゲルの初期の論理学構想や、ヘーゲルの弁証法の萌芽を知らせる貴重な資料である。

残りの五つは、一八一七年に出版された『エンチクロペディー』（第一版）に関係づけられる講義録であるが、二つめは、ハイデルベルク大学で一八一七年夏学期に行われた「論理学と形而上学」講義のゴートによる筆記録である。この筆記録は、ゴート本人が授業中に直接筆記したものと推定され、ヘーゲルがあらかじめ用意して書き取らせたと思われる整った文章と、それに対するヘーゲルの自由な口頭説明を書き取ったと思われる文章とが区別して記されているところに大きな特徴がある。これは、受講生が同年六月頃公刊されたとされる『エンチクロペディー』第一版を手にしていなかったことへの配慮だと思われる。筆記は、きちんと節番号ごとに分けてなされ、多くの節に説明が加えられている。分量も校訂版『ヘーゲル全集』で一四〇頁と非常に豊富な、信頼度の高い講義録である。

ヘーゲルは、一八一八／九年の冬学期にベルリン大学に移って以降、一八一九年から毎夏学期に「論理学と形而上学」というタイトルのもと講義を行うのであるが、三つめは、一八二三年夏学期のH・G・ホトーによる筆記録である。これは、論理学部分の始まりである第十二節から、予備概念途中の第三十一節までしか筆記されていない、分量も五十一頁程度のものではあるが、次節で見るように、ヘニングが補遺を作成するさいの重要な源泉となった筆記録である。ゴートと同様に、きちんと節番号で区切って筆記がされており、取り上げられている部分には詳しい記述が多く、また、ノートの欄外には内容のまとめとなる詳細な小見出しも付されており、自宅で仕上げられたものと考えられる。とくに注目すべきは、最初の第十二節に関して、約十六頁半にわたる長い説明があることである。先のゴートは五頁、つぎにみるコルヴォンでも十頁程度であるから、その詳しさは突出している。そこでは「思考」について、「たんなる主観的活動としての思考」、「追考」（Nachdenken）、「客観的思考」という三区分のもとに詳しく展開がなされ（GW 23/1.16lf.）、『エンチクロペディー』第二版以降に本文に取り入れられた思考の説明の原型が見られる。また、思考についてこれだけ詳しい説明がなされているにもかかわらず、テキストで第十二節の次に論じられる「論理的なものの三側面」（第十三節―第十六節）の説明が省略され、つぎの第十八節（欄外にはこの前に第十七節の見出しもある）に移っていることも、第二版以降の編別構成の萌芽をうかがわせる。テキストの順序に忠実だった一八一七年の講義とは異なり、この筆記録では、ヘーゲルの講義での工夫の跡を見て取ることができる。

四つめは、一八二四年夏学期のＪ・コルヴォンによる筆記録である。この筆記録は、一応、ほぼ全範囲がカバーされているものの、総ページは九十三頁で説明も簡略なものが多い。ゴートやホトーのように、節ごとに大きく区切られてはいないが、本文中または欄外に節番号の記載がなされ、多くの節に言及がなされている。欄外に日付に加えて講義の累計回数が記載されているのも特徴的である。総分量に比すると非常に長い第十二節の説明では、ホトーと同様に、主観的思考、追考、客観的思考の記述が見られる。「論理的なものの三側面」の説明は飛ばして、第十八節の「論理学と形而上学の関係」、第二十節以降の古い形而上学の話題へと移り、古い形而上学の悟性的思考では真理をとらえることができないという文脈から、ここで悟性、弁証法、思弁と展開される「論理的なものの三側面」の説明を接続させている。その後、ふたたび、論理学と形而上学の関係に立ち戻り、古い形而上学の説明が再開されるなど、ホトーの講義録で見られたのとはまた違った工夫が見られる。

五つめは、一八二五年夏学期のケーラーによる筆記録である。この筆記録は、最初の一か月弱分の筆記が欠け、途中にも欠落している部分はあるものの、それでも一〇〇頁の分量があり、書かれた部分に関しては比較的詳しい筆記となっている。コルヴォン同様、本文または欄外に節番号が記載されている箇所が多く見られ、このようなスタイルはそれ以後の講義録に共通する。途中から始まる最初の部分では、信仰および直接知について詳しく論じられ、第二版以降、「客観的なものに対する思想の第三の立場」として「直接知」が立てられるのを彷彿とさせる。[7] その説明ののち、「第十三節」という表記のみがあり、続く一と三分の一頁分が書かれていないが、ここに「論理的なものの三側面」が置かれ、そのつぎに「論理学の区分」を説明した第三十七節が来るというこの構成は、第二版以降の構成順序と完全に一致している。

六つめは、一八二六年夏学期の筆記者不明の筆記録である。この筆記録は、二十一頁足らずの小部のものであるが、番号づけは第三十四節まで見られ、予備概念をほぼカバーし、前半部には欄外に内容の小見出しも付いている。第十二節における思考規定の詳論では、「感覚的知覚としての思考」「反省としての思考」「論理的思考」というこれまでにない三区分が見られ、「追考」については、第十七節を説明した箇所で「思考の産物」と関わって言及される（GW 23/1. 418）。この講義においても「論理的なものの三側面」は飛ばされ、第十七節と第十八節で「論理学と形而上学の関係」が説明されたのち、第十九節以降で古い形而上学、カントの批判哲学と、テキストの順序で説明が続いている。カントの説明ののち、テキストの該当節が見当たらない、デカルト、スピノザ、ヤコービ、ルターについての言及がなされ、「それぞれの規定は何らかの制限があり、私たちは、思考が自分自身において、また自分自身から、ある内容を与え、自分自身を規定するような仕方で、思考を考察しなければならない」（GW 23/1. 431f.）として、ここで「論理的なものの三側面」に言及している。そして最後は、論理学の区分ではなく、本来、論理学に入る前の第十一節で扱われる論理学・自然哲学・精神哲学の連関について述べられるなど、イレギュラーな構成となっている。

ここまで第一分冊に収録された六つの講義録について見てきたが、とくに『エンチクロペディー』第一版にもとづく五つの講義録では、ヘーゲルが講義のなかで、説明の仕方や順番について試行錯誤を繰り返し、これが大幅に改訂された一八二七年出版の第二版の構成へと結実していく様を見て取ることができる。これは複数年度の講義録を比較検討してみなければ浮かび上がってこないことであり、このような思想形成の発展史を明らかにできることが、講義録研究の意義の一つである。

第二節　校訂版『ヘーゲル全集』第二十三巻第二分冊に収められた講義録

続いて、第二十三巻の第二分冊に収められた三つの講義録について見ていく。一つめの、一八二八年夏学期のK・リベルトによる筆記録は、『エンチクロペディー』第二版にもとづくものである。テキストの改訂により、予備概念前半の説明がテキストの順序通り行われていることが確認できるが、第二版から新設された直接知の部分は欠損している。本論でも、本質論と概念論の部分に大きく欠損が見られ、総分量も七十一頁と少ない不完全な筆記録である。欄外に、ときおり、人物画の落書きがなされているところは面白い。

二つめは、同じく第二版に基づく、一八二九年夏学期のH・ロランの筆記録である。ロランはベルギー人で、唯一ラテン文字で筆記されている。ところどころ欠損は見られるが、全体をカバーし、一三六頁と分量も多い筆記録である。この筆記録では、第二十八節のあとに第三十節の説明が続き、第二十九節の説明に戻るという順番の変更があり[8]、また日とページを改めて第二十九節、第三十節の筆記が開始されるという特異な編成が見られる。直接知の説明に五節分の欠損が見られるものの、一三六頁中七十二頁と半分以上が予備概念の説明に当てられており、予備概念の説明の分量は一番多い。

三つめは、唯一、一八三〇年に出版された第三版にもとづき、唯一、たんに「論理学」という講義題目を持つ一八三一年夏学期の講義のカール・ヘーゲルによる筆記録である。当時十八歳であったヘーゲルの実の息子の手によるこの筆記録は、授業の直接の口述筆記ではなく、のちに自分用に仕上げられたものと推定され、一か所欠損が見られるものの（GW 23/2. 669）、全体がカバーされ、筆記録中もっとも多い一五六頁の分量がある非常に充実した講義録である。古い形而上学の形態を詳論した第三十三節から第三十六節をわざわざ断って省略するという工夫も見られるが、それでも全体の四割にあたる六十五頁を予備概念の説明が占める。本論の説明も九十一頁あり、数だけ見るとゴートの筆記録と同分量ではあるが、こちらの方が行間を詰めて書かれている分、より多くの説明が含まれていると言える。

以上、『エンチクロペディー』第二版以降にもとづく三つの講義録について簡単に見てきたが、これらの講義録は、私たちが親しんでいる現行の『エンチクロペディー』の節構成に直接対応するものであり、テキストのより正確な理解のための最良の手引きとなる。第二版の完成によって、講義の順番や説明の仕方は安定するようになるが、増補改訂された予備概念は、第一版に欠けていた思考規定の詳述が付加されたのみならず、これまでの古い形而上学、カント哲学に、新たに直接知を加えた三つの立場の真理把握の欠陥を示す形で、『精神現象学』に代わる哲学への導入の役割を持つようになり（第二十五節およびその注釈）、講義の中でも予備概念の説明の比重が高くなっている。また、とくに一八三一年の講義の時期は、一八三二年に出版された『論理学』「存在論」（第二版）の執筆時期と部分的に重なっていると推測され、実際に第二版の内容の影響がうかがえる説明の仕方も見られる。[9]『論理学』改訂の経過をたどる上でも、また、なされずに終わった本質論や概念論の改訂の可能性を考える上でも、これらの講義録は興味深い資料である。

第三節　一八二三年のホトーの筆記録とヘニングの「補遺」

ヘニングが「補遺」の作成に用いたのは、一八一九年と一八二〇年の講義を記録したヘニング自身の二つのノート、年は不明であるがそれに近い時期に筆記されたと思われるホトーとミシュレのノート、そしてより後年のガイアーのノートとされている。[10]他の筆記録は散失してしまったようであるが、今回、第一分冊に収録された一八二三年のホトーの筆記録は、ヘニングが利用したと推定されるものであり、この筆記録によってヘニングの補遺を検証することがはじめて可能となった。本節では、ホトーの筆記録とヘニングの補遺を比較対照し、ホトーの筆記録がどのように利用され、また、ヘニングの編集に具体的にどのような問題があるのかを考察する。

ホトーの筆記録は、第十二節から第三十一節までの部分的なものであった。ホトーの番号づけは『エンチクロペディー』（第一版）にもとづくので、ヘニングが用いた第三版以降（第三版）の節番号でいえば、第十二節は新版の第十九節と一致し、終わりの第三十一節は第四十五節に対応する。ホトーの筆記録の特徴は、何といっても十六頁半にわたる第十二節に対する説明の長さであり、その大きな理由は、テキストではきちんと示されていなかった思考の規定について、主観的思考、追考、客観的思考という三区分のもとに詳しく展開したからであった。第二版以降では、思考の説明がテキストに取り入れられ、思考について、第二十節でその主観的側面、第二十一節で追考（対象との関係において働く思考）の産物である普遍的なものは対象の真理であること、第二十二節でその対象の真の性質が意識されるのは変化を介してであること、第二十三節でその変化は思考する主観としての私の精神の所産であることの四つの側面から論じられ、第二十四節と第二十五節ではその到達点としての「客観的思想」が示される。筆記録と補遺とを比較してみると、この新設された本文の補遺に、ホトーの第十二節の筆記録が最大限活用されていることがわかる。

ホトーの筆記録の第十二節を説明した最初の段落では、まず「論理学が思考の学問である」という規定が示され、思考と論理学の一般的評価が述べられるのであるが、この五十行にわたる長い文章が、その最初の二行、そして途中に数カ所の省略と語句の細かな改変は見られるもののほぼ原型をとどめる形で、対応する第十九節の補遺二に採られている（GW 23/1. 159f.）。つづく第二段落では、一つめの主観的思考について論じられるが、その七十行に渡る文章も、最初の六行と途中に数行の省略や語句の改変はあるものの、対応する第二十節の補遺に採られている（GW 23/1. 160ff.）。三段落目以降は段落分けがなされておらず、約十三頁分の文章が一つの段落で書かれているため、小見出しも頼りにしながら範囲を区切っていく必要があるのであるが、二つめの追考の説明がこの冒頭から始まり、「すべての追考の成果は普遍的なものであり、この普遍的なものが本質的なもの、そして真理と見なされる」（GW 23/1. 164）というテキストに対応する内容を含む一六三頁一行目から一六五頁五行目までの八十二行の文章の範囲から第二十一節の補遺が作られている。そのつぎに、「追考によって所与の素材に変化が作られる」（GW 23/1. 165）として、第二十二節で示されている「変化」の側面が、さらに「われわれが発見したのは、われわれの主観的活動性の産物であり、私によって作られたものである」という第二十三節で示されるような側面も見いだされるのであるが[11]、その他に批判哲学に対して真理の客観性を強調する話なども含め、一六五頁八行目から一六七頁の一七行目までの範囲から第二十二節の補遺が作られている。三つめの客観的思考についても、一六七頁三十二行目から一七一頁十七行目までの範囲から第二十四節補遺一が、一七一頁二十六行目から一七六頁二行目までの範囲から補遺二が作られている。第十九節から第二十五節までの補遺は全部で九つあるが、そのうちの六つが、ホトーの第十二節の筆記録から、このように順番に作成されている。

そのあとの部分においても、文章がそのまま活用される割合はだんだんと減っていくものの、古い形而上学を扱った第十九節が第二十八節の補遺、第二十節が第三十一節の補遺、第二十一節が第三十二節の補遺、第二十三節が第三十四節の補遺、第二十四節が第三十五節の補遺、第二十五節が第三十六節の補遺、経験論を扱った第二十六節が第三十八節の補遺、カント哲学を扱った第二十七節が第四十一節の補遺一、第二十八節が第四十二節の補遺一へと、新版の対応する節の補遺に概ね取り入れられている。[12] ヘニングは、ホトーの筆記録に対応する第三版の第十九節から第四十五節までに全部で二十四の補遺を付加しているが、その六割にあたる十五の補遺で、ホトーの筆記録の活用が確認できる。ホトーの一八二三年の筆記録が、ヘニングが予備概念の最初の部分の補遺を作るのにもっとも活用されたノートであることが明らかとなった。

それではつぎに、第二十一節の補遺を具体的に取り上げて、ヘニングの編集の仕方にはどのような問題が見られるのかを考えてみたい。まずは補遺が付加されたテキスト本文を確認しておこう。

> 思考は対象との関係において働くもの、すなわち、あるものについての追考ととらえられるが、自らの活動のそのような産物としての普遍的なものは、事柄の価値、本質的なもの、内的なもの、真なるものを含んでいる。[13]
>
> (W 8. 76)

ここではまず、思考が「対象との関係において働くもの」とされ、このような思考が「追考」であると規定されたのち、この思考（すなわち追考）が産み出すものは「普遍的なもの」で、それが「事柄の価値、本質的なもの、内的なもの、真なるもの」を含むことが示される。この節には、ヘーゲル自身による注釈が付けられており、そこでは、いま列挙された「真なるもの」が、意識のうちに直接的に現れるものでも、最初の見かけや思いつきが与えるものでもなく、そこに到達するためには、追考が必要であることが強調される（W 8. 76f.）。この節をさらに説明するものとして、ヘニングは補遺を付けたわけであるが、まずはその最初の部分を検討したい。

すでに子どもも追考をすることが余儀なくされています。たとえば、子どもは形容詞を名詞と結びつけることが課されています。ここで子どもは注意をし、区別をしなければなりません。子どもは、ある規則を思い浮かべ、特殊な事例をそこに適合させなければなりません。規則は普遍的なものにほかならず、子どもはこの普遍的なものに特殊なものを適合させなければならないのです。（W 8. 77）

この補遺では、子どもでさえ追考をしているという例が挙げられ、そこから、「追考」が普遍的なものに特殊なものを適合させることであることが示唆されている。実はそのあとにも例が続き、「目的」「道徳的関係」「自然現象」が挙げられている。「目的」も普遍的なものであり、その実現のために私たちは手段や道具を持つ。「道徳的関係」においても、法や義務（普遍性）を思い浮かべ、それに行為を一致させる。これらの例は、たしかに普遍的なものに特殊なものを適合させるという点で一貫している。しかし、そもそもなぜ子どもの例が挙げられたのだろうか。ホトーの筆記録に立ち返ってみると、その前にあった文章を知ることができ、脈絡がはっきりする。

私たちが述べた二番目の点、追考については、私たちはそれをさしあたり、追考がある規定されたものについての思考であるということによって、思考とは区別しなければなりません。つまり、ある客体へ関係した思考なのです。私たちがこの追考をさらに詳しく考察するとき、思考一般において何が問題かということを見るでしょう。

ただちに問われるのは、「追考とは何か」ということです。追考が意図し、引き起こすものについて、私たちは多くの領域から一連の例を挙げましょう。

(GW 23/1. 162f.)

ホトーの筆記録では、思考が、主観的思考・追考・客観的思考の三区分によって説明されるが、筆記録の前段落での主観的思考の説明に引き続いて、ここで二つめの追考を取り上げるにあたり、そもそも「追考」とは何かということをまず始めに説明しているのである。それが、「ある規定されたものについての思考」、「ある客体へ関係した思考」であるが、それをさらに説明するのに、多くの事例を挙げて理解させようとして、まず子どもの例が挙げられたのである。講義では、このような脈絡が示されているが、ヘニングは、そこを省略し、いきなり子どもの例から文章を採っているため、いかにも唐突な印象を受けるのである。このような流れや位置づけを示す文章が省略されるのは、ヘニングの補遺作成の一般的な傾向であるが、読者には非常にわかりにくくなってしまう。

つぎに、もう一つ挙げられていた「自然現象」の例について見ていく。問題は、この「自然現象」の例をどのように位置づけるかである。まずはヘニングの文章を挙げる。

自然現象に対する私たちの関わりにおいてもまた、同じことが見いだされます。たとえば、私たちは稲光と雷鳴に気づきます。この現象は私たちによく知られており、私たちはそれらをよく知覚しています。しかし、人間はたんに知っていること、たんなる感覚的現象には満足せず、その奥に隠れているものを探そうとし、それが何かを知ろうとし、それを概念把握しようとします。それゆえ、人は追考し、現象そのものとは異なったものとしての、すなわち、たんに外的なものとは区別される内的なものとしての原因を知ろうとするのです。私たちはそのため、現象を二重化し、それを内的なものと外的なもの、力と外化、原因と作用の二つに分けます。内的なもの、力は、ここではふたたび普遍的なもの、持続するもので、あれこれの稲光や、あれこれの植物ではなく、あらゆるものにおいて同じものにとどまるものです。感覚的なものは個別的なものであり、消失するものです。持続するものをここで私たちは追考によって知るのです。（W 8. 77）

ヘニングは、はじめにこの例を「自然現象に対する私たちの関わりにおいてもまた、同じことが見いだされます」として、前に挙げられた「子ども」「目的」「法的関係」と同じもの、すなわち、普遍的なものに特殊なものを適合させることと同じように位置づけている。しかし、この例はそれとは異なり、特殊なものの背後にある普遍的なものをとらえようとすること、個別的な感覚的現象に満足せず、追考によって、持続する、普遍的なものを知ろうとすることが言われており、明らかにこれまでとは異なった側面を述べている。元の講義録を見ると、それが明確に区別されている。

実践的なものにおいては、私たちは行為に対してある規則を持っており、自然の考察においては、私たちは類をはじめて知ろうとし、あるいは、それがよく知られているときには、私たちは特殊なものを普遍的なものと比較し、特殊なもののもとで普遍的なものを認識しようとし、個別的なもののもとで普遍的なものを見つけ出そうとするのです。（GW 23/1. 164）

このように、「追考」と一口に言っても、普遍的なものに個別・特殊的なものを一致させる方向もあれば、個別・特殊的なもののもとに普遍的なものを見いだす方向もあり、二種類の追考の例が提示されていたのである。この後者についてヘーゲルは念を押すかのようにもう一つ、「天体運動の法則」の例を挙げている。私たちは星を今日はここに、明日はあちらに見るが、精神はこのような無秩序に満足せず、普遍的な規定があると信じ、自らの追考を現象へと向け、その法則を認識する。しかし、ヘニングはあくまでも最初の子どもの例に見られた普遍的なものに個別・特殊的なものを一致させる側面から把握しようと試みるので、二つめの観点は非常に曖昧になってしまう。このことは、多くの例を挙げた最後のまとめの文章に決定的に現れてくる。

これらのすべての例から見て取れるように、追考はつねに、しっかりしたもの、とどまっているもの、自己において規定されているもの、特殊なものを統御しているものを求めるのです。普遍的なものは感覚ではとらえることができず、普遍的なものが、本質的なもの、そして、真なるものと見なされるのです。そのため、たとえば、義務や権利が行為の本質であり、その真理は、あの普遍的な規則に適合していることにあります。（W 8. 78）

このまとめを見ると、追考は普遍的なものを求めるということ、それは感覚ではとらえることができないが、真なるものだということ、そして、例を挙げて、その真なるものは特殊なものが普遍的なものに適合することにあると説明され、子どもの例の論理構造を想起させる仕方で終わっている。しかし、元の講義録を見ると印象が大きく異なる。傍点を付けた箇所は、ヘニングが省略した部分である。

多くの領域からこれらの事例のもとで十分示されているように、追考はつねに、しっかりととどまるもの、自己のうちで規定されたもの、特殊なものを統御するものを求めるのです。この普遍的なもの、この本質的なものは、感覚ではとらえることができず、直接的な観察は何も与えてはくれず、追考が、普遍的な恒常性をもたらすのです。このため、あらゆる追考の成果は普遍的なものであり、この普遍的なものが、本質的なもの、そして、真理と見なされるのです。法則が、天体の本質です。義務や権利は、行為の本質的なものであり、与えられた実用的なものです。追考がもたらすこの内面的なものが、事柄のたんに直接的な外観に対して真なるものと見なされるのです。この規定がここでしっかりととらえられなければなりません。（GW 23/1. 164）

この文章を見て気づくことが二つある。一つは、直接的な把握に対する追考の意義が、「直接的な観察は何も与えてはくれず、追考が、普遍的な恒常性をもたらす」とさらに強調されていることである。なぜヘニングがこの重要な説明を削ってしまったのかは疑問であるが、この削られた文が、先の追考の二つめの方向を示したものであることを考えると納得できる。もう一つは、筆記録を見ると、最後に示された真なるものと、普遍的なものへの適合の話は結びつけられていないことである。ヘニングは、「義務や権利が行為の本質的なものである」という筆記録の文に加えて、わざわざ「その真理は、あの普遍的な規則に適合していることにあります」と言葉を加えて例示し、この真理の話と、最初に挙げられた子どもをはじめとする一連の例との結びつきを示唆する形でまとめており、そのために、「法則が、天体の本質です」という反対方向の事例の言葉をわざわざ削除してもいる。しかし、筆記録で示されているのは、真理は、直接的な外観に対する内面的なものである、という確認のみであり、それ以上の話はしていない。このようにとらえることで、ヘニングが削ってしまったつぎの文「追考がもたらすこの内面的なものが、事柄のたんに直接的な外観に対して真なるものと見なされるのです」とのつながりも明瞭になるのであり、「この規定がここでしっかりととらえられなければなりません」とわざわざ注意されているように、これがここでの重要ポイントなのである。このことは、時間的には後年書かれたものではあるが、テキスト本文で強調されていた内容と完全に一致していることからも傍証される。しかし、ヘニングの提示の仕方は、この重要なポイントを自らの解釈にひきつけて曖昧にしてしまっているのである。

補遺のなかにも、第十九節補遺二や第二十節補遺のように、ヘニングの手があまり加わっていないものもあり、また、今回ホトーのノートに由来するものと確かめられた十五の補遺以外は紛失したノートにもとづくものであるため、依然として補遺の資料的価値が完全に否定されることはないだろう。しかし、テキスト理解をこのようにミスリードさせるヘニングの編集の仕方は、やはり問題があり、その扱いにはやはり十分な注意が必要である。筆記録に立ち返ることによって、テキストのより正しい理解が可能となるのである。

第四節　一八三一年のカール・ヘーゲルの筆記録における「仮言判断の具体例」

新しい講義録に私たちが大きく期待することの一つは、これまで示されなかった新たな説明や情報がそこから得られることであろう。最後に、その一例として、一八三一年の「論理学」講義ではじめて見いだされた「仮言判断の具体例」を取り上げて、『大論理学』の解釈にもつながる講義録研究の意義を考えてみたい。

そもそもヘーゲルの判断論は、判断形式自体の真理性を批判的に検討しようとする非常に独特なもので、このような特異な議論を説明するため、ヘーゲルは『論理学』や『エンチクロペディー』の注釈において自らその具体例を挙げている。たとえば、最初の判断形式である肯定判断には「バラは赤い」という例が挙げられるのであるが、ヘーゲルは、第一七二節の注で、この判断形式はそもそも「真理」を表現しえないという（W 8. 323）。というのも、バラは「赤い」だけではなく、「良い香りがする」など、他のさまざまな規定を持ち、「赤い」はその多様な規定を持つ「バラ」のごく一面を示しているにすぎないからである。これは、事物の質の一側面しか表現することができないという、肯定判断という判断形式自体が持つ欠陥であり、そもそも肯定判断という形式は真理を表現するには不十分なのである。これに対して、「バラは植物である」という定言判断においては、述語である「植物」は、「赤い」のように、事物の一性質を示すのではなく、「植物」でない「バラ」は存在しないように、「バラ」の本性を示すものであり、主語と述語の結びつきも、種と類の関係を示す必然的なものになっている（GW 12. 78）。

問題は、この定言判断に続く、仮言判断である。ヘーゲルの仮言判断の定式は、「もしAがあれば、Bがある」あるいは「Aの存在は自分自身の存在ではなく、ある他者、すなわち、Bの存在である」（GW 12 79）と示される特殊なものであり、それゆえに、これをどのように解釈するのかが問題となる。『論理学』の説明を見ると、「この判断において定立されているのは、定言判断においてはまだ定立されていなかった直接的な規定の必然的な連関である」とされ、また、「ここでは、二つの直接的な現実存在、あるいは、外的で偶然的な存在があり、これらは定言判断においてはさしあたりただ一つ、すなわち、主語があるのみである」という。このような説明から、私たちは仮言判断の定式をどのように具体的に考えればよいだろうか。ヒントとなるのは、定言判断においては主語であったものが、仮言判断においては二つになるということであり、定言判断の具体例「バラは植物である」であれば、「バラ」が、ここで言われる「直接的な現実存在」、「外的で偶然的な存在」である。しかし、それでは、「もしバラがあれば、何なのだ」ということになり、これは『論理学』における抽象的な説明では、はっきりと確定することできない。事実、多くの解説書を読んでも、定言判断の「バラは植物である」は取り上げて説明されるのに、仮言判断について具体例は挙げられず、『論理学』の本文の焼き直しのような説明がなされるのみなのである。それもそのはずで、仮言判断の具体例は、ヘーゲル自身のテキストには示されておらず、必要に応じて「自分の記憶から取り出してそれを完全にする」というヘニングの補遺にも見いだされないからである。このため、研究者の中には自ら具体例を考えて提示した者もいたのであるが、議論が錯綜していた[14]。

一八三一年のカール・ヘーゲルの講義録にヘーゲル自身の仮言判断の具体例が挙げられており、議論はようやく決着する。それは、「青があれば黄が存在しなければならない」と「明るさは暗さに現れ、暗さは明るさに現れる」(GW 23/2. 782) というもので、種と種の関係を示したものであった。色の例に合わせるならば、定言判断は、「青は色である」とすることができるが、色でない青は存在しないように、青と色の関係は必然的である。しかし、色は青のみならず、ほかに黄や赤も存在する。このように、定言判断では示されなかった諸種の存在を示したのが仮言判断だったのである。前者の例についてヘーゲルは、「このことはさしあたり外的な表象には現れないが、黄と青は色の本性によって結びついている」として、この判断の根底に「色」(類) があることを示唆している。その根底にある「色」(類) を明示化して規定するのがつぎの選言判断であるが、この選言判断との関係も、この色の例によって非常に明瞭となる。

ヘーゲルは選言判断の例として、まず「色は青か黄か赤か緑である」を挙げ、色が諸々の種に分解されていると説明する。しかし、選言判断は、このような「あれか、これか」の形式を持つ一方で、「色はこのすべてでもある。色は一方でもあり、他方でもある」という「あれも、これも」の形式も持つという。このように、前者の例では、色が含む自立的な種を列挙するが、これは無限に挙げ続けなければ完成しない。このような欠陥を克服すべく、後者の例では全体が包括され、そしてこの両者の統一によって、「色」という類を余すところなく表そうとする。このような状態を示す具体例は講義録では挙げられていないのであるが、『大論理学』では「色は明と暗の統一である」(GW 12. 83) という表現が見られる。このように「明と暗の統一」と表現することによって、青や黄といった種を列挙することなく、そこからすべての色を原理的に導き出せるというかたちで、種の全体が示され、「色」という主語の内容に述語が一致する必然的な判断が完成するのである。こうしてみると、選言判断は、仮言判断の二つの例を統一したものであることがわかるし、また、「あるいは」でつながれていた仮言判断の二つの定式は、同じものの言い換えではなく、二種類の具体例にそれぞれ対応する定式であることも明らかとなる。このように、一八三一年の講義録によってはじめて示された仮言判断の具体例によって、仮言判断の内容はもとより、定言判断、選言判断を含む「必然性の判断」全体のこのような論理展開も明確に浮かび上がってくるのである。

ヘーゲルの論理学を理解するためには、『大論理学』に取り組まなければならないが、『大論理学』は非常に抽象的であるがゆえに、知らず知らずのうちに、ヘーゲルの意図とは異なる解釈をしてしまう可能性が大いにある。ここで見たように、講義録におけるヘーゲル自身による具体的な説明を援用することで、その抽象的で難解な議論をより正確に理解することが可能になる。講義録の詳細な研究が進むことによって、ヘーゲル論理学の理解を深めるこのような具体例や情報がその他にも見いだされることが大きく期待される。

おわりに

本章では、はじめに、『ヘーゲル全集』第二十三巻に収録された九つの講義録について簡単にその特徴を概観し、ヘーゲルの思想形成の足跡を垣間見た。つぎに、一八二三年のホトーの講義録とヘニングの補遺との比較対照から、ヘニングがホトーの講義録からどのように補遺を作り、また、どのような編集上の問題点があるかを具体的に検討した。最後に、一八三一年のカール・ヘーゲルの講義録ではじめて見いだされた仮言判断の具体例によって、『大論理学』の理解がいかに深められるかを考察した。これらは講義録研究の意義の一端を示したにすぎず、今後、講義録の詳細な検討が進んでいけば、他にもさまざまな可能性や発見が見いだされるだろう。各講義はそれぞれの脈絡を持っており、講義録を単体で理解していくことも重要であるが、ある規定について各年度の説明を並べて読んで理解を深めることも可能である。新しい講義録に依拠したさまざまな試みによって、ヘーゲル論理学研究はより一層前進するに違いない。しかし、このことは、たんに研究上の意義を持つだけにとどまらない。ヘーゲルの論理学は、肯定判断の検討に見たように、私たちが普段何気なく用いている思考規定が「どの程度真実であるか」を批判的に吟味するものであり、ヘーゲル論理学研究の理解は、私たちが思考するうえでも非常に有益であるばかりか、思考が人間と動物を区別する本質である以上、この思考の本性を明らかにすることは、「私たちが何であるかを知ること」につながる重要な意味を持っている（GW 23/2. 657）。抽象的で難解なヘーゲル論理学であるが、実は私たち自身とこのように密接な関わりをもっていることが多くの具体例によって示されるのも、学生を前にして話された講義録ならではの魅力である。

第二章　論理学・形而上学講義――「予備概念」の成立

真田美沙

はじめに

ヘーゲル論理学・形而上学についての新講義録である第二十三巻の第一部は、トロクスラー（一八〇一年冬学期）、ゴート（一八一七年夏学期）、ホトー（一八二三年夏学期）、コルヴォン（一八二四年夏学期）、ケーラー（一八二五年夏学期）、筆者不明（一八二六年夏学期）の六つの講義録から成る。それに続く第二部には一八二八年から一八三一年にかけてのリベルト（一八二八年夏学期）、ロラン（一八二九年夏学期）、カール・ヘーゲル（一八三一年夏学期）による講義録が含まれている。論理学の講義はもっとも頻繁に行われた科目であり[1]、論理学・形而上学に関する新たな講義録の刊行は、とりわけ『大論理学』存在論の第一版（一八一二年）から第二版（一八三二年）までの二十年弱にどのような思想的変化が見られるのかという発展史的観点からも重要である。さらに『大論理学』概念論（一八一六年）出版後のヘーゲル論理学の変化については『エンチクロペディー』第一版（一八一七年）、第二版（一八二七年）、第三版（一八三〇年）と旧講義録をおもな手がかりとしてたどることができるだけであったが、今後はこの変遷過程についてのより詳細な研究を行うことが可能になったといえる。

これまでの多くの先行研究によって示されてきたように、『エンチクロペディー』の改訂に関して議論する際に挙げるべき問題は、「思想の客観性に対する三つの態度」を含む「予備概念」の記述の変化である。[2] というのも、第一版と第二版・第三版とを比較したときに、「導入」と「予備概念」の箇所の拡張を明らかに見てとることができるからである。[3] ヘーゲルは『エンチクロペディー』第二版の論理学への導入的役割を果たしている箇所の拡張について、プロテスタント神学者であるカール・ダウプへの一八二六年八月十五日付の手紙のなかでつぎのように述べている。

「私がそこで区別した諸立場〔思想の客観性に対する三つの態度〕の論述は流行の関心に適うようにという意図にもとづいています。しかし私にとってこの導入はいっそう難しくなりました。というのもこの導入はただ哲学そのもののまえに位置し、そのうちに位置するのではないからです」。[4] この手紙のなかでは「哲学」（つまり予備概念に続く論理学の本論）への「導入」[5]（つまり導入・予備概念の箇所）の位置づけに起因するジレンマが指摘されていることがわかる。哲学への導入のための箇所がヘーゲルにとって難しいものであったということは、導入箇所が毎年のように忙しなく変化し続けたという事実からも見てとることができる。

では、いかにして「予備概念」は哲学の導入として形成されたのだろうか。以下では時系列に沿って比較検討してみよう。『エンチクロペディー』第一版から第二版までの変化については、一八一七年のゴートによる講義録、一八二三年のホトーによる講義録、一八二四年のコルヴォンによる講義録、一八二五年のケーラーによる講義録、一八二六年の筆者不明の講義録を見る必要がある。そして、同様に第二版から第三版にかけての変化は、一八二八年のリベルトの講義録と一八二九年のロランの講義録を手がかりにたどることになる。最終的に『エンチクロペディー』第三版（一八三〇年）、翌年のカール・ヘーゲルの講義録（一八三一年）、『大論理学』存在論第二版（一八三二年）において、以上の変遷の終着点を見ることができる。

そこで本章では、まず論理学の導入についての背景を確認したうえで、ゴート、ホトー、コルヴォン、ケーラーの講義録を比較することで導入と予備概念の変遷を見ていく。その後、一八二六年の筆者不明の講義録における新たな変化を確認し、最後に『エンチクロペディー』第二版以降のリベルト、ロラン、カール・ヘーゲルの講義録における変化を見ていくことにする。

第一節　論理学の導入箇所

『大論理学』存在論第一版の序文では、『精神現象学』は哲学体系の第一部とされていた。のちにこの表題は取り除かれ、これに続く第二部のかわりに『エンチクロペディー』が出版されることとなった。このような経緯についての関心のもと、現象学がヘーゲル論理学の導入という位置づけにあるのかどうかという問題がフルダによって指摘され、それについてフラッハやルーカスが批判的検討を行ってきた[6]。それではヘーゲルは『大論理学』第一版の序文において『精神現象学』と『大論理学』の連関をどのように説明していたのだろうか。そこでは、両者の関係が「自然的で精神的生命」としての「純粋本質」の自己運動という概念を用いて説明されている。「純粋本質の自己運動はその精神的生命であり、それによって学問が構成されるのであり、その叙述が学問なのである。……拡大された企画のなかで論理学は精神現象学の最初の続編をなす」(GW 11. 8)。一方、『大論理学』存在論第二版では、純粋本質の概念による説明は消え、そこに言語のもつ思考形式(GW 21. 10)、カテゴリーの無意識な使用(GW 21. 13)、論理学の職務としてのカテゴリーの純化(GW 21. 16)という新たな観点が登場する。そこで貫かれているのは、日常的な人間の活動のなかで無意識に用いられている言語の思考形式を意識のもとにもたらして対象化し、その対象について、外面性から区別される本質ないし論理的なものを引き出すという論理学の理解である。人間が普段意識することなしに用いているものの規則や法則を取り出すことは、同時に精神が自分自身を知る過程でもある。この論理学の本質についての理解は、思考形式を素材に対する外的で主観的な形式として扱う形式論理学への批判に根差している。『大論理学』の序文の導入にあたる箇所を比較しただけでも、そのあいだに言語やその使用における無意識、そこでの論理学の役割など、多くの観点が新たに登場していることがわかる。さらに、第二版の「学問は何から始めなければならないのか」の箇所では、直接性と媒介という二つの規定が不可分であり、両者の対立は取るに足らないということが明確に述べられるようになる（GW 21. 54）。

『大論理学』「存在論」第一版から「存在論」第二版までの二十年間の変化の過程を明らかにするための手がかりとして、これまでは『エンチクロペディー』の第一版から第三版があったのだが、それでも一八一七年から一八二七年までの変化をそこからさらに明らかにすることはできなかった。しかしながら、新たに刊行された講義録の視座を導入することによって、空白期間中のヘーゲルの関心の推移を明らかにすることが可能になる。そこで次節からは、具体的に新講義録における導入箇所に焦点を当てていくことにする。

第二節　ゴート、ホトー、コルヴォン、ケーラーによる講義録

一八一七年のゴートによる講義録[7]は『エンチクロペディー』第一版に注釈を施す意図で構想されている。[8]実際にゴートの講義録は『エンチクロペディー』のパラグラフに対応して書かれている。そのためこの講義録は『エンチクロペディー』の補完的役割を果たし、共通点も多い。一八一七年時点での論理学の導入箇所の記述でまず特徴的であるのは、「予備概念」の冒頭箇所（第十三節―第十六節）において、「論理的なものの三側面」である「（α）抽象的ないし悟性的な側面」「（β）弁証法的ないし否定理性的側面」「（γ）思弁的ないし肯定的理性的側面」が挙げられていることである（GW 13. 24）。[9]これは『エンチクロペディー』第三版（第七十九節―第八十二節）では「予備概念」の後ろに同様の形式で提示されている。そのため、なぜ「論理的なものの三側面」が後の位置に移動したのかが問われなければならないだろう。[10]

つぎに、『エンチクロペディー』第二版以降に登場することになる「思想の客観性に対する三つの態度」という標題は、一八一七年時点ではまだ与えられておらず、三つの態度のうちの最初の二つ「古い形而上学」と「経験論」・「カント哲学」があるにとどまっている。『エンチクロペディー』第二版と第三版を念頭に置くと、一八一七年時点では第三の態度である「直接知」についての記述がいっさい存在しない。[11] 一つ目の態度である「古い形而上学」(第十八節―第二十五節)が対象とするのは、理性に属する総体としての神・世界・魂という普遍的なものである。これらは独断論にすぎない(GW 13. 26f.)。さらに存在論・合理的心理学・宇宙論・合理的神学という形而上学の内的区分について詳細に考察される。これには第二の態度にあたる第一契機「経験論」(第二十六節)と第二契機「カント哲学」(第二十七節―第三十四節)とが続く。『エンチクロペディー』第二版ではこの批判哲学の箇所はカントの三つの能力、つまり理論的能力・認識そのもの、実践理性、反省的判断力に沿いながら論述が進められているのに対して、一八一七年時点では理論的能力と認識の問題に焦点が当てられている。[12]「カント哲学」に続くのは、学問の立場に立つための前提の断念である。そこでは意識の歴史が絶対的な端緒ではなくて哲学の円環の要素であり、懐疑主義が導入となることが示されている(GW 13. 34)。

そこで、三つの態度に該当する箇所とその前段階の箇所の変化について、時系列に従って比較することにしたい。ここでは一八二三年のホトーによる講義録、一八二四年のコルヴォンの講義録、一八二五年のケーラーの講義録を取り上げる。これらはすべて一八一七年の『エンチクロペディー』にもとづいて行われた講義である。

ホトーの講義録自体はレオポルト・フォン・ヘニングがベルリン版『ヘーゲル全集』[13]の編集の際に提示しているので、一八二三年の講義とは知られていなかったものの、ヘーゲル研究の中ではすでに知られているといえる。[14] この講義録の断片は「予備概念」に対応する箇所(第十二節―第三十一節)のみを含んでおり、存在論・本質論・概念論を含んでいない。「予備概念」冒頭箇所では、一八一七年時点にその箇所にあった「論理的なものの三側面」は言及されず、客観的な思想に至るまでの三契機が説明される。思想ははじめのうちは主観的で恣意的・偶然的なものであるが、思想によってこそ神の本性に到達することができる。ヘーゲルはこのような思想の歩みに三つの段階を設ける。第一段階は「主観的な活動」であり、第二段階は「熟考」、第三段階は「客観的な思考」である（GW 23/1. 160f.）。

第一の段階である「主観的な活動」とは、学問として身につけられる思考の活動であり、この段階ではまだ思考は有限的な思考である。「たんなる主観的な活動としての思考をいまや私たちは知らなくてはならない。関心、すなわちその詳細な規定は規則と法則、規定性、思考の形式であり、これらの諸規定を知るに至ることは学問の関心と目的であり、すなわち制約を経験から知るに至るような、思考の制約についての正しい知識であろう。……学問における関心はその経験において有限な思考を知るに至ることであり、学問はその前提された対象に対応することによって正しい。したがって思考はここでは有限な思考である。一般的な論理学はその形式に取り組み、そしてその論理学はその有用性をもつ」（GW 23/1. 161f.）。ここで前提されているのはアリストテレスの形式論理学である。

第二の段階である「熟考」は「たんなる形式的思考の客観への関係」とも言い換えられる。「熟考」にはそこからさらに三つの契機が与えられている。熟考の第一の契機は、普遍的なものが特殊なものから認識されることである。たとえば、これは子どもが言語のもつ規則を思い出し、特殊な場合を規則に従わせる能力である。熟考は対象の観察において、特殊な場合を支配している普遍的なものとしての規則をもたらす。「持続的なものは熟考をもたらす。……熟考は私たちに、恒常的でとどまる共通のものをもたらす」（GW 23/1. 163）。感覚的物体の運動についての諸法則もこの熟考によってもたらされる。このように熟考は、言語の規則や自然法則などの普遍的なものを特殊な対象から引き出す能力である。熟考の第二の契機は、熟考の活動による直接的な感覚的個物の変化・媒介である。熟考によってもたらされた産物は普遍的なものであるが、精神や思想によって捉えられるため、それゆえ直接的で外的なものは主観的なものへと変化させられる。熟考の第三の契機では、熟考による作り変えを通じた真なるものへの到達であり、ここには客観的なものと主観的なものの統一がある。以上が熟考のもつ三契機である。

思想の第三の段階は「客観的な思考」である。先の熟考によって本質的なもの、つまり客観的な思想がもたらされるのだが、人間はこの思想によって自然的なもの、つまり動物から区別されることになる（GW 23/1. 167）。ヘーゲルはここで「ヌースが世界を支配している」というアナクサゴラスの言葉を引き合いにだす。「思想一般の普遍的なもの、すなわちヌースは客観的であると同時に主観的である」（GW 23/1. 168）。このヌースは自然によっては意識にもたらされず、人間によってはじめてこの普遍的なものは普遍的なものに対してあるというように二重化されることになる。このようにして私たちは論理学の中で純粋に自分自身のもとにある思考を考察するのだとされる（GW 23/1. 172）。

右に挙げた三つの段階では、主観的活動において使用されていたものから法則などの普遍的なものが取り出され、客観的なものが主観的なものへと変化されることを通じて、両者の統一が実現される過程が描かれている。ここには『大論理学』第二版の序文で展開されている、日常的に無意識な仕方で使用されている思考規定を純化するという、導入の試みの萌芽を読み取ることができる。ただ、この講義録の時点では、たしかに子どもの言語規則の例が挙げられているのではあるが、まだ全体的に言語使用とそこから学問的に論理的なものを取り出すという観点から展開されているわけではない。

以上の、主観的活動、熟考、客観的思考の三段階ののちには、『エンチクロペディー』予備概念の「思想の客観性に対する三つの態度」に対応する内容が続いていく。しかし、まだこの一八二三年時点では一八一七年時点と同様に、『エンチクロペディー』第二版以降に登場することになる「思想の客観性に対する三つの態度」という標題は与えられておらず、また三つの態度のうちの最初の二つ、つまり古い形而上学と経験論・カント哲学の立場のみが論じられている。さらに本来ならば第三十四節までカント哲学が論じられるはずが、第三十一節までで中断されている。この断片的性格をもつホトーの一八二三年講義録に対して、一八二四年と一八二五年の講義録では、第三の立場に当たる内容が徐々に論じられることになる。

一八二四年のコルヴォンによる講義録は論理学の全体的な内容を含んでおり、第三十三節より第三の態度「直接知」にあたる立場が言及される。しかしその講義の下敷きがまだ『エンチクロペディー』第一版であることを鑑みると、本来第三十四節まではカント哲学が論じられるはずであった。それにもかかわらず一八二四年の講義録ではカント哲学だけでなくヤコービやフィヒテも言及されている。その際に、カントとヤコービの哲学は同じ問題系のもとで論じられている。「神についての直接知、すなわち普遍的なものについての直接知は最高のものだとのちに言われ、不完全なものが最高のものであるというカント的な見方の改良と見なされた。認識することに対する諸規定は部分的にカントの哲学に属し、部分的にヤコービの哲学に属している。この諸規定は、カントの哲学では、認識することは主観的なあるものだというものである。これはとりわけカント的な認識することの規定である。……ヤコービの哲学ではカテゴリーのこれらの諸規定はそれ自体で有限的である。カテゴリーの諸規定は素材を必要とし、したがって制約された諸関係である。カテゴリーの諸規定はその普遍性自体においては再び特殊的なものである。認識すること、規定することによって私たちはまさに普遍的なものを有限となし、有限化するのである。……これは主としてヤコービの側面である」[15]（GW 23/1. 244f.）。この内容は『エンチクロペディー』第二版以降では「直接知」の立場（第六十二節）のなかで論じられる内容である。

翌年のケーラーの講義録（一八二五年）は講義録の引き渡しの状況により、「直接知」にあたる内容から開始している。[16]ケーラーの講義録の直接知にあたる箇所では、おもに信仰と実在の連関が示されている（GW 23/1. 311）。「信仰が信じる他のものは（第一のものは無限のもの、すなわち神に存在が付随するということだった）、外的な諸物が実在性をもつということである。ヤコービは、〈私は私が一つの身体をもち、他の諸物があり、そして実在性は必然的に私の表象することと結合している〉と言った」（GW 23/1. 311）。「感覚的諸物を人は直接的に知る、つまり見て感じる。しかしそれは精神的諸対象では異なる。直接知は神についての確信であり、人は対象と思想に慣れているかぎりで、それについて直接的に知るということが付け加えられうる」（GW 23/1. 315）。このように、ケーラーの講義録は直接知に関する詳細な説明を含んでいるのだが、この一八二五年の講義ではじめて直接知の立場が体系的に論じられたのかどうかは明らかでない。

第三節　筆者不明の講義録

ここでは一八二六年筆者不明の講義録を取り上げたい[17]。この講義録は「予備概念」全体についての内容を含んでいる。この講義録のなかで再び注目したいのは、予備概念の冒頭箇所である。この箇所は、一八一七年の『エンチクロペディー』第一版やゴートの講義録では「論理的なものの三側面」が提示され、さらに一八二三年のホトーの講義録では「主観的活動」「熟考」「客観的思考」の三段階が提示されていた。しかし一八二六年の筆者不明の講義録では、これらの二つの論理学の導入のための枠組みは、予備概念の冒頭箇所で採用されておらず、そのかわりに以前の講義録にはなかった「思考の三つの様式」が示されている。思考の三つの様式とは、「一、思考が包みこまれた様式、あるいは感覚的知覚」「二、反省の様式」「三、論理的な思考、論理学の哲学との関わり」(GW 23/1. 414) である。

「一、思考が包みこまれた様式、あるいは感覚的知覚」について、「思考は私たちの感覚、傾向、意志のうちに含まれている」(GW 23/1. 414) と述べられているように、この段階では思考はたしかに存在するのではあるが、あくまでその感覚により得られた内容は多様に規定されたものにすぎず、普遍的規定をもたない。そのため「思考そのものは感覚的な振る舞いそのもののうちではまだそこにない」(GW 23/1. 415) と言われる。さらにこの箇所では「世界史の哲学講義」の影響（中国・インド）が読み取れる (GW 23/1. 414)。そのためヘーゲルはこの時期に、論理学の導入のなかで古来ギリシアよりもさらに遡る世界史的端緒と哲学以前の端緒との対応関係も念頭に置いていた可能性が考えられる。

つづく「二、反省の様式」で扱われているのは、「知覚している意識、より説明された思考、反省の段階、私たちの意識の通常の状態」(GW 23/1. 414) である。これは二つに分けられている。一つ目は、感覚から取られた内容、つまりより快適、より不快というものである。これに対し、二つ目は普遍的規定を生み出す思考規定そのものである。

第一のものは感覚的内容と思考規定との混合であり、「直観の際に生じる思考を人は自然な論理と呼ぶ」(GW 23/1. 414)。これはまだ思考の産物である普遍性や類、法則、必然性を扱う段階にある。しかしこの第一のものに対して、「第二のものは、私たちが知らない思考、気づかずに介入している思考、私たちの表象から本質的なものになる思考である」(GW 23/1. 415) と言われ、この「自然的な形而上学」(GW 23/1. 416) をすべての人間はもつのだとされる。概念的な対応関係からは、この「思考の三つの様式」の「反省の様式」と「思想の客観性に対する三つの態度」の第二の立場である経験主義・カント哲学との連関を読み取ることができる。そして、普遍的規定や法則を扱う思考の段階ということを鑑みると、ここには一八二三年のホトーの講義録で扱われた「熟考」との対応関係を確認できる。

しかしながら、「熟考」という概念は実際には「三、論理的な思考、論理学の哲学との関わり」の段階で扱われることになる。この段階は「抽象的な諸規定を対象とする論理的な学問」(GW 23/1. 416) の立場だとされる。たとえば存在、生成、量や質などはあまりにも既知のものとして現れるのだが、思想の本性は私たちには知られていない。「思想の本性は、私たちがやり慣れているものや慣れていないものについての研究や熟考によってはじめて知られたものとなる」(GW 23/1. 416)。この熟考によってようやく、「自然な物、神、人間、精神」などの「普遍的なものの知識、ある対象の実体的なもの、原因ないし根源的な事柄、普遍的な本性」(GW 23/1. 418) が知られることになる。この営みこそが論理学である。またここでは、ホトーの講義録における「客観的な思考」の箇所と同様にヌースにも言及される。新しい点は、ここでは経験が「あらゆる時代にとっての諸法則と見なされるべきである」(GW 23/1. 418) とされているところだろう。「経験はまさに諸物の普遍的なものであり、あらゆる時代にとっての法則と見なされるべきである。……ただ思考のみが経験をなす。人間は経験から出発する」(GW 23/1. 418)。このように経験の重要性が語られていることは、『エンチクロペディー』第二版の第三の態度「直接知」(第六十七節) で、宗教や人倫において教育や教養が媒介として必要だとされていることとも共通している。

「思考の三つの様式」における論理学の役割の説明は、『大論理学』第二版序文で述べられている、論理学によって日常生活におけるカテゴリーの使用が学問的に対象化されるまえの状態を「無意識」とする内容を先取りしている。このことは、一八二三年のホトーの講義録における予備概念の冒頭箇所と同様である。

以上の「思考の三つの様式」には以前の講義録と同様に、「思考の客観に対する三つの態度」に対応する内容が続く。いぜんとして第一の態度と第二の態度が「一、ヴォルフの形而上学、二、カントの哲学」(GW 23/1. 419) と立てられているにとどまり、項目として「直接知」は立てられていない。しかしながら内容としては新たにデカルトの「コギト・エルゴ・スム」との連関という論点が加えられている。「近世において、デカルトは再び思考を純粋に前提した。すべてを消滅させて思考から始めなければならない。コギト・エルゴ・スム、思考と存在は直接的に結ばれている。デカルトは思考から存在を推論する。原因は作用に直接的に結びついているので、原因から作用一般を推論することはそもそもできず、しかもある規定的な原因からある規定的な作用を推論することさえもできないのであり、したがって、コギト・エルゴ・スムは一つの推論だということもできない」(GW 23/1. 431)。この箇所では『エンチクロペディー』第二版・第三版（第七十六節―第七十七節）で展開されているヤコービとデカルトの共通点と相違点までは明確に論じられていないものの、ここには第三の立場としての両者の連関の出発点があるといえる。

さらに、一八二四年までは「予備概念」冒頭箇所に位置していた「論理的なものの三側面」が、一八二六年の講義録では第三の態度のあとに配置されている。ルーカスが指摘しているように、ヘーゲルは一八二六／二七年冬学期以来『エンチクロペディー』第二版の見本刷りを少数の弟子たちに配布していたのだとすると、一八二六年の夏学期までは基本的に『エンチクロペディー』第一版にもとづきながら講義は進められたといえる。[18] だが「予備概念」の「思想の客観性に対する三つの態度」の成立という観点からは、一八二六年の夏学期時点でほとんどその完成に近づきつつあった。

第四節　リベルト、ロラン、カール・ヘーゲルの講義録

まず『エンチクロペディー』第二版の「導入」部分（第一節―第十八節）と「予備概念」（第十九節―第八十三節）に見ることができる新しい変化としては、第一に熟考概念が新たな形式でもって説明されること、第二に「カント哲学」の記述が理論的能力・認識、実践理性、反省的判断力に沿った仕方で詳細になること、第三に「直接知」が第三の立場の項目として成立し、体系的に叙述されていること、第四に「論理的なものの三側面」の「(β) 弁証法的ないし否定理性的側面」のなかに位置づけられていた懐疑主義が、『エンチクロペディー』第二版では第三の立場の末尾に組み込まれていることが挙げられる。(19)

第一の点について言えば、まず導入箇所のなかで「熟考」概念に基本的な説明が与えられていることに注目しなければならない。この導入では、二つの「熟考」があると述べられている（GW 20. 35）。第一の熟考は、経験的な学問のうちに働く熟考である。経験的な学問では一般法則や類概念と特殊な事例とは偶然的な関係にあり、必然性の形式を満たすことができない。それに対して第二の熟考とは、この必然性の形式の充足をなしとげることを目指す哲学的思考、つまり思弁的思考であり、この第二の熟考は概念という形式を持っている。この導入での基本的説明に加えて、予備概念の冒頭箇所（第二十節―第二十三節）ではあらためて「熟考」概念に四つの段階が設けられる。その四つをまとめると、(α) 主観的な思考、(β) 熟考、(γ) 変化を媒介とした熟考、(δ) 思考する主体としての精神による真の本性の出現となる。熟考の四段階についての説明は一八二三年以降展開されていた内容を踏襲しており、熟考の二つの区分と四段階についての説明は『エンチクロペディー』第三版でも登場する（第二十節―第二十三節）。

この『エンチクロペディー』第二版にもとづいて、リベルトとロランが対象とした講義は行われた。リベルトによる講義録（一八二八年）では「予備概念」が全体の半分を占めている。「予備概念」冒頭箇所での熟考に関する四段

階はこの講義録では『エンチクロペディー』第二版よりも非常に詳細な内容を含んでおり、（β）熟考の段階で、直接知批判が展開されている（GW 23/2. 450f.）。また、予備概念は第五十九節までのカント哲学についての記述で中断し、その直後の直接知についての箇所四頁分が欠落していることがわかる。『エンチクロペディー』第二版「直接知」の最後の節（第七十八節）にあたる箇所から再び開始されており、そこでは学が懐疑主義によって始められることがデカルトの方法的懐疑が引かれながら述べられる（GW 23/2. 477）。

翌年のロランの講義録（一八二九年）では、論理学全体についての記録がなされており、カント哲学の立場が『エンチクロペディー』第二版に見られるような包括的内容を含んでいる。また、「直接知」の最後の節（第七十八節）における懐疑主義についての言及が大幅に増えていることがわかる。そこでは古代の懐疑主義とデカルト的懐疑が学問の端緒の問題と結びつけられて肯定的に論じられる（GW 23/2. 577f.）。

一八三〇年には、『エンチクロペディー』の第三版が出版される。これにもとづいて行われた一八三一年の講義については、ヘーゲルの息子であるカール・ヘーゲルによる講義録が残されている。[20]『エンチクロペディー』第三版と比較したときに、この講義録のなかでまず目を引くのは、「予備概念」冒頭箇所で論理学の起源を語る際にアリストテレスの哲学について述べていることである。そこでは、アリストテレスが経験から出発しており、それを基礎として思考の概念へと移ったことが述べられている（GW 23/2. 655）。

つぎに注目したいのは、「論理的なものの三側面」の第三の側面である「思弁的ないし肯定的理性的側面」である。そこでは、諸規定の推移の過程の把握が思弁的なものだとされ、スピノザが「私たちは諸物を永遠の相において、すなわちそれらの永遠の形式において把握しなければならない」（GW 23/2. 714）としたことが述べられている。「私たちが冷静に内容をそれ自身としてしたいようにさせておいて、冷静にそれ自身に即して考察するならば、真に永遠なものは永遠の過程である」（GW 23/2. 714）という表現は、「直接知」（第七十五節）での「神は真なるもの、直接的なものであるが、それは永遠に媒介へと転化する。つまり永遠の過程である」（GW 23/2. 708）という記述とも連動している。

以上の「予備概念」の変遷の最終的な帰結については、『大論理学』「存在論」第二版のうちに見ることができるだろう。この第二版は一八三〇年夏学期の終了後、および学長職の就任後に集中的に取り組まれたと推測されている。[21]第二版の序文の末尾には「一八三一年十一月七日、ベルリン」と記されており、それまで改訂作業が続けられたことがわかる。その序文ではとくに論理学において言語の果たす役割が他では見られないほど詳細に語られている。しかもこの日常で無意識に使用されている言語が論理学へと高められる過程は、すでに見てきた熟考の四段階との連関のなかで捉えられる。「思考の形式」はまず「人間の言語」のなかに貯えられており、論理学はそのようにして「精神を本能的にそして無意識に貫いている」思考規定を問題にする。しかも論理学は、「反省によって取り出されており、反省によって主観的で素材と内容に即して外的な形式として固定されている思考規定の再建」をしようとさえする（GW 21. 17f.）。これは熟考がただ観察の対象から諸法則を取り出すのみならず、媒介を通じて変化させるとされていたことと通じる。これは換言すれば、思考の「影像的態度」（GW 21. 19）である。

おわりに

以上では、新講義録の比較を通じて「予備概念」の変遷をたどった。そこでの大きな変化は第一に「予備概念」冒頭箇所の変化、第二に第三の態度としての「直接知」の導入、第三に、それに伴う懐疑主義の位置づけの三点へと集約できる。

第一点目である熟考概念の記述は『エンチクロペディー』第一版（一八一七年）の時点では存在せず、そのかわりに「論理的なものの三側面」が提示されるにとどまっていた。一八二三年のホトーの講義録で熟考概念の三段階がはじめて示され、これは『エンチクロペディー』第二版で最終的に、経験科学における熟考と哲学における熟考という基本的区分、さらに熟考についての四段階へと変化する。そして第二点目である「思想の客観性に対する三つの態度」の「直接知」の項目がはじめて独立したものとして提示されるのは、『エンチクロペディー』第二版であり、その成立過程は、コルヴォン、ケーラー、筆者不明の講義録の比較により明らかになる。第三点目の懐疑主義の位置づけの問題は、「論理的なものの三側面」と「思想の客観性に対する三つの態度」の両者の対応関係にもかかわる。懐疑主義はもともと一貫して「論理的なものの三側面」の「(β)弁証法ないし否定的理性的側面」のうちに組み込まれているため、両者に一応の対応関係があるならば、懐疑主義の立場は本来第二の立場で展開されるはずである。この対応関係を作る試みは一八一七年時点では途中まで成功していたといえる。なぜなら一八一七年時点では「論理的なものの三側面」の第二の側面に対応させる形で、第二の立場「カント哲学」の説明の直後に懐疑主義の説明（第三十六節）が置かれたからだ。しかしながら、一八二七年『エンチクロペディー』では第三の立場「直接知」の最後の箇所に懐疑主義の立場が組み込まれることで、「論理的なものの三側面」との対応関係が崩れることとなったと考えられる。

本来、以上の三点は相互に連関している。「論理的なものの三側面」はすでに一八一二年には提示されていたことを顧慮すると、熟考概念（とくに一八二六年の筆者不明の講義録）と「思想の客観性に対する三つの態度」とは「論理的なものの三側面」を原型としていると考えられる。しかしその一方で、それぞれの概念的な対応関係は、いま述べたようにとくに懐疑主義の位置づけという観点からも完全なものには至らなかった。

論理学・形而上学の新講義録における「予備概念」の箇所を比較したとき、それぞれの講義の内容の変化は、おもに哲学の端緒の問題に向かっている。ダウプ宛ての手紙のなかで、導入が哲学のまえに位置しているのであって哲学のうちに位置するのではないということに『エンチクロペディー』第二版の哲学の導入の難しさがあったと述べられていたが、『大論理学』「存在論」第二版の「学問は何から始められなければならないのか」でも、端緒における直接性と媒介の不可分さについての解明を学問的に行うことの必要性が表明されている。「学問の手前のところでさっさと認識について片をつけようとすることは、学問の外で認識が論究されるように要求することを意味している。すなわち、学問の外では認識について片をつけることは少なくとも学問的な仕方で遂行されることはできず、結局ここでは学問的な仕方でただ遂行されなければならないことになる」(GW 21. 54)。『エンチクロペディー』でこの論究はあくまで暫定的に行われたにすぎないのに対して、『大論理学』では学問的に行われることになるのである。

第三章　自然哲学講義――「自然哲学は自由の学である」

大河内泰樹

はじめに

今日、ヘーゲル哲学が肯定的に参照され、その現代的意義が説かれている場合でも、自然哲学についてその哲学的意義が主張されることはほぼないといってよい。ヘーゲルが参照していた十八世紀末から十九世紀初頭の自然科学は、今日のそれから見れば多くの間違いを含んでいたし、ヘーゲルはさらにそれを荒唐無稽な哲学的構築物に作り上げてしまったというのだろう。

しかし、最近校訂版『ヘーゲル全集』として刊行された『自然哲学講義』を紐解くならば、自然哲学を切り捨てながら、ヘーゲル哲学をそれ以外のところで救済しようという戦略はあまり説得力のあるものではないことが理解される。たとえば、一八一八／一九年夏学期の講義においてヘーゲルが「自然法則」についてつぎのように述べるとき、ヘーゲルが自然哲学を始めるにあたって、『精神現象学』悟性章で獲得した認識を前提としているのがわかる。

これらの法則、自然法則が意味するのは自然の振る舞いの普遍的なあり方以外の何ものでもない。外化は個別的なものである。力はこの個別的な外化をまとめたものである。私たちは特殊なものから普遍的なものへと進む。しかし普遍的なものはまさしく思考の自然〔本性〕でもある。思考とは、それにとって普遍的なものが存在するところのものである。思考は普遍的なものをとらえるか、あるいは作り出す。自然の力は、私たちがそれをわがものとするようになることで、私たちの知識となる。私たちはそのなかに私たち自身の形式を見る。……私たちはこの形式を外から受け取るのだが、私たちはそのなかで私たちのものを受け取っている。（GW 24/1. 5）

この箇所では、『精神現象学』悟性章で語られていることが、語彙を代えて圧縮された形で示されている。論証するには、より詳細な検討が必要であろうが、ヘーゲルが自然哲学の冒頭で語るこの自然認識のあり方と、『精神現象学』でもっとも研究されている章の一つである「悟性章」とが内容的に連関していることは否定できない。しかし悟性章の内容は、そもそも力や法則といった自然哲学にかかわる内容を扱っているのにもかかわらず、その内容が自然哲学と結びつけて議論されることはほとんどなかった。両者が同じ認識にもとづいて展開されているのだとするならば、どうして私たちは『精神現象学』の悟性章だけを擁護することができるのだろうか。[1] 逆にいえば私たちは、ヘーゲルの他のテキストにおいて別の形で述べられた自然、あるいはその認識についての記述にたいする理解を「自然哲学」を通じて深めることができるはずである。

以下ではヘーゲルの「自然哲学講義」について、まず、『ヘーゲル全集』第二十四巻第一分冊・第二分冊の刊行を受け、現在私たちがアクセスすることのできるヘーゲル自然哲学講義についての資料状況を確認する。つぎに、この『ヘーゲル全集』のテキストを用いて、これまでに指摘されていた二つの問題について検証を試みる。一つ目が、ハイデルベルク時代の『エンチクロペディー』（一八一七年）から、ベルリン時代の『エンチクロペディー』第二版（一八二七年）への自然哲学体系の変更がいつ頃起こったのかというものである。もう一つは自然哲学講義導入部の自然に対する「理論的態度」と「実践的態度」についての言及が遅くとも一八二八年に後退したというボンジーペンの主張である。この二つの問題を検証したうえで、最後に筆者の考えるかぎりで、ありうる今後の自然哲学講義研究の方向性を提示する。

第一節　自然哲学講義の資料状況

ヘーゲルは彼の自然哲学の体系を十全な形で出版することはなかった。彼が出版した自然哲学についてのテキストは一八〇一年の就職論文と、彼の体系全体の梗概を示した講義用の教科書『エンチクロペディー』(一八一七年、一八二七年、一八三〇年)の「自然哲学」に限られる。しかしまた、彼の体系のなかで自然哲学が、一貫して取り組まれていた重要な部門であったことは、自然哲学が唯一、一八〇三／〇四年から一八〇五／〇六年までの三つの『イェーナ体系草稿』のなかで欠かさず取り組まれている部門であり、かつもっとも多くの分量を占めていることからもうかがえる。(2)

生涯においてヘーゲルは自然哲学ないしはそれを含む講義を少なくとも十二回行っている。

イェーナ期(一八〇一―〇七年)には、一八〇三年夏学期、一八〇三／〇四年冬学期、一八〇四年夏学期、一八〇四／〇五年冬学期、一八〇五年夏学期の五つの学期に哲学の体系全体についての講義を予告しており、(3)最初のものを除いてそれが「形而上学と論理学」(metaphysica et logica)、「精神哲学」(philosophia mentis)と並んで「自然哲学」(philosophia naturae)を含むものであることが明記されている。しかし、そのなかで実際に行われたのが確認されているのは、一八〇三／〇四年冬学期、一八〇四年夏学期、一八〇四／〇五年冬学期、一八〇五年夏学期の四回であり、さらに最後のものでは論理学しか講じられなかったことが確認されている。残りの三回についても自然哲学が実際に講義されたのかは不明であるが、残されている体系草稿がそのために用意されたものだとすれば、実際に講義されていた可能性は高い[4]。

一八〇五／〇六年冬学期から、一八〇七年夏学期まで四回「自然および精神の哲学」（philosophia naturae et mentis）が予告されているが、一八〇六／〇七年冬学期以降の講義は、ナポレオン戦争のために行われなかった。『イェーナ体系草稿Ⅲ』は一八〇五／〇六年講義のための草稿であり、一八〇六年夏学期に講義が行われたことだけは確認されている[5]。

ヘーゲルの死後出版された『ヘーゲル全集』の『エンチクロペディー』第二部『自然哲学講義』を編集したミシュレは、イェーナで一八〇四年と一八〇六年のあいだに一度ヘーゲルが自然哲学講義を行っているとしているが、それはおそらく一八〇六年の夏学期のことであろう。ミシュレはその自然哲学講義の「四つ折判のヘーゲルの完全なノートを所有している」[6]と述べているが、残念ながらこれは失われてしまったようである。

ヘーゲルがギムナジウムの校長を務めていたニュルンベルク期（一八〇八―一六年）において、自然哲学と題された講義は行われていない。しかし、「上級クラス向けエンチクロペディー」講義では第二部に「自然の学」（Wissenschaft der Natur/Naturwissenschaft）（GW 10/1. 80ff., 86ff., 311ff.）を含む「特殊諸学の体系」ないし「エンチクロペディー」が講じられている。

ハイデルベルク期（一八一六―一八年）では一八一六／一七年の冬学期と一八一八年の夏学期に「哲学的諸学のエンチクロペディー」についての講義が予告されており、少なくとも後者は行われた。この後者の講義の参加者によるものと思われる書き込みがある一八一七年の『エンチクロペディー』が一冊残されている。これは、書き込みのために白紙頁を挟んで製本されたものであり、そこに講義の書き取りと思われるものが記されている[7]。その大部分が論理学についてのものであるが、たったひとつだけ記された自然哲学についてのメモ（GW 13. 593f.）は、以下で詳しく触れるように、自然哲学の構成について重要な内容を含んでいる。

「自然哲学講義」は『ヘーゲル全集』第二十四巻として刊行されつつあり、四分冊となることが予告されている。

これまでに出版されているのはいずれもベルリン期（一八一八―三一年）における自然哲学講義であり、現存することが確認されている筆記録全てを用いて編集されているはずである。ただし、『ヘーゲル全集』では、一つの筆記録を底本とし、他の筆記録における異同を欄外に示すという方針がとられているため、すべての筆記録のテキストが漏れなく収録されているわけではない。第三分冊は、直接筆記録は残されていないが、過去に何らかのかたちで伝えられていた講義内容が収録され[8]、第四分冊には、以上の三分冊の注と編者による解説が掲載されるはずである。

一九九一年にボンジーペンは、当時確認されていた「自然哲学」講義録について報告している[9]。しかし、『ヘーゲル全集』第二十四巻の第一分冊と第二分冊の編集には一九九一年に確認されていなかった講義録が用いられていることは明らかである。解説が掲載される予定の第四分冊が出版されていないために、まだ発見の経緯などその詳細は明らかでないが、以下ではすでに刊行されている第一分冊と第二分冊の標題をもとに、年度ごとに現存すると考えられる筆記録を確認しておこう。

1　一八一九／二〇年冬学期――一九九一年にボンジーペンが確認していたのは、ゴットフリート・ベルンハルディーによる筆記録一点のみであったが、その信憑性が疑われており、実際のヘーゲルの講義ではなく、ヘニングによる復習講義のノートではないかという推測がなされていた[10]。ところが、『ヘーゲル全集』に収録されたこの学期の講義録の底本になっているのは、ヨハン・ルドルフ・リンギエによる筆記録であり、ベルンハルディーによる筆記録における異同が示される形になっている。リンギエの筆記録が、いつどのようにして発見されたものであるのかははっきりとしない。ただし、リンギエの筆記録によって、ベルンハルディーの筆記録が同じ学期のヘーゲルによる講義についてのものであるという確証が得られたものと考えられる。

2　一八二一／二二年冬学期――この講義については、一九九一年にすでに紹介されていたのと同じボリス・フォン・ユクスキュルの講義と筆記者不明の二つの筆記録が用いられている。

3　一八二三／二四年冬学期――この講義について底本になっているのはカール・グスタフ・フォン・グリースハイムの筆記録であり、一九九一年のボンジーペンの報告によれば、完全にそろった筆記録である。[11]さらに、『ヘーゲル全集』第二十四巻では、そこでは言及されていなかったロムアルト・フーベによる筆記録も参照されているが、後者の詳細については不明である。

4　一八二五／二六年冬学期――底本となっているのは、モーリッツ・エドゥアルト・ピンダーによる筆記録であるが、この講義についても、一九九一年には報告されていなかった、ハインリヒ・ヴィルヘルム・ドーフェによる筆記録が参照されている。

5　一八二八年夏学期――この講義に関して新しい講義ノートは確認できない。底本になっているのは、「完全な口述筆記[12]」と言われていたアレクサンダー・フリードリヒ・フォン・ヒュックによる講義ノートであり、カロル・リベルトの筆記録における異同が示されている。

以上のように、『ヘーゲル全集』では一九九一年時点で確認されていなかった三つの筆記録が利用されている。とくに、一八一九／二〇年冬学期のリンギエの筆記録は、ベルンハルディーのノートに代わって底本として用いられるほど信憑性の高いものであったことがわかる。しかし、一八四七年にミシュレが『エンチクロペディー』「自然哲学」の「補遺」を編纂したときに報告していた筆記録のなかには、一九九一年のボンジーペンによる報告にも言及されておらず、『ヘーゲル全集』で参照されてもいないものが含まれており、それらはその後失われてしまったものと考えられる。

ヘーゲルによる「自然哲学講義」と筆記録（ニュルンベルク期／ベルリン期）

学期	1847年ミシュレの報告で現存していないもの	1991年ボンジーペンの報告	『ヘーゲル全集』以外の刊行	『ヘーゲル全集』24巻で利用されている筆記録（下線は底本）
1818年「哲学的諸学のエンチュクロペディー」（？）				『ハイデルベルク・エンチュクロペディー』への書き込み（筆記者不明『ヘーゲル全集』第13巻収録）（GW 13. 581–596）
1819/20年「自然哲学」		ベルンハルディー	G. W. F. Hegel, *Naturphilosophie*, Bd. 1. *Die Vorlesung von 1819/20*, hrsg. von Gies, Neapel 1982.（ベルンハルディー）	リンギエ* ベルンハルディー
1821/22年「自然哲学」	ミシュレ	ユクスキュル 筆記者不明① 筆記者不明②	W. Bonsiepen: Hegels Raum-Zeit-Lehre. Dargestellt anhand zweier Vorlesungs-Nachschriften, in: *Hegel-Studien*, 20 (1985).	ユクスキュル 筆記者不明① 筆記者不明②
1823/24年「自然哲学」	ホトー ミシュレ	グリースハイム	G. W. F. Hegel. *Vorlesung über Naturphilosophie Berlin 1823/24. Nachschrift von K. G. J. von Griesheim*, hrsg. von Gilles Marmasse, Frankfurt a. M., 2002.（グリースハイム）	グリースハイム フーベ*
1825/26年「自然哲学」		ピンダー		ピンダー ドーフェ*
1828年「自然哲学」		リベルト ヒュック		ヒュック リベルト
1830年「自然哲学」	ガイアー			

＊は、ボンジーペンにおいて言及されていなかった筆記録

第二節　『自然哲学』の構成の変化と数学の消滅

『ヘーゲル全集』第二十四巻に収録された『自然哲学講義』はいずれも『エンチクロペディー』を教科書として用い、それにそって展開されている。しかし、確認しておかなければならないのは、現在筆記録が残されている講義に関して、今日私たちがもっとも目にする第三版の『エンチクロペディー』を用いた講義は一度もなかったということである。[13] 第三版と大きな違いのない、第二版を用いて行われた講義も一八二八年夏学期の一回のみであり、それ以外の一八一八年夏学期から一八二五／二六年冬学期までの講義では、一八一七年のいわゆる『ハイデルベルク・エンチクロペディー』（『ヘーゲル全集』第十三巻）が用いられていた。この『ハイデルベルク・エンチクロペディー』は、内容的にも分量的にも第二版・第三版とは大きく異なっている。

その点でひとつ大変興味深いのは自然哲学の構成の変化である。上記のように『ハイデルベルク・エンチクロペディー』で自然哲学は、第一部「数学」（Die Mathematik）、第二部「物理学」（Die Physik）ないしは「非有機的なものの物理学」（Physik des Unorganischen）、第三部「有機的物理学」（Organische Physik）ないしは「有機的なものの物理学」（Physik des Organischen）に区分されており、「力学」（Mechanik）は、「物理学」の下位区分の第一章に位置づけられていた。ところが、それに対し『エンチクロペディー』第二版では、見出しからは数学が消え、第一部「力学」（Die Mechanik）、第二部「物理学」（Die Physik）、第三部「有機的物理学」（Organische Physik）ないしは「有機体学」（Organik）に区分されることとなった。

イェーナ期の『体系草稿』における自然哲学では、数学が自然哲学のなかで扱われていた形跡はない。しかし、「エンチクロペディー」をギムナジウムではじめて講義した[14]一八〇八／〇九年には数学を自然哲学のなかに位置づけており、数学で自然哲学を始めるという構想は、「エンチクロペディー」の構想と同時に生まれたと考えてよいだろう。ヘーゲルが数学のもとでまず扱っているのは空間と時間である。このことはカントが『純粋理性批判』において、空間と時間というふたつの直観形式を扱う感性論が数学の基礎づけとなると理解していたことから、一応は理解可能である。

しかし、ニュルンベルク期の「エンチクロペディー」では、『ハイデルベルク・エンチクロペディー』よりも明確に数学を自然哲学の第一部に位置づけようとする意図が見られる。空間・時間と並んでそこでは、空間ないし連続的定量に対応するものとして幾何学、非連続的な単位である「一」(Eins)を持ち、時間に対応するものとして算術、そして無限を扱う微積分学が、体系的序列のもとに位置づけられている(GW 10. 81f., 88f., 314ff.)。

それに対し、ヘーゲルが『ハイデルベルク・エンチクロペディー』で「数学」のもとに扱っているのは、基本的には空間と時間であり、数学の各分野については第二〇三節の注解で触れられているにすぎない。したがって、数学についての記述は内容的にすでに後退していたといえる。しかし、カントにおいて、空間と時間が直観形式として、主観の思考形式の条件をなすものと考えられていたかぎりで、思考形式としての数学をそこに対応づけることに一定の説得力があったのに対し、「精神の他在」である自然を扱う部門としての自然哲学における空間・時間論を数学と呼ぶことには無理があったといわざるをえない。実際、ヘーゲルはすでに一八一二年の『大論理学』「存在論」の量論や度量論において、数学的な内容を扱っていたのである。『ハイデルベルク・エンチクロペディー』でも「量論としての数学の、真に哲学的な学は度量の学であろう」と言われているのは、このことを示唆しているのだろう(GW 13. 122; GW 19. 195)。そして、一八二一/二二年冬学期のユクスキュルの筆記ノートでは、「数学と呼ばれているこの第一部」の「正しい名前は力学」だとさえ言われることになる(GW 24/1. 219)。

ところが、『ヘーゲル全集』第十三巻の編者が一八一八年夏学期のヘーゲルの講義に由来すると推測している『エンチクロペディー』の解説筆記[15]で、すでにヘーゲルは自然哲学を「力学、物理学、および有機体学あるいは生理学」に区分しており、数学は力学に取って代わられている[16]。

一八一九／二〇年夏学期の講義でも、自然哲学の三つの部門は「一、力学（数学だけでなく）、二、物理学、および三、有機体学」に区分されている（GW 24/1. 12）。一九八九年に出版された『全集』第一三巻、『エンチクロペディー』第二版の編者もこの講義に触れ、第一部の「力学」について、ヘーゲルが自然哲学の第一部である「数学」と第二部Aの「力学」を一つにする決断をしていなかったと結論づけている（GW 19. 465）。それは、当時入手可能であったベルンハルディーの講義ノートにおいて、第二部がAの「力学」で扱われている「天体のシステム」を含み、A「力学」の内容はそのまま第二部「物理学」に残されていたと推測されたからである。

しかし、上記のようにリンギエのノートを底本とした『ヘーゲル全集』第二十四巻の「一八一八／一九年の講義筆記」には、当該箇所についてつぎのように記されている。「ここで第三のものは総体としての重さ〔重力〕である。重さ〔重力〕はここで展開されている。第三のものは自ら運動する物質である。ここに天体のシステムも属する」（GW 24/1. 13）。ここでは、ボンジーペンが第二部についての記述としていたものは、実際には「第三のもの」について語られている。問題はここで「第三のもの」が何を指すのかである。直前では空間と時間、および重さを持つ物質について語られており、さらにこの直後では段落が変わり「第二のもの」について語られ始めるが、これが「特定の物体の領域」といわれている。「自然哲学」の「第二段階」では、「物質的なものが特殊化されている」（GW 24/1. 12）と言われていることからも、ここで第二部の「物理学」についての記述が始まっていると考えるのが妥当であろう。そう考えるならば上記引用の「第三のもの」は第一部の下位区分における第三のものと考えるのが順当である。[17]

実際、リンギエの講義録をさらに検討するならば、『ハイデルベルク・エンチクロペディー』第二部「物理学」A「力学」の最後の節である第二一八節と対応する箇所では、つぎのように言われている。[18]

私たちがいま考察しているのは物質の特殊化である。……物質の概念のなかには形式が含まれている。しかし、重さそのもののなかでは、概念のこうした規定はまだ、それにふさわしいあり方にいたっていない。そうした規

定は物質化されていない。重さはこの内的な実体である。第二部は、つぎにこの形式の発展を含む。（GW 24/1. 46）

つまり、ここでようやく第二部に移行するのであり、天体の運行において働く重力はまだそれが持つはずの形式を展開してはいない。リンギエのノートも、ベルンハルディーのノートも、テキストに節番号以外の区分を示しておらず、それぞれの区分のタイトルを示していない。しかしおそらくは、右記のようなリンギエのノートの内容を踏まえて、編者は第一部に「一、力学」というタイトルを与えたのだろう（GW 24/1. 14）。その範囲は第一九八節から第二一八節にあたる箇所までとされている。[19] したがって、編者であるボンジーペン自身が、リンギエの筆記録の発見を受けて、一八一九／二〇年時点で、ヘーゲルは「力学」の範囲を、『ハイデルベルク・エンチクロペディー』の「物理学」の第一章にまで拡張していなかったとする、かつての主張を撤回したものと考えられる。

第三節　自然に対する「理論的な態度」と「実践的な態度」

『ハイデルベルク・エンチクロペディー』において自然哲学は、自然を「他在の形式における理念」として規定する第一九三節から始められている（GW 13. 113）。第二版以降は「自然の概念」という標題が付けられることになるこの箇所（第二四七節）に入るに先立って（GW 19. 182; GW 20. 237）、講義では比較的長い「導入」が付されており、そこでは自然の考察の仕方として、「理論的」と「実践的」という、意識の自然に対する二つの「関わり方・態度」（Verhalten）が検討されている。一九九一年にボンジーペンは、一八二三／二四年講義のグリースハイムによる筆記録と、一八二八年講義のヒュックによる筆記録を比較しながら、「遅くとも一八二八年には、これまでのように、理論的な態度と実践的な態度の統一について述べるのは、聴講者にとって負担が大きすぎることをヘーゲルは気づくにいたった」として、「理論的態度と実践的態度を詳しく論じることを諦めた」と主張している。[20] 彼は推測されるその理由として、そうした議論が「能力心理学的思考法にとらわれている」ことをあげ、この変化の「精神哲学」の発展との連関を指摘している。

しかし、ボンジーペンはここで講義録ばかりに目を向けるあまり、重要なことを見落としてしまっている。つまり、『エンチクロペディー』第二版では、上記の第一九三節に該当する第二四七節のまえに、自然に対する実践的態度と理論的態度をそれぞれ扱う二つの節（第二四五節と第二四六節）を付け加えているということである。したがって、ボンジーペンのいうように「一八二八年の講義への導入において自然への二つの態度が、以前とは異なった仕方で、より手短に扱われている」としても、そのとき聴講していた学生は、まさにそのことについて書かれていたテキストを前に、その講義を聴いていたのである。

以下において、そのボンジーペン自身の編集によって私たちが読むことができるようになった、各講義録の当該箇所を検討することで、右記のボンジーペンの主張を再検討する。また、それによって同時にヘーゲルが、自然に対するどのような意識の態度を自然哲学の出発点として考えていたのかを明確にすることを試みたい。

まず確認できることは、一八二八年以前のいずれの講義録においてもヘーゲルは、何らかの仕方でこの自然への二つの態度に言及しているということである。しかし、その論じられ方、強調の置かれ方は大きく異なっている。一八一九／二〇年冬学期のリンギエの筆記録では、冒頭からまもなく、この二つの態度が取り上げられ、強調されているように見えるが、記述はあまり整っていない。一八二一／二二年冬学期のユクスキュルの筆記録では、他の学問との自然哲学の認識方法の違いから説き始められ（GW 24/1. 187）、かなり長く論じられたあと、最終的に理論的態度と実践的態度に言及し、自然の概念という話題に移っている（GW 24/1. 202ff.）。しかし、もっとも整序された形で自然に対する理論的態度と実践的態度を取り扱っているのは、一八二三／二四年のグリースハイムの筆記録である。逆に言えば、ボンジーペンはこの筆記録と一八二八年のヒュックによる筆記録を比較したがゆえに、後者ではこの論点が後退しているかのような印象を受けたのだろう。しかしそれはむしろ筆記録のクオリティの違いに帰すべきである。

そこで簡単にグリースハイムの筆記録における理論的態度と実践的態度についての議論を確認しておこう。ここでは「自然とは何か」という問いに対する回答が求められている。しかしヘーゲルは、この自然の理念についての問いに直接に解答するのではなく、私たちの自然に対する関わり方の系列をたどる必要があるという。そうした、私たちの自然への関わり方として考えられるのが、実践的な態度と理論的な態度である。

ヘーゲルはまず、実践的な態度から取り上げる。それは、実践的な自然への関わり方のほうが、より直接的だと考えられるからである。その態度は「欲望によって規定されている」(GW 24/1. 478)。それは、自然を自分の用のために用いることであり、端的に言えば「食べる」ことである。そのとき意識が向き合っているのは個別的な自然であり、自然そのものではない。私たちは自然を「手段として」用いるのである。そのとき自然、あるいは自然における物の規定は、物そのものが持っているのではなく私たちが与えていることになる。しかしまた同時に、そのとき自然がその与えられる規定を持つことができるのは、それが廃棄され、摩耗し、滅亡させられることによってである。私が欲望という否定性を持つ。そしてそれを成就するとき、他のものである自然は、私と一体となり、「同一的」なものとされ、消え去ることになる。「私は物を犠牲とする」(GW 24/1. 479) のである。これが実践的態度である。

それに対し理論的態度は、その反対に「物から引き下がり」、自然を「あるがままにする」態度である (GW 24/1. 479)。そこでは「物の規定はもはや私たちのうちにはなく」(GW 24/1. 479)、物の側にある。その理論的態度として典型的な態度は、思考すること、つまり普遍的なものとしての自然とかかわることである。そのとき「私たちは、対象を私たちの理念のうちに持つのであり、対象は自分の空間と時間を離れ、私たちの思想の時間、私たちの思想の空間にもたらされる」(GW 24/1. 480)。しかし普遍的なものはそれ自体として存在するわけではない。存在するものはいつも特殊・個別的なものである。ヘーゲルによれば、そうして「思考は豊かな自然を貧しくする。春は死に、さざめきは沈黙して思想の静寂と化し、自然の豊かさは無味乾燥な姿でひからび、形のない普遍性となる」(GW 24/1. 481)。

　このようにヘーゲルにおいて、実践的態度は個別的な物にかかわること、理論的態度は物を普遍的なものとして扱うことであると理解される。そしてこの二つの態度のあいだの「対立」「矛盾」の解消を通じて、「概念把握」としての自然哲学の方法が理解されることとなる。すでに、実践的態度と理論的態度のそれぞれの規定を明らかにするに先立ってヘーゲルは、つぎのように述べていた。

> 理論的態度において矛盾が示されるだろう。この矛盾は私たちを私たちの目的に近づける。そしてこの矛盾の解消が可能なのは、理論的態度が、実践的態度をその理論的態度から区別しているものと統一されることによってのみである。 (GW 24/1. 478)

つまり自然への理論的な態度は、自分の矛盾を通して、実践的な態度との区別を解消することで、実践的な態度と一つになるということが示唆されている。そしてこの矛盾の解消は理論的態度そのもののなかにある。ボンジーペンがこのテーマの後退を指摘した一八二八年の講義録でつぎのようにいわれているとき、むしろより明確に理論的態度の実践的性格が言明されている。

> したがって目的は、私たちの認識そのものとは別の欲求のなかにある。しかし、私たちのなかには、自然について知りたいというもう一つの欲求がある。——そしてこの欲求こそが好奇心〔知の欲望〕である。——この目的は普遍的なものにおいて、身体的欲求の場合と同じように、自然対象を私たちに同化させようとし、自然対象を私たちのものとしようとする。 (GW 24/2. 937)

理論的な態度もまた、知への欲望としての好奇心という目的指向的態度の一つとして、それ自身実践的な性格を持つ。観察という理論的な態度は、そこに私の欲求を差し挟まないこと、つまり「無私的」であり、自然に介入することはなく「あるがままに放置」していると考えられていた。しかし、ヘーゲルによれば、「その場合、人が無私的に振舞っていると言うことはできない。なぜなら、観察は好奇心と関係を持っているからである」(GW 24/2. 938)。

認識の理論的態度の背後に、こうした実践的な関心が含まれており、理論的認識は実践的態度へ移行しなければならない。これについてはすでに『大論理学』「概念論」の「認識の理念」で論じられていた。そこでは、最初所与の対象を受け取ることから出発していた理論的な認識の立場を描きながら、近代的な経験科学の方法論を批判し、実践的な立場へと移行しなければならないことが示されている。客観的な真理を認識しようとする認識の「衝動」は、対象に浸透しようとする実践的な立場（ヘーゲルはこれを「善の理念」と呼ぶ）へと移行する(GW 12. 199ff.)。そして一八二八年の講義によれば、それは自然の精神との関係そのものを説明するものである。自然もまた、精神の自由のうちで理解されるとき、はじめて「概念把握」されたといえる。

> 精神にとって問題なのは端的に自分自身である。そして物は、実践的態度においてそうであるように、その存在に関してではなく、その本質的な規定の内容に関して、精神のものとなるべきなのであり、こうした一種の利己のありかたは、精神の最高の規定である自由にかかわっている。自由は、精神がすべてのうちに自分を見いだし、すべてにおいて自分を自己のもとにあるものとして示すことを要求する。このことが精神をこの欲望において飽かざるものとするのである。(GW 24/2. 938)

このようにヘーゲルは一八二八年の講義において、理論的態度と実践的態度についての記述を後退させているどころか、より明確にこの二つの態度と、精神と自然との関係を結びつけて語っているのである。

おわりに——自然哲学講義録研究の展望

以上において、『ヘーゲル全集』第二十四巻の刊行をふまえたうえで、ヘーゲル「自然哲学講義」の資料状況を整理するとともに、『ヘーゲル全集』に収録された講義録に依拠しながら、二つの論点について検証を試みた。

ヘーゲル自然哲学講義に本格的に取り組むためには、ここで扱った構成や導入部だけでなく、本文における豊かな自然哲学の記述を検討する必要があるだろう。しかしその場合にも、今日の自然科学の知見を前提として、ヘーゲルの自然哲学について拙速な診断を下すことは慎まれなければならない。たしかに、ヘーゲルが獲得することのできた自然科学の知見は制限されたものであった。物理学も科学も生物学も十九世紀以降に大きな発展をとげ、ヘーゲルがそれ以前の科学に依拠しているかぎりですでに、彼の自然哲学はもはや意義を持たないように見える。しかしまずは、ヘーゲルが知り得た自然科学の知見を踏まえながら、ヘーゲルがなぜそのような自然哲学を構築したのかを検討することが必要である。そうすることで、私たちは現代では自明のものと受け入れられている科学的思考を再検討することができるからである。たとえば、十九世紀に発見された「電子」について、私たちの多くはその存在を信じているが、それはまずはさまざま観測や実験の結果を整合的に理解するための理論的対象であり、それが実在するかどうかは少なくとも議論可能である。[21] 同様のことをヘーゲルは「力」という概念について指摘した。現象の背後に私たちは「力」が存在すると考える。しかし、そこで私たちが経験するのはつねに、力そのものではなくその「外化」であるにすぎない。このことによってヘーゲルは力の非実在を主張するわけではない。そうではなく、経験を原理とする科学自体がすでに、思考の領域、形而上学の領域に踏み込んでいることをヘーゲルは指摘するのである。[22]

リンギエの筆記録によれば、ヘーゲルは「自然哲学は自由の学である」（GW 24/1. 8）と述べたという。それはすでに論じたように、自然を知るということは精神の欲求の実現であり、また同時に精神自身を知ることだからである。自らの行うことを知らない精神は不自由である。私たちの自然認識を私たちの精神の働きとして反省的にとらえ返すこと、それがヘーゲル自然哲学から自然科学の時代とも言われる私たちの時代が学ぶべきことにほかならない。

第四章　精神哲学講義――「主観的精神の哲学」とはなにか

池松辰男

はじめに

ヘーゲルの「主観的精神の哲学」の講義が取り扱うのは、『エンチクロペディー』の第三部「精神哲学」第一篇「主観的精神」(『エンチクロペディー』第一版の第三〇七節―第三九九節、第二版の第三八七節―第四八一節、第三版の第三八七節―第四八二節)である。

二〇一五年現在、対応する主要かつ入手容易な講義録としては、一八二二年夏学期のホトーの講義録、一八二五年夏学期のグリースハイムの講義録、および一八二七年冬学期のエルトマン/シュトルツェンベルクの講義録が挙げられる。ここに、ボウマンによる『エンチクロペディー』第三版への「補遺」を付け加えてもよいだろう[1]。資料に限って見れば、「主観的精神の哲学」は、すでにテキストと講義録の両方がほぼ出そろっているといえる。

本章は以上の「主観的精神の哲学」の資料にもとづいて、まずこの領域の根本問題である自由と主体への問いを説明したうえで、その主要な論点の一つである「自己感情」の概念に的を絞って、講義録とテキストの変遷をたどっていく。それによって、そこで問われている事柄、つまり精神における主体性の始まりをめぐる、ヘーゲルの思考のダイナミズムに迫ってみたい。

第一節　「主観的精神の哲学」の意義

ヘーゲルの哲学体系のなかでも、「主観的精神の哲学」はおそらくマイナーな部類に属する。実際、トゥシュリングが指摘しているとおり、(2)「主観的精神の哲学」およびその講義録に関する研究史上の関心は、けっして充分ではなかった。だがそのトゥシュリングが示唆するとおり、(3)本来、この領域に対するヘーゲル自身の関心は、少なくとも「精神哲学」の他の部分（「客観的精神の哲学」「美学」「宗教哲学」「哲学史」）と比べてもけっして劣るものではないのだ。

なぜヘーゲルにとって「主観的精神の哲学」は重要だったのだろうか。それを知るには、まず「主観的精神の哲学」を貫く二つの問いを確認しておく必要がある。

一つ目の問いは、そもそも「精神とはなにか」ということだ。答えそのものは自明である。精神の本質とは「自由」である（GW 19/3. 382）。だが当然、これだけでは説明にならない。精神がおよそ「自由」だということは、どういう意味で、どこから出てきて、どのように知られるのだろうか。

まさにそれこそが、「精神哲学」全体が、「精神の使命（ベスティムング）〔規定〕とはなにか」（GW 25/2. 559）ということで本当に問題としているものなのだ。ヘーゲルにとって、「精神とはなにか」という問いは、「精神はどのようにして自分をその本質たる自由として与えるのか」という問い、自由の生成過程をめぐる問いと同じである。つまり、自由という「精神の規定」をめぐる問いは、精神の「根源的なありかた」をめぐる問いであると同時に、むしろまさに成就されるべき「目標」たる「精神の使命（ベスティムング）」をめぐる問いともなる（GW 25/2. 559）。「精神の行為、精神の仕事、精神の使命（ベスティムング）とは、だから、自らを自由にすることなのだ」(GW 25/2. 560)。

このうち、自由の実現の過程の叙述が、周知のとおり、「客観的精神の哲学」(『法哲学綱要』)の領域をなす。そこでは自由が、私たちの目の前の世界に「人倫」という形で現実となる。それに対して、自分を自由だと自覚する過程、言い換えれば自分がなんであるか(自分の本質)を知る過程の叙述、それが「主観的精神の哲学」である。

ここで二つ目の問いが関連してくる。それは、「精神にとっておよそ主体であるとはどういうことか」というものだ。ここでもヘーゲルの答え自体は明快である。そして、まさにその答えへと至る過程こそが問題なのも一つ目のそれと同じである。つまり、精神が主体であるとは、精神が「自己自身への関係という形式」(GW 19/3. 383)にあるということだ。これはどういうことだろうか。

「主体」という概念それ自体は、近代以来の哲学にとって、ある意味で馴染み深い問題だ。だが、それを「自己関係」と結びつけるのは、どうしてだろうか。たとえば、「自己意識」を持つものは、明らかに一個の「主体」である。一般に、目の前の対象を意識するときに、またつねに同時に自分自身についても意識できるような存在が、自己意識と呼ばれる。だがそれは言い換えれば、目の前の対象と関わるなかでつねに同時に自分で自分に関係できる存在だということだ。その意味で、自己意識とは一個の自己関係だとも言えることになる。ヘーゲルはこうした(哲学史上はカントとフィヒテがまず問題にした)観点から主体の概念をあらためて問題にしようとしているわけだ。

とはいえ、自己意識だけでは、ヘーゲルの言う自己関係としての主体を十分には説明できない。自己意識は、目の前の他なる対象という他なるものとの関係を前提としているからだ。逆に言えば、目の前の対象そのものが他ならぬ自分自身であるような、そういう関係こそが、もっとも優れた意味での自己関係となるのではないだろうか。

そして、「自由」が自覚されうるとすれば、それはこのもっとも純粋な意味での自己関係においてでしかありえない。

私は家を見ている。その家は現にある。このことを私たちは家が自立的だとかそれだけで存在するという。けれども、家の内容全体は、私の表象である。私が諸々の内容の担い手であり、だから、ひとり私だけが自立的なのだ。（GW 25/2. 570）

もし自己関係が十分に成就しているとすれば、そのとき、所与のあらゆる直観の対象は、実際には私の表象作用によって媒介されたものとなる（ちなみに「家」という例はおそらくカントを下敷きにしている）。だとすれば、私は、自立的・実在的にそれだけで存在しているかに見える所与のいかなる対象においても、つねに同時にそれを媒介するかぎりでの私自身と関係していることになる。ここに現れる、目の前の対象の自立性・実在性を否定し、媒介にもとづく非自立的・非実在的なたんなる契機としてのみ持つこの働きを、ヘーゲルは「観念性」と呼ぶ。そのとき、「私は私の意識において観念的にふるまう」（GW 25/2. 570）。

以上の意味での「観念性」は、そのまま、「自由」の別名となる。「自由とはまた同時に、私たちが観念性と呼ぶものである」（GW 25/2. 570）。なぜなら、「精神の根本的な本質として私たちが主張するのは、自由、つまり自然からの、かつ自然における自由」（GW 25/2. 574）だからだ。対象の総体としての自然において、当の対象をつねにすでに自分自身の措定したものとして関係するかぎりで、私は当の対象から解き放たれており、むしろ当の対象との関係において解き放たれている。

ここまでを総括しておく。精神が主体であるとは、なによりもまず、目の前の対象においてつねに同時に自己自身と関係する（自分自身の措定したものとして関係する）という意味で、自己関係である。なおかつ、そうした自己関係を持ちうることそのことが、精神の本質としての自由（＝観念性）のあらわれなのであり、そのあらわれにおいて、精神は自分が自由であることを自覚するのだ。

だから、「主観的精神の哲学」を貫く二つ目の問い、「主体とはなにか」という問いは、「精神はどのようにしてこのような自己関係へと至るのか」という問い、自己関係の生成過程をめぐる問いとなる。そして、この問いにどのようにアプローチするかが、「主観的精神の哲学」全体の眼目なのだ。

第二節 「主観的精神の哲学」が提起する問題

「主観的精神の哲学」は、「精神哲学」全体を貫く問題のいわば基礎である。およそ客観的精神が自分自身の世界としての「人倫」の世界を形成する際には、その前提として、対象が自分自身の措定したものだという条件そのものが、まず前提されている必要があるからだ。だから、ヘーゲルの「精神哲学」全体にとって「主観的精神の哲学」はやはり重要な意義を持っている。それだけではない。主体が自己関係として生成するというこの問題設定それ自体が、およそ哲学的思考そのものにとってある重要な問題提起を含んでいるのだ。

「主観的精神の哲学」は精神のそのつどの形態に応じて三つの段階を持つ。「人間学（魂）」「精神現象学（意識）」「心理学（精神）」である。一八〇七年の『精神現象学』がまさに意識の経験の叙述から出発したように、私たちはさしあたりたいてい「意識」という形で他のものとしての目の前の対象と関わっている（「精神現象学（意識）」）。すでに言及したとおり、精神はここですでに自己意識という形で主体のいわば半面を得ているが、目の前の対象という「他なるもの」に制約されている。その目の前の対象がどのようにして自己自身のものとして措定されているかを問うのが、つづく「心理学（精神）」である。一方、「人間学（魂）」の問いはむしろ、「意識そのものがどのようにして生成してくるのか」である。つまりそこでは、私たちが意識を持っていることそのことではなく、「なぜそもそも私たちはおよそ意識を持つような主体として生じてくることができるのか」、その条件の成立が問われているわけである。

言い換えれば、「心理学」が精神の主体の十全な意味を問うものだとすれば、「人間学」は精神にとっての主体の始まりを問うものだといえる。その場合に、後者の問いは明らかに、始まりを問うことにおいて、主体と主体ではないもののいわば境界に位置することになる。だから、「主観的精神の哲学」は、その問題設定の結果として、近代以降の哲学が問題としてきたいわゆる「主体」の問いに重なり合うものと、超え出てしまっているものの両方を含むものとなる。

その意味で、それは私たちにおよそ「主体とはなにか」という問いそのものを、まさにその始まりから徹底的に問い直す足がかりを提供するものともなるだろう。資料がほぼ出そろった現在、「主観的精神の哲学」に潜在する問題提起をあらためて議論することは、たんにヘーゲル哲学研究史の落丁を補うものであるにとどまらず、広く哲学一般にとって魅力ある試みとなるはずである。(4)

さて、ここまでの議論は、厳密には「主観的精神の哲学」の資料のうち、『エンチクロペディー』第三版（一八三〇年）、および第二版（一八二七年）に従う一八二七年冬学期の講義録にもとづくものである。だが、ここで注意すべきことがある。

「主観的精神の哲学」のテキストは都合二度改訂されており、そのたびにその間の講義の成果を取り込み、分量が増している。結果的に、まず一面では、その最終的な成果たる第三版のテキストは、その内容の充実によってそれだけで統一的で体系的な読解を与えうるものとなる。

とはいえ他面では、まさにこの増補改訂の経緯こそがテキスト理解上の問題となる場合もしばしばありうる。とくに、第一版（一八一七年）から第二版（一八二七年）にかけての「主観的精神の哲学」に関する構成と内容の変化のいくつかは、きわめて抜本的な問題を含んでおり、けっして無視できるものではない。たしかに、ヘーゲルの他の講義録の例に漏れず、「主観的精神の哲学」の講義録も、「教授の意図が何であったかを知るのに役立ちうるような、原典に即した記録」(5)ではない。それでも、以上のように少なくともなんらか抜本的な変化が見られる論点を主題とする場合にはやはり、テキスト間の空白を埋めるために講義録を参照せざるをえない。

本章は以下、具体的に、まさにそうした変化の渦中にあった概念の一つを取り上げる。それは「人間学」における「自己感情」の概念である。この概念を含む「人間学」の第二区分（『エンチクロペディー』第三版の「感じる魂」）は、テキスト全体を通じてもっとも大きく変化した箇所の一つであり、なかでも「自己感情」の概念は、『エンチクロペディー』第一版と第二版・第三版とで、その位置づけをまったく異にしている。だから、講義録に従って一連のこの変化の経緯を見直すことはそのまま、ある論点をめぐるヘーゲルの思考のダイナミズムに迫ることにつながるだろう。その論点とはつまり、先述の「人間学」の問いの核心そのもの、「精神はどのようにして、意識に先立つ水準にありながら、なおかつ自分を主体として始めるに至るのか」ということにほかならない。

なお、「主観的精神の哲学」に関する形成史的・発展史的解釈の先例としては、シュテデロット[6]による、各版のテキストおよび講義録を網羅したきわめて詳細な研究がある。これは現在「主観的精神の哲学」研究における必読の文献の一つである。本章の考察もまたこの文献の成果に多くを負っていることを、あらかじめ断っておく。

第三節　「自己感情」の概念の形成とその意義

感じる全体は、個体として、本質的に、自分自身において自分を区別し、また自分のうちで判断〔根源分割〕へと目覚めるものである。全体は判断に従うかぎりで特殊的な感情を所有し、感情の規定に関する主体となる。主体はそのようなものとして、感情の規定を自分の感情として自分のうちに措定する。……主体はこういう仕方で自己感情である。また、主体は同時にただ特殊的な感情のうちにあるときにのみ、自己感情なのである。

（GW 20. 411f.）

以上の、『エンチクロペディー』第二版・第三版の「自己感情」をめぐる規定をいきなり一読して、その意味を理解するのはむずかしいだろう。たとえば、「感じる」「感情」とはここではどういう意味だろうか。また、そうした感情の規定を「自分の感情」として持つかぎりでの「主体」のありようが「自己感情」と呼ばれるのは、どうしてだろうか。読解のためには、テキストの文脈とともに、テキストそれ自体の成立の背景にまで分け入る必要がありそうだ。

最初の手がかりは、第二版と第三版との違いにある。第二版と第三版のこの部分の文面はほぼ共通だが、だからこそその細かな違いが手がかりとなりうる。第一に、「主体はそのようなものとして、感情の規定を自分の感情として自分のうちに措定する」とある箇所が、第二版だと「主体はそのようなものとして、感覚の規定（これはより後で外的なものとして規定される。もしくは、ある内的に規定されたもの、ある衝動に関する結果および充足として規定される）を自分の感情として自らのうちに措定する」となっている。第二に、冒頭の「感じる全体」が、第二版だと「感覚する全体」となっている。

ここからすでに、最低限つぎのことが言えるだろう。第一に、「自己感情」の概念がもともとは「衝動」と「充足」の問題と結びついていたということだ。第二に、ヘーゲルは第二版の時点にあっては「感覚」と「感情」の規定に関してまだ揺れていた。逆に言えば、後にわざわざそれを修正したからには、当時のヘーゲルにとってまさに両者の区別こそが問題だったということだ。

結論を先取りして言うならば、第一の点は、「自己感情」という言葉の出自と結びついている。なぜなら、先述のとおり、第一版と第二版・第三版とでは「自己感情」という言葉はその位置づけをまったく異にしており、後者と同じ位置づけでの「自己感情」という言葉が明示されるのは一八二二年講義からなのだが、しかしそれはまず衝動の充足に伴うある全体の感覚としてあったからだ。それに対して、第二の点は、そうして明示された「自己感情」という言葉が、今度はどのようにして第二版・第三版での叙述に沿う形へといわば着地したのか、その経緯と結びついている。なぜなら、第一版でも一八二二年講義でも、「感情」の概念はまだ定着していなかったからだ。それが明示的に形を取り始めて「自己感情」の概念と結びつけられるのは、早くても一八二五年講義以降なのである。

「自己感情」の概念の背景には、それをめぐる思考の変化が折り重なっている。だから、それをテキストと講義録の変遷に即して解きほぐすことは、当の概念の全体像をつかむ際には、最終的に「第三版」のテキストに即した読解をするにしても共通の前提となるはずである。以下、その変化を具体的に見ていきたい。

1 『エンチクロペディー』第一版（一八一七年）

はじめに、『エンチクロペディー』第一版に従って問題の前提を確認しておく。

「人間学」の問いはまさに、精神が「意識」へと発展するなかで精神の主体がはじめて与えられる場面をたどることにあるのだった。言い換えれば、主体が自己関係であるかぎりで、主体が自己関係をどの場面で見いだすかが、問題なのだった。

ヘーゲルはそのために、自己関係がまったく生じていない場面、つまり自分自身が措定したのでないものの一切としての「自然」に埋没した状態（「実体」）を議論の出発点に置く。そのうえで、この「実体」からどのようにして問題の「主体」が現れてくるのか、それを問題とするわけだ。

さて、実体のなかで、どのような場面が主体の始まりとなりうるだろうか。私たちを形成するさまざまな所与の自然のありかたのなかで、たとえば身体に起こる「感覚」は、一見その候補となるかにも見える。

> 魂の自己内への反省としての現実的な個別性は、その魂にとって、完結した有機的な身体において目覚めた、それだけである存在である。すなわちそれ自体で自立したものと規定され、なおもその身体と同一的な自己感情であり、すなわち外的・内的な感覚である。　（GW 13. 187）

およそいわゆる五感を始めとする感覚一般が生じていることは、たしかに、それが他ならぬこの身体で起きるかぎりで、他には還元されない、それだけで存在するある個別的なものの存在（＝個体としての精神）を特定する鍵となりうる。そうした個体としての精神のありかたをまた、第一版でのヘーゲルは「自己感情」とも名づける。だが、感覚（またそれを持つ精神のありかたとしてのここでの「自己感情」）はそれだけではけっして主体とはなりえない。なぜなら、感覚はいま・ここにそのつど断片的に生じるもの、時間とともに絶えず現れては過ぎ去っていくものでしかないからだ。精神はそこでは、感覚内容の時間的現前に対して、端的に受動的で無力なのだ。

主体が見いだされるとすれば、それは、感覚のたんなる受容という、それ自体なおも実体に属するようなありかたと袂を分かつところでなければならないだろう。まさにそれを取り扱うのが、第一版における「人間学」第二区分「主体的な魂とその実体との対立」の課題である。

> 魂は、さしあたっては直接的に自分の実体的な同一性のうちに生きているのだが、その魂が自分の個体のうちにあるときには、実体としての自分との否定的関係〔対立〕であり、また自分の主体と自分の実体的生との分割である。（GW 13. 188）

感覚に与るような個体としての精神が、いまや自らのうちで実体と主体に「分割」されなければならない。ところがここで問題が生ずる。第一版のテキストは、具体的にどのような形で主体が実体に対して「分割」されてくるのかということの肝心な点を、少なくとも十分には明示していない。まさにそこを補うために、後年の一八二二年講義のうちに、ヘーゲルの具体的アプローチの痕跡を探る必要が出てくる。

2　一八二二年の講義

感覚する魂はさしあたって直接的に感覚していて、まだ感覚の規定と主体との対立を感覚してはいない。それに対してここでは、魂はそれ自身において矛盾であり、自分のうちでの制限に関する感覚である。魂にとって、矛盾に関するこの規定が一個の制限となる。この規定とはつまり普遍的なものと制限されたもののことであり、この対立を廃棄しなくてはならないという必要、およびその状態が、さしあたって衝動という状態である。

(GW 25/1. 84)

精神が、感覚のたんなる受容への埋没(実体)から身を引き離して、むしろそれを自分自身のものとして、自分のうちで契機として持っているようなありかた(主体)として「分割」されてくる場面を考えるとする。この分割によって起こる事態は、本性上、つねに二重であるはずだ。一方では、実体と主体、そのつど移り変わる個別的感覚への埋没とそれを貫いて存在する普遍的なものが、たがいに対立する二つの項として取り出されてくる。他方では、この分割による対立は、普遍的なものが個別的なものをいわば包摂する形で、つまり主体が実体を観念的にのみ持つ形で、解消されなくてはならないはずだ。

一八二二年の講義でヘーゲルは、この分割はまさに、私がなんらかの「衝動」の感覚を抱き、またそれを満たそうとするときに起こるものだという。もとより一般に、私が衝動の感覚を抱くのは、私に何物かが欠けているからだ。その欠けている何物かは、私という一個の全体にとっていわば他のものでありながら、まさに私の一部として埋め合わせられなくてはならないものである。そのかぎりで、私が衝動の感覚を抱くときにはつねに、私自身がいわば二つの項に分裂していて(しかもその分裂そのものがいまや「自分の制限」として感覚されていて)、なおかつそれを解消しなくてはならないという必要が生じている。

だから、反対に、それが解消される(＝満たされる)ときには、精神は今度、自分自身を欠けることなき一個の全体として、あるいは個別的なものを自分のうちに契機として持っているようなありかたとして感じることになるだろう。

感覚する主体はこの充足のなかで、自分自身を感覚する。充足が感覚されることによって、一個の自己感情が生ずる。(GW 25/1. 88)

衝動の感覚によって個別的なものとの対立が取り出されつつ解消されるときに、私ははじめて自分をそうした個別的なものに対してそれだけで存在する普遍的なもの、全体的なもの、主体として見いだす。要するに、一八二二年の講義でのヘーゲルは、たんなる感覚一般ではなく、優れて衝動の充足の感覚に伴って起こるこの精神のありかたをこそ指して、「自己感情」と名づけているのである。これはたしかに、上記の「分割」の問題に対する一つの説明の仕方として、十分に理に適っているように見える。

3　一八二五年の講義

一八二二年講義での「自己感情」概念は、一方では一八一七年の第一版第三一八節での「感覚」一般における精神のありかたに対する名称に出自を持つが、他方では問題の場面を「衝動」と「充足」のそれに収斂させることで、実体からの主体の「分割」に特有の概念として位置づけ直されている。この変更の意義はけっして小さくない。「自己感情」はそれ以降、感覚における直接的自然的個体ではなく、むしろ端的に精神の主体の始まりを指し示す言葉となるからだ。

とはいえ、ここで注意すべきなのは、この時点での「自己感情」における「感情」という部分にはまだ固有の規定がないという点だ。後者が明示的な形で固有の規定を持ち始め、前者と結びつけられるようになるのは、少なくとも萌芽的には、一八二五年の講義からである。一八二五年の講義でのヘーゲルも、一八二二年の講義と同じく、衝動・

充足という形のもとでの「自己感情」の説明を継承している。だがそこにある新たな規定の仕方が付け加わっている。

あるものが感じられるとともに私はかくして自分自身のうちに反省している。規定は、一般に感じられるとともに自己感情のうちにある。（GW 25/1. 305）

あるものを「感じる」とき、私はつねに同時にそれを感じる当の私自身をも「感じる」。衝動・充足とは違う、このきわめて抽象的な規定の仕方は、一体なにを意味するのだろうか。

先述のとおり、もし精神が感覚のたんなる受容にとどまるならば、精神は受動的で無力だ。けれども同じその精神にはまた、感覚を過ぎ去ってもなお引きとどめておく働きも認められるのではないだろうか。

具体的な人間が自分の経験の世界を知覚したときには、この世界の一切は彼のうちに保存されている。彼が保存によって形成したものに対して、彼は単純な主体としてあることになる。自我とはこの、自分のうちに一切を保存しておく深い竪坑である。それは魂の単純な実体であり、そのようにして充実した、主体的な、感じる魂である。（GW 25/1. 306）

時間とともに現れては過ぎ去っていくそのつどの感覚を、その時間的現前という形式を取り去って自らのうちに無時間的・非現前的につなぎ止めるとき、精神は少なくとも感覚のたんなる受容とは違うありかたに身を置いている。そこでは、感覚内容はそれ自身が持っている形式を否定されて、つねにすでに精神自身がその保存の働きによって「形成したもの」、精神自身の働きによって媒介された非自立的・非実在的なものとなっているからだ。

このかぎりでの感覚内容のことを、ヘーゲルは「感情」と呼ぶ（邦訳に惑わされがちだが、ここには日本語でのいわゆる「感情」、つまり喜怒哀楽等のニュアンスはまったく含まれていない。むしろいわゆる「記憶」に近いものが想定されている)。いま見たとおり、たんなる感覚内容に対して感情が区別されるのは、後者が精神自身によって措定された非自立的・非実在的なものだという点、つまり「観念性」に与っているという点だ。後年の叙述が端的に規定しているとおり、「感じる個体は単純な観念性、感覚の主体性」(GW 20. 401) なのである。

さて、ヘーゲルによれば、精神はここでたんに感覚内容をいわば秩序なしに保存しておくたんなる場(「魂の単純な実体」)であるにとどまるわけではない。私たちが(普段は忘れているにしても)自分のうちに覚えている感覚内容をまさに自分のこととして思い出すことができるように、感情としての感覚内容はつねに、精神自身を一個の全体と見たときにその部分となるような仕方でたがいに結びつけられて、精神自身のものとして保存されているはずである(そうでなければそれは結局、感覚内容が絶えず断片的に現れては消えるもともとの感覚の働きと変わらないことになる)。

だとすれば、精神が感情を自らのうちにつなぎ止め結びつけて関わる(あるものを「感じる」)ときに、精神はつねに同時に自分自身をも、まさにそれを結びつけて「竪坑」へとつなぎ止めておく一個の全体として見いだす(自分自身のうちに反省している)ことになる。感情の規定を持つときにつねに同時に現れてくる精神のこのありかたが、いまやまずもって「自己感情」と呼ばれる。

衝動の充足に伴って起こる「自己感情」が論じられるのは、その後である。「感じる主体は自分を現実化し、活動的となり、生命の単純な統一へと出ていく。……感じる主体は対立を自分自身のうちに呼び起こすのだが、またその対立を廃棄し、それによって自分を保持し続け、自分に自己感情を、ある定在を与える」(GW 25/1. 360)。精神はここで自己感情を、自分のうちに普遍的なものと個別的なものとの対立を呼び起こしつつ解消するという活動によって、いわば実践的な仕方で与えようとする。この自分自身の内面に端を発する活動こそが「衝動」にほかならない。

ここで注意すべきなのはもはや衝動の充足と自己感情との結びつきではない。自己感情があらかじめ「感じる主体」の構造に、感情という独自の概念に結びつけられているという点、そして衝動の充足に伴う自己感情はそこから派生してくる活動と見なされているという点のほうである。

4　一八二七年の講義と『エンチクロペディー』第二版・第三版

上記の説明は厳密にはいささか単純化のきらいがないではない。第一版および一八二二年の講義の時点でも、この「感情」の領域にあたる具体的内容そのものの一部はすでに取り上げられていた。とはいえ、第一版では感覚における精神のありかたに、一八二二年の講義では衝動の充足（の感覚）における精神のありかたにそれぞれ出発していた「自己感情」という言葉が、独自の「感情」の規定によって明示的に位置づけ直されるようになるのは、少なくとも形式上はやはり一八二五年の講義以降だといえる。

他方でまた、一八二五年の講義それ自体は、もちろん詳しく見ればさまざまな変化があるのだが[7]、なおも一八二二年の講義と同じテキスト、同じ大枠に従っている。それに対して、一八二七年の第二版およびそれにもとづく一八二七年の講義、そしてそこに細かな修正をした第三版はいずれも、純粋にこの同じ系統に沿って「人間学」の第二区分そのものを見直し[8]、そのなかで事柄をより明示的に論じようとしているといえる（先述のとおり、第二版にはまだ「感覚」と「感情」の区別をめぐる揺れがあるが、大枠の理解は共通といってよく、ここではもう問題にしない）。そのかぎりで、いまや私たちはあらためて、第二版・第三版におけるあの難解な「自己感情」をめぐる叙述を解きほぐす段に来ている。そのための補助線として、一八二七年の講義での説明の仕方にも触れておこう。

自己感情そのもの、個体が自分を感じるということ。ここに属するのは、自己感情が、特殊的なものを排することでもって自分を感じ、自分のもとにあるということだ。自己感情は自分の内容のうちにありながら同時に自分を感情から解き放ち、自分自身に還帰している。……この自己が、個体の抽象的な統一点なのだ。

（GW 25/2. 702）

ここでの説明を、第三版における「自己感情」の概念をめぐる叙述と重ね合わせるならば、事柄はつぎのように理解できるだろう。つまり、「感じる魂」としての精神は、特殊な感情と関わりながらも、まさにその関わることとそのことにおいて、感情に対してつねに一個の全体として、感情を自らのうちに契機として持つ（だから感情から解き放たれている）主体として、自分自身とも関わっている（「自分のもとにある」）。言い換えれば、精神はそこで、感情どうしを結びつけるいわば紐帯、「個体の抽象的な統一点」として機能している自分自身を見いだす。その事態を、精神における「実体」からの「主体」の「根源的分割〔判断〕」と見なすこともできるだろう（これが第二版・第三版当該箇所における「判断」という言葉のおおよその意味だ）。

以上の意味での自己感情を、ヘーゲルはまた「理論的な自己感情」（GW 25/2. 705）とも呼ぶ。それは「実践的な自己感情」に対置してのことである。「実践的な自己感情とは、私たちの傾向および欲求の充足から出てくるものである」（GW 25/2. 705）。つまり、「衝動の充足のもとで、いまや私の特殊化〔「矛盾」「否定」〕が克服される。そうして私は、私がそこへと沈み込んでいた当の特殊な規定から私の全体へと還帰する」（GW 25/2. 705f.）。

大意の解釈については、もはや不要だろう。重要なのはここでも、「自己感情」の概念がまず、私が感覚内容を「感情」として持つということにもとづいて提示されていることだ。その後になってはじめて、「実践的な」仕方で、（たんなる「感覚」一般ではなく「感情」の領域に由来するものとしての）衝動の充足という形で、同じその概念のもう一つの側面が説明されるのである。

おわりに

以上の変遷には、どんな意味があるのだろうか。おわりに、筆者自身の見解を述べておこう。

そもそもの出発点は、精神がどのようにして「実体」を超えて「主体」へと生成するか、ということだった。『エンチクロペディー』第一版は、この問題に対する具体的アプローチの明示を欠いていた。それに対して、一八二二年の講義におけるヘーゲルは、衝動の充足という「実践的な」形で同じ問題に取り組んでいる。一方、一八二五年の講義を経た第二版・第三版のヘーゲルは、同じ問題に対して、感覚内容を保存するという「理論的な」働きから出発して、その働きに現れてくる精神のありかたに、精神における主体の始まりを見ようとしている。

後者が前者に対してもしなんらかの点で優位にあるとすれば、それは、「感情」の領域が、意識なき水準における精神の領域を提示しようとしている、という点だ。意識の構造のもとでは、感覚内容はすべて私の客体として、私に対して私の目の前に存在するものとして与えられている。それに対して、ここでの精神はもっぱら無時間的・非現前的に、つまり目の前に存在しない形で保存されたものに関わっている。そこでの精神は、端的に意識なき「一切を現実存在させることなく保存する無規定的な竪坑」(GW 20. 401) なのだ。

それに対して、衝動の充足から出発する説明は、意識の発生の前後および有無を問わずに通用しうる。事実、言葉遣いこそ微妙に違うが、ヘーゲルはのちの「心理学」において「意志」および「衝動」「傾向」「情熱」等に再び言及することになる。また、周知のとおり、一八〇七年の『精神現象学』(および『エンチクロペディー』内部の「精神現象学」)におけるヘーゲルの自己意識論は、意識の経験の枠内で、対象に対する欲求とその充足の問題から組み立てられている。それどころか、同型の説明は「自然哲学」の有機体論にまでさかのぼるだろう。

翻って、「人間学」自身はあくまで、「精神哲学」の内部にありつつなお意識に先立つ水準、そのかぎりで精神における意識なき水準を前提としている。その水準にあって精神における主体の始まりを考えるという、この特異な問題設定にとって、衝動の充足から出発する説明によっては、その固有性がこぼれ落ちかねない。反対に、第二版・第三版以降のヘーゲルの「感情」および「自己感情」の概念から出発する説明には、この問題設定に少なくともより寄り添う余地がある。それはたしかに、意識に先立つ水準での、最小の意味での自己関係の始まり、つまり、私は没意識的な形で「感情」に関わるときに、それを感じる私自身とも関わっているということに関する、一つの有効な説明となりえている。

とはいえ、ヘーゲルの「自己感情」概念が、もともとは衝動の充足の問題に端を発しているということは、なおも重要な意義を持つ。なぜなら、シュテデロットが指摘するとおり、後年の「自己感情」概念には今度は「この理論的な側面一般においてすでに意味を持って、ある〈自己感情〉について語られるということが、どうして可能なのか」[9]という問題が、付きまとうおそれがあるからだ。およそある感情なるものがあり、またその感情の形式においてつねに同時に自己感情が生ずるという一連の説明そのものがそもそも正当なのかについては、なおも「反論が可能である」[10]。言い換えれば、後年の「自己感情」概念は、そもそもどうして精神にとって実体からの主体の分割が生じてくるのか、という問題の核心に、実は十分に答えていない（あるいは答えを先取りしてしまっている）のではないか、という疑問が残りうる。それに対して、衝動の充足から出発する説明は、先述のとおり、少なくとも「分割」の具体的なありかたに関してはより分かりやすい見解を与えており、単純に棄却するわけにはいかない。

問題はもう一つある。「主体は同時にただ特殊的な感情のうちにあるときにのみ、この自己感情なのである」（GW 20. 412）。自己感情はつねに特殊な感情と一体となって現れる。言い換えれば、自己感情はその特殊な感情から距離をとることができない。それは自己関係ではあるにしても、自分自身の措定した規定にいわば「取り憑かれて」いる[11]。その意味で、精神における主体の始まりは、結局まだたんなる始まりでしかない。精神は「習慣」によってこの主体を「それだけで存在する普遍性」（GW 20. 414f.）に、つまり客体を自分に対置して持つことができるような「意識」にならなくてはならない。

反対に、もし一人の人間が意識を得てなおもこの主体の始まりの段階にとどまり続けるならば、つまり「彼が自己感情の形式のうちに停滞しているということ、……自らの悟性的現実に対立して自分の自己感情のうちにのみとどまっているということ」は、「狂気」となるだろう。[12] 彼はそこで、意識によって組織された全体を逸脱して、特殊的な感情と一体化してしまっているありかたへと「固定」されてしまう（＝取り憑かれる）からだ。

精神はどのようにして習慣を通じて自分を意識へと仕上げるのか。また、自己感情はどうして特殊な感情と一体であらざるをえず、またどうしてその状態にとどまることが優れて「狂気」なのか。後年の「自己感情」概念になお残される問いに答えるためには、「自己感情」概念を取り巻く形で同じく劇的に変化してきた「習慣」と「狂気」という二つの論点に関しても、再び講義録にもとづく再構成が必要となるだろう。そして、その場合に再び鍵となるのはやはり、衝動の充足の問題なのだ。[13]

とはいえ、以上の一連の分析からだけでも、「主観的精神の哲学」のテキストの各所に、そこに至るまでの講義での取り組みの成果が見えない形で凝縮されていることは、十分に垣間見ることができただろう。そこにあるのは、主体そのものをつねにその生成の相においてとらえようと試行錯誤する、ヘーゲルの思考のダイナミズムにほかならない。そして、その試行錯誤に寄り添うとき、私たち自身もまた、主体をめぐるけっして完結しない問いへと開かれることになるはずである。

第五章　法哲学講義

鈴木亮三

はじめに

ローゼンクランツは、ヘーゲルの死後に編集出版された最初の『ヘーゲル全集』の補巻として『ヘーゲル伝』（一八四四年）を書き、そのなかで、ヘーゲルの『法哲学綱要あるいは自然法と国家学綱要』をつぎのように評した。

理想について無思慮に大言すること、あいまいな当為、さらにしばしばこれに結びついて現存するものを根拠もなく軽視すること、こうしたことにヘーゲルが抵抗し、経験的な現実のうちにすでに現前する理性を妥当させ、このような観点から歴史的なものを尊重するよう印象づけたのは、たしかに正しかった。

しかし、国家の概念から見て、ヘーゲルの正当な議論がもたらす有益な帰結を、二つの点によってヘーゲルは台無しにしてしまった。第一に、『法哲学綱要』の序文において不評をかう言葉でヘーゲルが政治のために打ち立てた教理によってである。それは「現実的であるものは理性的であり、理性的であるものは現実的である」というものである。……かの序文において人々の心をヘーゲルから離反させた第二の点は、煽動的な党派に対して反対の意を表明しただけでなく、ある人物の名まえを自分の議論のなかで引き合いに出したことにもよる。(1)

ここには、今日まで続く『法哲学綱要』をめぐる受容の争点がはやくも表れている。『法哲学綱要』の受容の歴史を見ると、序文に盛り込まれたこれら二つの問題が、とりわけ際立って論じられて今日に至っている。(2)「人々の心をヘーゲルから離反させる」どころか、逆に問題を引き起こしたことによって、より一層その名をとどめたと言ってもいいほどである。これらの問題は、二十世紀前半にはヘーゲル哲学を批判する格好の材料となり、講義録が発見され公刊されるなかで、一九七〇年代以降から現在に至るまで、ヘーゲル自身の残した具体的な証拠による検証という水準においていわば再燃することになった。そこで本章では、法哲学講義に即して、ローゼンクランツが挙げた二つの問題に焦点をあてて論じていきたい。

第一節　『法哲学綱要』のフリース批判という問題

1　ヘーゲルと自由主義

ローゼンクランツが挙げた第二の点について先に考察することにしよう。ここで言われている「ある人物」とは、フリースのことであり、ヘーゲルの認定によれば、「煽動的な党派」であるブルシェンシャフトの主宰した一八一七年のヴァルトブルグ祭でこの団体を支持する演説をした、カント哲学のエピゴーネンである。ヘーゲルによる名指しの批判は、ブルシェンシャフトが掲げる自由主義そのものへの反意として受け取られてしまったのである。

しかし、問題は単純ではない。一方では、ヘーゲルもまた、公式には一八一九年二月と五月にブルシェンシャフトの祝祭に参加したことが知られている。(3)他方では、ブルシェンシャフトの活動にかかわった学生を学問の道に連れ戻して、自分の学派を形成したこと、投獄された学生が河辺の牢獄に収容されたさい、ヘーゲル自身も学生らとともに船で出向き、ラテン語で言葉を交わし、ソクラテス風の冗談で場をなごませたという微笑ましい挿話等が、ローゼンクランツによって紹介されてもいる。[4] ヘーゲルはここでは、いわば学生を危険から保護する教員のようにも見える。そのようななか、いよいよ自由主義弾圧が激化していったのが、一八一九年八月のカールスバートの決議である。このときヘーゲルは、『法哲学綱要』の出版にさいして、検閲という困難に直面していた。

『法哲学綱要』はこの検閲を無事に通過している。「国家組織の特殊なエレメントに関してヘーゲルの行った精神に満ちあふれた把握は、ブルシェンシャフト的政治学が示しえた主観的な普遍性とはまったく別の国家像を生み出すことになった。熱狂的な演説の憧憬に満ちたパトスが期待させる以上の自由と実践理性がすでに現在のうちにあることを知って、人は心地よい驚きを覚えたのである」。[5] ローゼンクランツによるこの記載には、当時のある種の一般的理解が示されていると言いうる。また、フリースという一知識人を追いやる姿には、ヘーゲル自身が「プロイセンの御用学者」と言われても仕方がないという面もある。[6] しかし、フリース批判には実際のところ、いくつもの問題が複雑に重ねられている。

フリース批判によって新聞紙上でヘーゲルへの非難が吹き荒れた際、ヘーゲル自身のとった行動についてそれほど単純に受け取ることはできない。一八二一年十二月に『法哲学綱要』が出版され、翌年には『ハレ学芸新聞』と『ハイデルベルク年報』にその酷評が掲載された。当時の文部大臣であったアルテンシュタインにヘーゲルは庇護を求めたのである。このことがヘーゲル像を錯綜させる原因となった。ローゼンクランツですらこの事実をもって、ヘーゲルは「国家権力を文芸に介入させるという過失」を犯したと認定したのである。[7] しかし、ヘーゲルを保護したアルテンシュタインや宰相ハルデンベルクが自由主義的であったことなど、当時の状況証拠を積み重ねていくと、『法哲学綱要』が出版されたときに評価を得たもののうちで、ヘーゲルのもの以上に自由主義的な著作はなかったことがわかってきた。[8] したがって、ローゼンクランツの言うヘーゲルが提示した「別の国家像」とは、少なくとも保守主義的国家像ではない。自由主義を標榜することが困難であった時代に、ヘーゲルは自由主義の複数の可能性のうちの一つをとることで、自由主義そのものを死守していたとも考えられる。ヘーゲルの言動一般に見受けられるヘラクレイトス流の暗さといわれるものを想起するならば、ここでもまた、ヘーゲル自身の政治的振る舞いの含意に関して、従来の枠組みによって批判することを控えなければならないように思われるのである。

2 フリースとシュライアマハーに対する同時期になされた批判

そのようななかでヘーゲルは、フリースの演説に関して、学問と国家という建造物を「〈心、友情、感激〉という粥に流し込む」ようなものである、と述べていた（GW 14/1. 11）。この概念は、「下位の欲求から始まった私の教養形成において、青年時代には愛着を持って使用されたものである。そもそもこうした感情概念は、ヘーゲル自身によって、私は学問へと駆り立てられざるをえなかったし、青年期の理想は反省形式へと、すなわちひとつの体系へと変貌しなければならなかったのです。私はなおそうしたことに取り組みつつ、いまや、人間の生に分け入るいかなる帰路が見いだされうるのかを自問しています」とシェリングに書き送って以来[9]、ヘーゲル哲学の根本概念となることはなかった。

フリースへの批判を記したのとほぼ同じ時期に、つまり一八二二年五月、ヘーゲルは彼に私淑していたヒンリヒスに請われてその著作に「序文」を著し、それ以前から持ち続けていたシュライアマハーの感情神学に対する批判を公にした[10]。感情という概念は善にも悪にもなりうる曖昧なものであり、このような概念を学問の基礎として用いることはできない、とヘーゲルは抗議したのである。そうであれば、ヘーゲルにとってこの一連の事件は絡み合っていると見た方が妥当であり、そこには感情概念との対決という側面が存在し、したがって青年時代の自分との対決という側面をも見出すことが可能であるということを確認しておかなければならない[11]。ヘーゲルにとって、感情を理性の下位に置くことは、国家を宗教の上位概念にするということであった。この位置づけをめぐる思考は、厳密に全うされなければならなかったのである。

文書としての検閲を経て公刊された『法哲学綱要』とは違って、講義では比較的自由に語られた形跡が見られるけれども、フリースの名は挙げられていない。[12] 一八一七／一八年にハイデルベルク大学で開始された法哲学講義は、段落ごとに口述させたのちに解説するスタイルをとり、その後、講義のテキストである『法哲学綱要』の出版以前の一八一八／一九年冬学期には、すでにそのような口述筆記をやめていたと言われている。[13] 学生の手元に一八二〇年六月二十五日の日付が記載された「序文」を持った本が届けられたのちも、フリースの名が講壇のヘーゲルの口から出ることはなかった。たとえば、一八二一／二二年冬学期の講義で、つまり『法哲学綱要』刊行直後の講義において、つぎのように語られるのみである。

感覚、満ち足りた心、健全な悟性といったものから、人はあらゆるものを評価できるものと思っている。しかし、法哲学はそのような僭称を認めることはできない。哲学は概念と事柄の必然性に従って認識とかかわるのである。[14]

(GW 26/2. 596)

ここにあるように、学問の原理として主観的なものや感情を基礎とすることはできないというのは、『法哲学綱要』の「序文」にあるフリース批判と同じ趣旨ではある。ただしここには「序文」にあるような激しさはない。手元にあるテキストに記載されているからわざわざ口にする必要を感じなかった、ということであろうか、フリースは名指されていない。とはいえ、その理由も判然としないだけでなく、法哲学という領域においてこのように哲学のあるべき姿を述べることは、いっそう保守的な「絶対的な政治的静観主義」[15]を想起させるかもしれない。しかしだからといって、以下で見るように、講義のなかのヘーゲルはけっして保守的には見えない。なぜなら、国家体制の崩壊と変容のなかに理性が打ち立てられていく姿を語っているからである。

第二節　二重命題をめぐる論争

1　ハイネの回想のなかの卑屈なヘーゲルとその挙動

ここで、ローゼンクランツが挙げていた第一の点に戻ることにしよう。それは「現実的であるものは理性的であり、理性的であるものは現実的である」というヘーゲルの命題である。ただし、ローゼンクランツのこの引用は正確ではない。本来はヘーゲルによってつぎのように記されている。

理性的であるものは現実的であり、現実的であるものは理性的である（Was vernünftig ist, das ist wirklich; und was wirklich ist, das ist vernünftig)。（GW 14/1, 14）

この命題は、前半と後半で反転している、いわゆる「二重命題」である。ローゼンクランツによる引用の記憶違いは、よく知られている詩人のハイネの挿話にも見いだすことができる。ヘーゲルを静観主義と見なす、あるいは見なしたい人物に共通するものなのかもしれない。ハイネは『法哲学綱要』に接して、ヘーゲルのいくつかの講義にも出席していたし、ヘーゲルをとりまく社交仲間が集まるなか、ヘーゲルと言葉を交わしてもいた。[16] 詩人はそのときの様子をつぎのように語っている。

自分の話が聞き取られる恐怖から、ヘーゲルが不安そうに周囲をうかがっているのを私は何度か見たことがある。彼は私を気に入っていたし、彼は私が裏切らないと確信していた。私はその当時、ヘーゲルが卑屈になっていると思っていた。「存在するすべてのものは理性的である」（Alles, was ist, ist vernünftig）という言葉に私が不満を抱いていたとき、彼は奇妙な笑い方をして「それはこう言ってもよかったのです。〈理性的であるものすべてが存在しなければならない〉(Alles, was vernünftig ist, muß sein)」と述べた。彼は慌てて周りに目をやったが、すぐに落ち着きを取り戻した。その言葉を聴いていたのは、ハインリヒ・ベーアだけだったからである。[17]

記憶のなかの像ではあるものの、講義録とは違って、ヘーゲルの挙動が描写されているのも興味深い。この挿話を伝えているハイネが不満を示した命題に関して、『法哲学綱要』のなかの出版されたもともとの文型からすると、ハイネの記憶もまた正確ではなかった。「卑屈になっている」と感じたというのは、おどおどしたヘーゲルの挙動のためではなく、むしろ、現実すべてが理性的なものとして、肯定するだけの静観主義をとっている様に映ったことにあったのだろう。

ヘーゲルが奇妙な笑いを浮かべた理由は、ハイネの口をついて出た問いがそれまでに何度も真意を尋ねられた命題についてであったからなのか、あるいは、ハイネの暗唱が不正確であったからなのかはわからない[18]。ここでは、およそ二十年前のことを回想して書いたこの一連の挿話の記憶自体が正確であったかどうかはここでは問わないとしても、ヘーゲルが詩人の言葉にあわせて、「すべて」という語を用いて序文の記載に含まれていた「現実的」という形容詞は省略し、さらに必然性を意味する「ねばならない」という語を付け加え、そのうえで全体として命題を短くしている、ということに注目したい。

ハイネの関心は、おそらくローゼンクランツと同じように、ヘーゲルの二重命題の後半部にあって、これが「現実的なものすべてが理性的である」と理解されているように思われる。これによって生じた不満が、命題本来の前半部「理性的なものは現実的である」を落としてしまったのではないだろうか。それに対して、ヘーゲルは「理性的であるものは現実的である」あるいは「理性的なものは現実に存在する」という本来の命題の前半部を強調して、「理性的であるものすべてが現実に存在する」とし、さらに「現実的」という語を落として、あるいはそれを「である」または「存在する」に含意させて「ねばならない」を付加し、ハイネに伝えたと考えられる。ヘーゲルは二重命題のこの「ヴァリアント」を言い終えて、落ち着きを失ってしまった。ハイネの他に話を聴いていたのは、社交仲間でありトランプ仲間であるユダヤ人実業家のベーアだけだった。そのことがヘーゲルに安堵を与えた。他の人に聴かれてはまずい会話であった、と少なくともヘーゲルは感じていたことになる。その不安は、ハイネの示した型の命題と大きく異なる「ねばならない」という語の付加のためであったのだろうか。しかし、ヘーゲルの『法哲学綱要』での定式化は、講義録において、ハイネが伝えたものに近い形をとって現れた。そして、今度は反対に、今日において解釈する側の落ち着きを奪うこととなり、ふたたび論争が引き起こされたのである。

2 ペゲラーの認定——ハイデルベルク第一回講義[19]

ハイネとヘーゲルの会話のおよそ五年前にはじめて『法哲学講義』が行われた。『法哲学綱要』出版以前に開講されたため、「原‐法哲学」という評価で定着している、ハイデルベルクにおける法哲学として最初の講義（一八一七／一八年冬学期）が、ヴァンネンマンによる筆記録として残されている。そこにはつぎのような命題が記録されている。

国民精神は実体であり、理性的なものは生起しなければならない（Der Volksgeist ist die Substanz, was vernünftig ist muß geschehen）[20]。 （GW 26/1, 164）

これは二重命題ではない。『法哲学綱要』の二重命題の前半のヴァリアントとなっていると言ってよいであろう。この講義を編集したさいに、ペゲラーは長大な解説を付し、そこでハイネの証言と関連づけてつぎのように述べている。

この言明は、理性的なものの現実と現実的なものがもつ理性に関する、大いに問題を含んだ後年の『法哲学綱要』の「序文」の発言よりも、ずっとダイナミックであり、歴史を肯定している。しかしこのハイデルベルク版は、ヘーゲルの『法哲学綱要』に関してのちにガンスが講義をしたときに、さらに深められた。（ハインリヒ・ハイネは、自分のやり方で、このハイデルベルク版をヘーゲル自身が自分に語ってくれたかのように物語ったのである）[21]。

ハイネがハイデルベルク大学での講義の定式化を知っていた確証はない。ペゲラーの評価を多少割り引いて見てみると、ハイネの伝えた「理性的であるものすべてが存在しなければならない」という命題はそれほど突飛なものではないといえる。講義においてすでに公に「ねばならない」という語を用いていることがわかる。さらに、ハイネに語ったときと同じように、ヘーゲルが二重命題の前半に重点を置いて語った点も注目に値する。また、ペゲラーが「歴史に肯定的である」として評価したハイデルベルク版にある「生起する」（geschehen）という語は、ヘーゲル自身の言葉として一定の重みを持つ。たんなる「である」や「存在する」ではなく、運動と過程を含意する動詞を採用することで、「絶対的な政治的静観主義」を免れているように見えるからである。実際、ヘーゲルは「理性的なものは生起しなければならない」と述べた後、国家体制は権威づけとして君主と国民精神とに区別し、前者が契約を原理とし、外面的、形式的であるのに対して、後者は意志の自由を原理とし、内面的であると規定している。ヘーゲルは後者を「真に理性的なもの」であると続け、次のように語った。

理性的なものはしかし、己を助けるのでなければならない（Das Vernünftige muß sich aber immer helfen）。理性的なものこそが真なるものであり、悪しき国家体制が作られ得るという恐怖を捨て去らなければならない[22]。

(GW 26/1, 164)

ここに確認することができるのは、歴史を原理的に肯定するヘーゲルの姿である。(23)

3　ヘンリヒ編集版の提起した問題――ベルリン第三回講義

ヘーゲルに対して静観主義を脱するよう要求する解釈はこれだけではない。ヘンリヒ編集によって公刊された筆者不明の『法哲学講義』(一八一九／二〇年冬学期)に記載されている二重命題がもととなった、ヘンリヒ自身による解釈がそれである。この講義録は、アカデミー版『ヘーゲル全集』第二部第二十六巻第一分冊において、主文として所収されているリンギエ筆記録の異文として欄外注に収められることになったが、ここではヘンリヒ版とその解釈を検討することにしよう。(24)

ヘンリヒ版には、前半と後半が『法哲学綱要』ほどには形式的な統一性を持っていない命題が記載されている。以下の議論との関係で重要な箇所なので、少し前から引用する。

精神は基盤である。天と地のいかなる威力も精神の法に対抗できない。抽象的な思惟から、あるいは善意で動かされる心から人がもたらす反省と表象と、精神の法が別物なのは明らかである。理性的であるものは現実的になり、現実的なものは理性的になる(Was vernünftig ist, wird wirklich, und das Wirkliche wird vernünftig)。

宗教においては神的なものがその永遠という形式において感じられる。神的なものは世界において現実的精神として存在する。この側面からみれば、哲学は精神的宗教としての教会に属す。哲学は永遠の形式における真なるものを対象として持つ。(25)

まず、ヘンリヒは『法哲学綱要』に提出された二重命題において、前半の「理性的であるものは現実的である」のうちに、「世界史的な自由の原理が持つ意識の優位」という観点、すなわち、理念が現実のうちで生成して出現するという「歴史理論的」観点を見いだす。さらに、後半の「現実的であるものは理性的である」のうちに、「概念と現実の根本的な相違に由来するあらゆる概念に対して、理性的現実の優位」が見いだされ、この観点を「制度理論的」として区別する。(26) この区別をさしあたり用いるならば、ヘーゲルに対して親・反のどちらの態度を示す者であっても、ハイネやローゼンクランツをはじめとする多くの論者がヘーゲルのうちに制度理論的観点をとりたてて批判してきたといえるだろう。ヘーゲルはいわばその批判を受けるたびに、歴史理論的観点を強調して応答したと考えることができる。

さらに、ヘンリヒは、この講義録の命題を評してつぎのように述べている。「一八一九／二〇年の講義の序論では、ヘーゲルの二重命題が、その根源的形式化において、そしてまったく驚くべきことに、純粋に歴史理論的意味において現れている」(27)。そのうえで、ハイネの伝える形式を「理性的であるものは存在しなければならず、存在するものは理性的にならなければならない」（Was vernünftig ist, muß sein, und was ist, muß vernünftig werden）という二重命題に仕上げる必要があり、そうなれば、この講義録の定式化と「まったく重なる」とまで述べている。(28) ヘンリヒの編集版そのものに疑義を呈しているペゲラーの評価とは違って、ハイネの回想の実質的な内容の正しさを保証しているのである。

これまでに見たように、ハイネ自身の記憶していた二重命題は、制度理論的観点が表明されている後半部を強調していた。「現実的であるものは理性的である」に不満があり、前半はいわば抜け落ちていたと言いうる。それに対してヘーゲルは、欠落した「理性的であるものは現実的である」という前半部を、つまり、歴史理論的観点を強調的に示唆したのである。

ハイデルベルク時代の定式化を知る現在から見れば、ヘーゲルの当初の含意は、歴史理論的観点にあったことがわかる。もっとも、聞き取りをそのまま記録したと言われている、同年度のリンギエ筆記録の発見によってヘンリヒ版の信憑性に対する疑念はある程度払拭されたものの、ヘンリヒが自らの編集した講義録の日本語版の出版にあたって寄せた序文で、ヘンリヒは「理性と現実との関係に関する有名な二重命題を、学生がヘーゲルの発言から正確に理解して書きとどめたのかどうかは、はっきりしないままである」と、態度を留保するに至っている。[29] それでも、歴史理論的観点にヘーゲルが強調を置いていた可能性を示唆したヘンリヒの功績は大きいと言えるのではないだろうか。このように見るとき、ハイネの回想もまた、たんなる作り話として切り捨てることの方が困難であるように思われるのである。

第三節　講義録における二重命題の生成と展開

1　リンギエ筆記録から見るベルリン第三回講義

歴史理論的観点を重視していた可能性を実際に指し示す資料として、つぎにリンギエ筆記録の記載を見ておきたい。それは命題をつぎのような定式化によって記録している。

> 精神は法の基盤であり、普遍的精神の法を超え出る法は存在しない。しかし、普遍的精神の法はけっして抽象的思考ではない。理性的であるものは現実的であり、逆もまたそうである（was verünftig ist ist wirklich und umgekehrt）が、しかし理性的であるものは個別と特殊のうちで混乱することはない。　（GW 26/1. 338f）

当の命題は、ヘンリヒ版にない文章を前後に持ち、さらにコンマなどのない一連の文章として登場するため、ここではそれらを一文とみなして引用した。このようにしてみると、後続の「理性的であるものは個別と特殊のうちで」

という文章からも明らかなように、二重命題の前半に説明の力点が置かれていることがわかる。この引用のあとにはさらにつぎのような文章が続く。

個別的に生じたことは理性の法を必ず破壊するというわけではない。理性的な考察は、個別的なもののうちで矛盾しているものが重要なものであるとみなすことを超え出て高まっていく。

(GW 26/1. 339)

この文章はそのまえのものとあわせてみても、「現実的であるものは理性的である」という二重命題の後半部を際立たせるものにはなっていない。したがって、ヘーゲルの強調点がどこにあるかの例証となるように思われる。ハイデルベルク時代のヴァンネンマン筆記録とリンギエ筆記録とをあわせて考えると、二重命題がまずあって、それをヘンリヒのいう歴史理論的意味にヘーゲルが純化させたというよりも、もともと命題の前半が第一義的にあり、そののちに『法哲学綱要』に見られる二重命題としてできあがったのではないかと仮定するほうが穏当であるように思われる。

2 ベルリン第二回講義

この仮説を支持するもう一つの講義録がある。それはヴァンネンマン筆記録とリンギエ筆記録のあいだのもので、ヘーゲルがベルリンに転出したあとの、一八一八／一九年冬学期のホーマイヤー筆記録である。そこにはつぎのように記録されている。こちらもやや長いが前後を引いておく。

抽象や歴史的観点が理念にそぐわなければ、法哲学はそれらのどちらにもとどまってはいない。――法哲学は、持続的展開によってのみ法的なものの領域が生じうるのであって、展開のいかなる段階も飛び越えられないということを知っている。しかし法状態は国民の普遍的な精神のうえにのみもとづくのであり、こうして国家体制は現前する概念との必然的連関のうちにある。したがって、国民の精神がより高次の段階に歩みいったときには、より以前の段階にかかわる国家体制の契機はもはや存続する場をもたない。それらは崩壊しなければならないし、いかなる威力をもってしてもそれらの契機を保持することはできない。だから哲学は、たとえ外面的で個別的な現象が理性的なものになおも抵抗しているように見えるとしても、理性的なものだけが生起しうるということ(nur das Vernünftige geschehen könne)を認識している。[30]
(GW 26/1. 234)

ここでもやはり、第一回講義のものに近い文形によって二重命題の前半が端的に示されており、歴史理論的観点ともいうべきものが余すところなく展開されている。もっとも、『精神現象学』の人倫から法状態への展開に見られるダイナミズムを想起すれば、さほど突飛な記述ではないように思われる。しかし、その力動的な歴史理論的観点がこのように『法哲学講義』のなかで純度の高い記述で提示されていることには注目せざるをえない。この一連の引用のなかには、ハイネがヘーゲルから聞き出した命題に用いられた「ねばならない」(müssen)があり、問題の命題そのものには「しうる」(können)という語が見られるのが特徴である。

3　その後の講義

『法哲学綱要』の二重命題がほぼそのままの形でみられるのは、おそらく一八二一/二二年冬学期の第四回講義だけであろう。そこにはつぎのように記載されている。

哲学はもっぱら現前する国家とかかわり、国家の現実ともかかわるのであって、言い換えれば、国家の真の現実や国家の内面的な生とかかわる。理性的なものは現実的であり、現実的なものは理性的である(Das Vernünftige ist wirklich und das Wirkliche ist vernünftig)。国家は現在における精神の構築物であり、精神の作品は理性の作品である。形成されないものと未熟なものを現実的と言ってはならない。外面的な現象を透過して理念を認識し、現にある国家の現実を認識することに哲学研究は属している。[31]

(GW 26/2. 598)

この引用のまえにプラトンへの言及があるなど、『法哲学綱要』の記述との並行性は見られる。しかしこの文章のあとに、『法哲学綱要』にある「本稿は哲学的な著作として、国家をあるべきように構築すべきであるということからは、もっとも疎遠でなければならない」(GW 14/1. 14) という静観主義的な誡めともとれる発言は存在しない。そのかわりに、この講義では、未熟なものは「現実的」というに値しないという但し書きを付したうえで、「現前する国家」のうちに「国家の真の現実」を読み取ることを求めている。[32]

一八二二／二三年冬学期の第五回講義には、二重命題はなく、その面影を見いだすことも困難である。ただしここには、『法哲学綱要』にはない、つぎのような言葉が見いだされる。

私たちが考察しなければならない規定は、実在がそれによっていっそう概念に適合していく自由のさまざまな展開である。実在の第一の形態は、以下の制約に対する制約と言われうる。さらなる規定は、つねにより大きな解放である。[33]

(GW 26/2. 803)

理性的な法や憲法について触れるならば、妥当している実定的なものは、それが現に存在するという理由で、ここでは最終的なものではない、といえる。[34]

(GW 26/2. 974)

このほかにも、現前する国家のうちに理性を見いだしながらも、さらなる展開を希求するような発言が目立っているのが特徴である。さらに、一八二四／二五年冬学期の第六回講義では、第一回講義と同じ国内法の議論において、二重命題がかなり分解されて語られている。

一方で、理性的であるものは現実的でもあり、理性的なものは現実的に存在しないほど弱いものではない（Einerseits ist, was verünftig ist, auch wirklich, das Verünftige ist nicht so schwach, nicht wilklich zu sein）。また他方で、理性的でないものもまた現にあり、現存するわけであるが、そのようなものは現実的に存在しているわけではない。たんに現存するものは現象しているにすぎないし、現実はまったく別物である。(35)

（GW 26/3. 1419）

ここでもまた、二重命題の前半が強調されているのがわかる。もっとも、ヘーゲルの死によって途絶した一八三一／三二年の第七回講義においては、一転して命題の後半のみが語られている。(36) それは法の源泉としての自由をめぐる議論において登場する。

現実的であるものは、理性的である。しかし現存するものすべてが現実的であるというわけではなく、悪しきものはそれ自身のうちで破綻しており空無である（Was wirklich ist, ist verünftig. Aber nicht alles ist wirklich was existirt, das Schlechte ist ein in sich selbst Gebrochenes und Nichtiges）。自由とは何かが把握されなければならず、まさにこの把握によってはじめて、理論的精神が己を解放する。

（GW 26/3. 1494）

この講義において、はじめて後半部だけが語られる。第六回講義を念頭に置くと、ヘーゲル自身が、必ずしも強調するつもりのなかった後半部に関する当時からよくあった読解に対して応答している、ととることもできる。この引用の後の議論には、「神の本質は人間において真に現実的に認識される。アダムに生じた善と悪の認識は、自由に覚醒した意識であり、この意識によって、人間は獣でなくなるのである」（GW 26/3. 1495）という文言が見られることも注目に値する。最初の人間が、ヘーゲル的解釈を施され、自由に覚醒する現代の人間と重ね合わされている。

ともあれ、刊行されている『法哲学綱要』と講義録とを比較すると、たしかに「理性的なものを辛抱強く現実化していくという表象を示唆するもの」は前者にはなく、後者にだけ見いだすことができる。本章で見たように、二重命題という限定された範囲においてであれ、そのようにシュネーデルバッハが述べていることも浮き彫りになるように思われる。[37] 講義録ごとの展開を追跡することで、出版された本を命題の水準でその生成過程とそこに込められた真意を明らかにするということが可能になったわけである。[38]

第四節　ハイネの回想の再考

本章で紹介したハイネとヘーゲルの会話を記録した文章の直前に、ハイネは無神論を音楽に例えて、ヘーゲルというマエストロが無神論を「誰も解読できないように不明瞭で装飾にまみれた記号で作曲している」と書いている。詩人は、ヘーゲルの「音楽」を注意深く聞き分けて理解する者であり、それが無神論を主題としていることを知っていた。ベーアもその一人であった可能性がある。しかしヘーゲルが卑屈で神経質に見えたとしても、あの二重命題に関してくだけた説明を口にしただけで、なぜ彼は周囲の聞き耳を気にしなければならなかったのであろうか。少なくともハイネは、問題の命題をヘーゲル的な無神論という筋道のうちに了解していることは確かである。

詩人はこの挿話ののちに、ヘーゲルの『歴史哲学講義』での神の死をめぐるキリスト教への評価に触れて、さらに、ヘーゲルのたんなる現世主義を表すものとしてしばしば引き合いに出される、死後の人間の行方に関するヘーゲルとの会話を紹介している。一連の会話が同日のものかはわからない。詩人が死者のとどまる星について話すと、ヘーゲルは「星は天空に輝く痘痕でしかない」と呟いた。さらに「あの世には死後に美徳をねぎらう幸福な酒場はないのですか」と問われると、現世で積んだ善行に対して「さらに酒代をねだるつもりですか」とヘーゲルは嘲笑ったという。現行の国家に不満をもって批判すること、死後の魂の存在を想定することで安堵すること、この二つはハイネのなかで無理なく両立している。こうしたことは、ある意味では人間に一般的な傾向である。ヘーゲルが現行の国家に不満を持たなかったはずはない。しかし、死後の行方を想定して安堵することはしなかった。国家への不満のいわば陰画としての死後の安楽の希求を、ヘーゲルは自らに許さなかったのである。

たしかに、ハイネはあの二重命題を宗教的なものを含む文脈のうちに読んでいた。しかし、『法哲学綱要』の命題そのものを読むかぎり、ただちにその文脈を思い浮かべることは困難である。もっとも、『法哲学綱要』序文の末尾で、プロテスタンティズムの原理を称揚し、「半端な哲学は神から逸れるように導き……真なる哲学は神へと導く、という言葉は有名になっており、これは国家に関しても当てはまることである。」（GW 14/1, 16）とヘーゲルは語っていた。講義においては宗教と法哲学との交錯がより鮮明に示唆されている。二重命題に言及していた前節のリンギエ筆記録からの引用部分は、つぎのように続けられている。

> こうして法哲学の目的は現実の世界の内面を認識する基盤であるが、精神の体系的な構築物は、精神の単純なあり方において思想という境位のうちにある。そのかぎりで、哲学は教会と同じ関係を国家に対して持っている。哲学と教会の対象は、単一な形態における真なるものであり、永遠の形式における真なるものである。神はこの形式において感じられ、世界において現実的精神としてある。哲学は宗教の形態化とは別物である。
>
> （GW 26/1. 339）

「感じられる」という感覚的あるいは感情的な術語の使用は、シュライアマハーを意識してのことと考えられる。

とって、「単一な形態における真なるもの」とは、教会にとっては神であり、法の哲学、ヘーゲルの言う「真なる哲学」にとっては国家を意味する。この対象の同一性をハイネは見抜いていなかった。聴講していた学生に関してはここではおくとして、文脈の共有をしていたはずの詩人でさえ、ヘーゲルと根本的にすれ違っていたことになる。講義録は、こうした機微とともにヘーゲル自身の文脈と葛藤を、今日にいたるまで生き生きと伝えてくれる第一級の資料である。

第六章　国家学講義

岡崎　龍

はじめに

おもに『法哲学綱要』で知られるヘーゲルの社会哲学ないし国家論については、講義録に収録されている内容とヘーゲル自身の『法哲学綱要』の主張との整合性をめぐって多くの論争がなされてきた。『法哲学綱要』におけるヘーゲル自身の記述が抽象的で難解であるのに比べて、講義録の内容は多くの具体例に触れたものであるとともに、そこにはいくぶん単純化された説明が見いだされることもあって、講義の内容がそのままヘーゲル自身の思想であるかのような形で受容ないし批判されることになった。さらに、こうした講義録そのものの信憑性という問題だけでなく、ヘーゲルが講義を行っていた当時のドイツの政情の不安定さに影響されて、ヘーゲル自身の思想自体、各講義録を通じて一貫したものと捉えてよいのか、という問題が加わることになった。ヘーゲルの国家学講義については、テキストの内容の解釈と並んで、テキストそのものをいかなるものとして捉えるかという観点から多くの論争がなされてきたのである。

講義録の信憑性と当時の政情の反映というこうした二重の問題を抱えていたため、――もちろんこの二つの契機そのものも相互に絡み合っているのだが――、ヘーゲルの国家学講義の受容自体複雑なものとなっている。それでも、二〇一五年にはヘーゲルのすべての国家学講義を備えた新しい校訂版『ヘーゲル全集』[1]が刊行され、この新版には、ヘーゲル自身の見解であることが確証されたテキストだけが掲載されているため、講義録の信憑性という問題には一定の決着がつき、今後の研究のためのテキストが整備され、十分な土台が提供されることになった。

本章では、こうした複雑な背景をもつ法哲学講義のなかでも国家論に関する部分に関して、先述の校訂版『ヘーゲル全集』刊行に至るまでに繰り広げられたいくつかの論争における問題の所在を整理したい。そのために、まずは講義録をめぐる問題をつぎの三つの段階に分け、それぞれの係争点をあらためて振り返ることにする。[3]

講義録を理解する際の第一の問題は、『法哲学綱要』の多くの節に付された「補遺」の取り扱いに関わる問題に端を発している。「補遺」は、『法哲学綱要』の編集者であるガンスが、もともとは講義のための教科書として一八二〇年に出版されたヘーゲルの『法哲学綱要』に、二つの講義録（一八二二／二三年講義録ならびに一八二四／二五年講義録）から抜き出したものを彼の判断によって付け足したものである。すなわち、ヘーゲル自身の手になる本文と注解から成る『法哲学綱要』は一八二〇年末に刊行され、これに「補遺」を加えたものが一八三三年にガンスによって刊行されたのである。したがって、「補遺」が必ずしも『法哲学綱要』を執筆している当時のヘーゲルの考えそのものを表しているわけではないし、そもそも「補遺」として追加された講義録の内容が本当にヘーゲル自身の考えであったのか、あるいは、講義録の作成者の考えがそこに混じっていないのか、「補遺」の内容を吟味する必要が出てくるであろう。このようにして、「補遺」を含む講義録の研究が始められることになったのである。この作業は、旧版の編者ホフマイスターが試みたものの彼の死去によって果たされず、その後イルティングによって継承された。この作業を進めるなかでイルティングが提示した新たな読解、いわゆる「イルティング・テーゼ」は、のちの研究に対してつねに批判的な準拠点を提示するものとなった。

第二の問題は、イルティングの編集時には見つかっていなかった、一八一九／二〇年の講義録の刊行に伴うものである。この講義録を編集することでヘンリヒは、テキストが見つかっていなかった以上、イルティングの理解には現れ得なかった新たな論点を提示した。この新資料の発見に伴って、イルティング版にはなかったヘーゲル国家学の新たな理解が可能となったのである。しかし、この講義録には、それが本当にヘーゲル自身のものであるのかについていくつかの疑義が呈されることになった。

第三の問題は、ヘンリヒによる先述の講義録の刊行時には発見されていなかった、同じく一八一九／二〇年冬学期の講義録の新たな筆記録の発見に伴って、はじめは疑われていた同講義録の信憑性が再び認められるようになった際のものである。これによって、イルティングからヘンリヒに至るまでの問題状況にどういった視角がもたらされ、それがいかなる意義をもつが問題になる。

以下において、まずは各年度の講義録を簡単に紹介したうえで、第一と第二の問題について、問題の所在を振り返る。その際に着目するのが、ヘーゲルの国家論のなかで、ヘーゲルが称揚する「立憲君主制」の基礎となる「君主権」の問題である。イルティング・テーゼにおいて問われるのは、水野建雄によれば、(一)「理性＝現実命題」(『法哲学綱要』の序文で知られる「理性的なものは現実的であり、現実的なものは理性的である」という命題)、(二) 君主権の叙述、(三) フランス革命の叙述の三点に関わるものであるため[4]、国家論に関わる論点として本章では「君主権」を扱うことにする。そのうえで、第三の問題について、新資料を踏まえて第一・第二の問題提起の内容を再考してみたい。

第一節　各国家学講義の特徴

国家学に関してヘーゲルが行った講義は、ハイデルベルク大学で一回、ベルリン大学で六回の全七回である。ここではそれぞれの講義録の特徴について簡単に見ておきたい。[5] ただし、本章ではイェーナ期の講義については扱わないことにする。

第一回の講義はハイデルベルク大学で一八一七／一八年の冬学期に行われた。ペーター・ヴァンネンマンによる筆記録が「自然法と国家学」というタイトルで伝えられている。のちの『法哲学綱要』とほぼ同一の構成をもつものであるため、「原‐法哲学」と呼ばれ、信憑性が高いとされる。[6] 刊行は一九八三年であり、ペゲラーによるものとイルティングによるものがあり、[7] 試行版第一分冊に、ペゲラーによって刊行されたものが収められている。邦訳には、尼寺義弘訳『自然法および国家学に関する講義――一八一七／一八冬学期講義、ハイデルベルク、一八一八／一九冬学期序説（付録）ベルリン、法学部学生P・ヴァンネンマン手稿』（晃洋書房、二〇〇二年）、高柳良治監訳『自然法と国家学講義――ハイデルベルク大学一八一七／一八年』（法政大学出版局、二〇〇七年）がある。

第二回以降の講義はすべて、第一回の講義ののちにヘーゲルが教授として就任したベルリン大学で行われた。一八一八／一九年の冬学期に行われた第二回講義については、ホーマイヤーによる筆記録に、第一回の筆記者ヴァンネンマンの筆記録からの抜粋を加えたものがイルティングによって刊行された。[8] その後の校訂を経て、新しい講義録の第一分冊に収録されている。邦訳は、尼寺義弘訳『自然法および国家法――「法の哲学」第二回講義録、一八一八／一九年冬学期、ベルリン、C・G・ホーマイヤー手稿』（晃洋書房、二〇〇三年）がある。

第三回の講義は、ベルリン大学で一八一九／二〇年の冬学期に行われた。この講義録はドイツではなくアメリカのインディアナ大学で発見され、ヘンリヒの編集によって筆記者不明のまま一九八三年に刊行された。[9] ほかの講義録とは違って、節分けがなされていないとともに、本文と注解という区別もない。さらに、「法哲学ならびに政治学」という表題がつけられているが、ヘーゲル自身はこの表記をほかの箇所では用いたことがなく、ヘニングが行っていた復習授業で用いられたものであるとされる。[10] 刊行ののち、新資料として歓迎される一方で多くの研究者によってその信憑性に対しての疑義が呈されたが、同講義に対するリンギエによる別の筆記録が発見され、二〇〇〇年にアンゲールンらによって編集刊行された。[11] 新しい講義録では第一分冊に収録されている。邦訳は、中村浩爾ほか訳『ヘーゲル法哲学講義録――一八一九／二〇』（法律文化社、二〇〇二年）がある。

第四回の講義は、ベルリン大学で一八二一／二二年の冬学期に行われた。この講義録は誰による筆記録であるかはまだわかっておらず、手稿の文字が節によって異なるなど、解読が困難なテキストであるとともに、そもそも何年度の講義録であるのかさえ記載されていない。また、この講義録の国家論の部分は、第二六〇節「国内法」冒頭で途切れてしまっており、残りの部分は見つかっていない。いくつかの節をほかの年度の講義録の同じ箇所と比較する手法によって一八二一／二二年度の講義録であることを確定したホッペによって二〇〇五年に編集され、[12] 新しい講義録では第二分冊に収められている。また、この年度の講義録の邦訳には尼寺義弘訳『G・W・F・ヘーゲル「法の哲学」――「法の哲学」第四回講義録、一八二一／二二年冬学期、ベルリン、キール手稿』（晃洋書房、二〇〇八年）がある。

第五回講義は、ベルリン大学で一八二二／二三年の冬学期に行われた。ホトーによる筆記録が伝えられており、イルティングが編集した。[13] のちにはシルバッハによって刊行されたハイゼによる筆記録断片[14]を踏まえるなどさらなる校訂を経て、新しい講義録では第二分冊に収録されている。この講義録から抜き出された文言が、のちにガンスによって『法哲学綱要』に「補遺」として追加された。邦訳には尼寺義弘訳『ヘーゲル教授殿による法の哲学――「法の哲学」第五回講義録、一八二二／二三冬学期、ベルリン、H・G・ホトー手稿（I・II）』（晃洋書房、二〇〇五・二〇〇八年）がある。

第六回講義は、ベルリン大学で一八二四／二五年の冬学期に行われた。グリースハイムによる筆記録が伝えられており、イルティングが編集した。[15] さらなる校訂を経て、新しい講義録では第三分冊に収録されている。第五回講義録と同じく、この講義録からも『法哲学綱要』への「補遺」として抜き出された部分がある。邦訳には長谷川宏訳『法哲学講義』（作品社、二〇〇〇年）がある。

第六回講義録から数年間は、ベルリン大学での『法哲学講義』を弟子のガンスやヘニングに任せ、自身は『歴史哲学講義』に集中していたヘーゲルは、死の直前となる一八三一年の冬学期に第七回講義を行ったが、わずか二回ののちヘーゲルの死によって中断されたため、本論に入る前の部分しかない。この講義の筆記録は、ヘーゲル左派の論客として知られるシュトラウスによるものが伝えられている。イルティングによって刊行されたもの[16]が新しい講義録の第三分冊に収録されている。

第二節　講義録と『法哲学綱要』の区別——イルティングの問題提起

もともとは法哲学講義のための手引きという目的で執筆された『法哲学綱要』は、そのままでは読者の理解に不便をきたすものであったため、ガンスがのちの講義録からの抜粋を「補遺」として追加することでそれを補おうとした。[17]こうした経緯をもつ補遺のテキストに対して疑義を呈し、補遺を削除したうえでヘーゲルの自家本にあるヘーゲル自身の「欄外書き込み」を収録したのが、旧版の編者ホフマイスターであった。こうして、『法哲学綱要』の研究は、できあがったテキストの意味を理解するという従来の作業に加えて、テキストそのものの検証という文献学的なものにも向かうようになったのである。

ホフマイスターの指摘は、講義録と『法哲学綱要』の違いに目を向け、ヘーゲルの思想そのものであるか疑わしい講義録を排除することで『法哲学綱要』そのものに即した研究を促した。これに対しイルティングは、講義録と『法哲学綱要』の違いという視座を継承しつつ、信憑性についてはホフマイスターとは正反対の立場をとる。[18]すなわちイルティングは、『法哲学綱要』がヘーゲル自身の手になるものとはいえ、そこにはつねに当時の検閲に対する警戒があってヘーゲル自身の構想が歪められている可能性があるのに対して、講義録は検閲の心配がないのでヘーゲル自身の思想がゆがみなく表れているはずだとする。本来は「リベラル」なヘーゲルの根本思想は講義録においてのみ現れており、『法哲学綱要』では検閲への恐れからこうした「リベラル」な側面が隠されているというのである。

ここでは、『法哲学綱要』における、つまりイルティングが捻じ曲げられたものと見なす、君主権についての記述と、イルティングがヘーゲル本来のものと見なす君主権の記述の両方を確認して、イルティングが提示する問題を振り返ってみたい。

この問題に取り組むにあたってイルティングがはじめに提示するのは、ルドルフ・ハイムとフランツ・ローゼンツヴァイクによって指摘された、ヘーゲルの君主権論がもつ二面性である。[19] ハイムによれば、ヘーゲルが君主に帰する「自己決定」の契機は「主体」を妥当させるものであるが、他方で君主はたんなる「諾と言って〈i〉の上に点を打つ」という点にしか意味を持たないという没内容なものであって、結局は主体の立場を貫徹できずに「普遍と実体のいつもの過大評価」に舞い戻ってしまう。[20] 君主における主体の哲学から実体への哲学への転落という視角を通じて、ハイムは、よく知られた「プロイセンの御用哲学者」というヘーゲル批判を行うのに対して、ローゼンツヴァイクは君主権論のもつ「独特の二義性」を見て取る。つまり、「国家のあらゆる活動の起源」でありながら、そのうちにヘーゲルの思想そのものにおける「深い思想的葛藤」を見て取り、これが「ヘーゲルの君主像をかくまでに正体不明のものにしている」[21] とされるのである。

両者による君主権の二義性についての指摘に対して、イルティングは君主のかの没内容に関する規定、つまり「諾と言って〈i〉の上に点を打つ」という規定が、「ヘーゲル自身によって出版されたテキストにはない」[22] のであって、第五回講義録から抜粋したガンスが「補遺」として追加したという事実を提示する。[23] つまりこの問題は、ローゼンツヴァイクの指摘したような「葛藤」ではなく、「ヘーゲルによって出版されたテキストと一八二二／二三年冬学期の講義との矛盾」[24] として捉えられねばならないという。さらに、こうした君主の権限の制限は、一八二四／二五年講義にも、それればかりか『法哲学綱要』刊行以前の一八一八／一九年の講義にも見いだされるとされる。[25]

こうした、『法哲学綱要』に見られるある種の転向とでもいえる事態をヘーゲルに強いたのは、当時のベルリンの不安定な政情であったとイルティングは見なす。[26] とりわけそこで着目されるのが、一八一八／一九年である。一八一九年三月にヘーゲルは友人ニートハンマーに宛てて自著がまもなく刊行されることを予告しているが、実際に『法哲学綱要』が刊行されたのは一八二〇年十月であった。まさにこの遅れが、カールスバート決議以降予想される検閲へのヘーゲルの警戒によって引き起こされたものであり、そしてこの遅れのなかで、先の「矛盾」が生じてくるのである。すなわち、リベラルな観点から君主権を描くものとして、すでに刊行可能な原稿をもっていたはずのヘーゲルは、「すでに校了段階の原稿を一八／一九年十月から一八二〇年六月のあいだに改稿した」[27]。この期間にヘーゲルは、検閲を警戒してこうしたリベラルな観点を後景に退かせ、書き換えたというのである。

このようにしてイルティングは、講義録と『法哲学綱要』のあいだには、前者が君主の形式を、したがってそこで内容を与えるものとしての「内閣」の契機の重要性を繰り返し強調するリベラルな性格をもつものであるのに対して、後者は君主の「自己決定」の契機を強調する復古主義的な性格をもつこと、しかもこうしたことが起こる原因が一八一八／一九年のカールスバート決議に伴う学問的著作に対する検閲の強化にあるということを論じた。従来流通していた『法哲学綱要』のテキストにもとづくヘーゲル解釈を退け、文献学的考証にもとづく、一八一八／一九年を境にした『法哲学綱要』と講義録の対立という軸でのヘーゲルの思想のイルティングによる捉え返しは、講義録研究への新たな道を開くとともに、その後の多くの研究者の批判を呼ぶことになる。

第三節　ヘンリヒによる新資料の刊行

ヘンリヒが一九八三年に編集刊行した新資料は、『法哲学綱要』の序文にもある「理性と現実」に関する記述をめぐって新しい視角をもたらす点や、『法哲学綱要』にも他の講義録にも見られない、「貧困」に際しての「革命権」を論じている点など、多くの新しい論点を含むものとして、まずは歓迎をもって迎えられた。[28]

それでは、前節でみたイルティングの提起に対して、このテキストはどのような意味を持ったのだろうか。この講義録で問題となるのは、第一に、一八一九／二〇年冬学期という、イルティングによって『法哲学綱要』の改稿が行われたと推定された時期の真只中にありながらも、君主の「形式」が明白に強調されている点、第二に、この講義録の編者であるヘンリヒによって、イルティング・テーゼとは異なる形で『法哲学綱要』と講義録との関係が捉え返されている点である。

第一の点について見てみよう。たしかに講義録において、「諾と言って〈i〉の上に点を打つ」という表現はないにしても、君主の形式について繰り返し論じられている。

君主の名まえは、最終決定を含んでいて、表象の記号である。この表象の記号を通じて、個別的なものを個別的なものとして取り上げることが可能になった。裁判官は君主にはまったく依存していないにもかかわらず、君主の名において判決を下すのである。[29]

ここに見られるとおり、君主は「名まえ」にすぎない。「この表象の記号を通じて、個別的なものを個別的なものとして取り上げることが可能になった」というのは、君主の名まえには、普遍的なものないし国家がなにものかを決定するに際しての内容に関わるような契機が一切なく、「名まえ」という純粋な個別的個人としての君主に帰属する者以外の何ものもないことを意味する。その意味で、「諾と言って〈i〉の上に点を打つ」という、一八二二／二三年の講義録で展開されたのと同じリベラルな側面を見いだすことは、この講義録においても可能であるといえる。そして現にヘンリヒは、この箇所を指摘することで、「君主の署名の役割は、国家の決定能力にとってのたんなるシンボルにしか見えないほど、格下げされている」と述べている。[30]

ただし、ヘンリヒの引用では、「最終決定を含んでいて」という箇所は略されている。[31]つまり、実際の筆記録では、

「最終決定」という契機と、「形式」の契機が相並べられた形で論じられている。その意味で、ヘンリヒの評価は必ずしもフェアであるとはいえない。というよりもむしろ、イルティングをして講義録研究へ向かわせた契機の一つである、ローゼンツヴァイクのいわゆる「深い思想的葛藤」が、このテキストの信憑性を前提するかぎりもはや言い逃れできないかたちで現れている箇所だといわなければならない。言い逃れできないかたちで、というのは『法哲学綱要』第二八〇節のように本文と、別の時期の講義の組み合わせとして現れているのではなく、同一の講義の同一の文のうちで表現されているということである。

ともあれ、ヘンリヒ編集の講義録によって、イルティングが一九七三年に提示した改稿時期真只中においても、ヘーゲルは「君主の決定の形式」を確認し、したがって自身のリベラルな思想を披露していることが明らかになるため、イルティングは改稿時期を一八二〇年初夏に修正することになった。[32]とはいえ、イルティングは、出版物に対する検閲を警戒したヘーゲルが『法哲学綱要』によって講義での自身のリベラルな思想をカモフラージュしたという見解であるから、改稿時期の修正を余儀なくされたとしても、イルティング・テーゼからすればヘーゲルが講義と出版されたテキストで二枚舌を使っていると考えられ、したがってイルティング・テーゼの全面的な批判にはならない。

第二の点、講義録と『法哲学綱要』との関係のヘンリヒによる捉え返しについても見ておこう。イルティングはこの両者の矛盾こそ、つまりリベラルでヘーゲル本来の思想が現れた講義と、検閲への警戒から復古主義的に歪曲された『法哲学綱要』という矛盾こそ、研究の基盤に据えるべきであると主張した。これに対して、ヘンリヒはこの両者を「不一致」ではなく、さまざまなバージョンによって異なった仕方で強調されることによって起こる「力点の移動」[33]と捉え、ヘーゲルの思想がもつ「二義性」を繰り返し強調する。つまりヘーゲルの主張においては、ある箇所をリベラルに考察することができると同時に、まったく同一の箇所を復古主義的なものとして解釈することもできるというのである。[34]

これまで見てきたように、新資料の刊行によって、イルティングの主張した改稿時期にも、ヘーゲルは講義では君主権に関する内容上の変更を行っていないことがわかった。ただ、ヘンリヒ編集の資料の致命的な問題は、その信憑性が低いということである。ヘンリヒ自身が指摘するように、この講義録は口述筆記ではなく、受講者のノートを受講者とは異なる筆耕者によってあとからまとめられたものであり、だからといってヘンリヒはこの資料の信憑性を疑うわけではないが、[35]ヴァイサー＝ローマンはこのテキストが寄せ集めであり、信憑性がないことを確認している。[36]なお、ヘンリヒによる新資料の刊行と同じ年にもう一つの新資料が、イルティングならびにペゲラーによって刊行された。一八一七／一八年冬学期の講義録がそれである。この講義は、第二回以降の講義がベルリン大学で行われたのと違ってハイデルベルク大学で行われたものであり、講義を行うヘーゲルを取り巻く政情にしても第二回以降のそれとは異なるとともに、第二回講義と比べて体系性の高さが指摘される。一方の編者であるペゲラーが確認しているように、寄せ集めで信憑性の疑わしい一八一九／二〇年のテキストとは違って、ヘーゲルの語りと同時進行で筆記する「口述筆記」という方法で作られたこのテキストの信憑性は十分であるとされる。[37]イルティングも、『法哲学綱要』には現れないリベラルなヘーゲルの国家論がこの講義のなかで展開されていることを、同時代の憲法政策をめぐる状況から確認し、自身の主張を補強している。[38]

第四節　リンギエ手稿の発見

講義録の編集刊行を手がけ、『法哲学綱要』ではなく講義録のうちに真のヘーゲルの思想を見いだすという論争的な主張によってヘーゲル研究に刺激を与えてきたイルティングは、一九八四年に死去した。イルティングが自身の主張を一部修正し、また一部補強したヘンリヒ編集の講義録に対して信憑性に先述の疑念が投げかけられてから数年がたった二〇〇〇年に、ヘンリヒ編集の講義録と同じ講義についての、信憑性の高い筆記録（リンギエ手稿）が刊行された。ヘンリヒ編集のテキストが、授業中のメモを第三者である筆耕者が授業後に組み立てなおしたものであるのに対して、このリンギエ手稿は「疑いなく授業中に直接筆記されたもの[39]」であることが明らかにされているため、高い信憑性が認められ、両筆記録を相互補完的に読解することが求められている。以下では、刊行されたもののうちでもっとも新しいこの筆記録を踏まえた一八一九／二〇年の講義録を検討することで、イルティングの問題提起を再考したい。

まず、「観念性」(Idealität) と「同一性」(Identität) という語に着目しよう。ヘンリヒ自身述べているように、ヘンリヒ編集のテキストの底本には、講義のメモにおいてこの二つの概念の略号が区別されていなかったため筆耕者の判断によって両概念が書き起こされることになったが、リンギエ手稿では両者は明確に区別されている[40]。ヘンリヒがヘーゲルの『大論理学』に立ち返って行う区別によれば、「観念性」については「〈観念性〉という規定が当てはまるもののなかには、実在的に規定でき、何らかの仕方で自立的でもある観点ないし規定性は何も存在しない」とあるのに対して、「同一性」は、「区別そのものをまた自らのなかに含んでいるような非-区別」であるとされる[41]。つまり、相対立する両者が見かけ上の区別にもかかわらず実際には区別されないものであることを示す「同一性」、いわば〈あるものと他のものの同一性〉であるのに対して、「観念性」においては、それだけで独立しているように見える諸々の事柄が、実際は独立したものではなく、ある一つのもののうちで統一されていること、いわば〈一における多の統一〉が示されている。そして、まさに君主についての記述に関して、ヘンリヒ刊行のテキストでは「同一性」とされている箇所が実際には「観念性」であることが明らかにされた。

そうしてみると、君主がもつ「観念性」を強調してヘーゲルが「諸権力はある統一に関係づけられており、それだけでは存立せず従属的で流動的な分肢であるというこの観念性、これが国家における主権を構成する」(GW 26/1. 540) と述べるとき、これは君主以外の諸権力の自立を否定して君主の統一に重きを置く復古的な側面の現れと見なされるかもしれない。しかし重要なのは、こうした「観念性」について、「君主が君主であるのは、自然によって、つまり生まれによってである。ここで述べられた君主の概念はまったく思弁的なものであり、観念性は直接的に自己自身と反対のものである、つまり直接的である」(GW 26/1. 543) とされる点である。君主に帰せられる観念性が「思弁的」であるとは、君主の観念が「生まれ」という自然に基礎をもつこと、すなわち世襲制を意味するが、こうした「君主の概念」に対して、「哲学」は「自由な関係」であるのに対して、「悟性」は「不自由な関係」であるとされる。ここでヘーゲルが論じる「自由な関係」が、ヘーゲルの君主権論を理解するための重要な点を提示している。

君主の概念に対する「不自由な関係」は、悟性が君主の自然性を理解せずにつぎのように考える点に現れる。つまり悟性によれば、「人間は自然的人間であるべきではなく、思考によってはじめてまさに人間であるべきなのに、君主は、たんなる自然の優越によって、力と権力における優越、ならびに外面的な名誉と栄誉における優越をもっている」(GW 26/1. 544)。しかしヘーゲルによれば、君主の世襲制つまり自然規定は偶然によるものではなく、むしろ悟性の推奨するように君主を「選挙」や「提出された意見」によって決定することこそ、「偶然」や「恣意」を免れない (GW 26/1. 548)。「君主は君主制の世襲によってはじめて、君主にふさわしい性質、つまり最終的な直接的決定を伴って現れる。したがって、こうした決定する力が他者から委ねられたものであるなら、それはたちどころに矛盾であることになる」(GW 26/1. 548)。ここにはきわめて重要なことが語られている。つまり、最終決定は、世襲という、恣意を排するための制度によって可能にされているという点である。すなわち、こうした自然性によって、君主の決定の持つ「最終性」と「形式性」の両契機が「恣意の除去」という観点から担保されるのである。最終決定は、それが本当に最終決定であるかぎり、他者から委ねられたものではありえない。その場合、君主の決定ではなく委ねる他者が最終決定をしていることになり、何ものも決定できないことになり矛盾に陥るからである。したがってこの決定は「無根拠」でなければならない。そしてこの無根拠の根拠は、自然で必然的な世襲という一切の恣意を排したものによって基礎づけられているのである。

それゆえ、「君主の名まえは、最終決定を含んでいて、表象の記号である」と述べるヘーゲルの真意は、君主の形式を強調する「リベラル」というものではなくて、まさに君主の形式が、しかもこの形式だけが、「最終決定」にふさわしいということである。君主の形式が君主の最終決定なのである。これこそ、君主の決定のうちに「思考」の契機を持ち込もうとした「悟性」ではなく、恣意を徹底的に排する「哲学」の「自由な関係」においてのみ理解できる、ヘーゲルの君主権論の核である[42]。

以上のことを踏まえれば、ローゼンツヴァイクによって「葛藤」と呼ばれ、イルティングによって「矛盾」と呼ばれ、ヘンリヒによって「両義性」と呼ばれたものを捉え返すことができる。この三者は共通して、君主が「最終決定」を行うことと、その決定が「形式的」であることの両者を、たがいにトレードオフなものとして捉えている。しかし右で見たように、形式と最終決定の契機がたがいに相いれないと考えるのは、ヘーゲルが「悟性」として退けたものにほかならない。つまり、形式の強調を取り出してリベラルだと評価することも、最終決定の強調を取り出して復古主義だと評価することのいずれも、ヘーゲルのいう悟性の立場である。君主の最終決定がもつ形式を看過して復古主義だというのは、その最終決定に恣意を紛れ込ませるものにほかならないし、君主の形式的決定の最終性を忘れてリベラルだというのは、何ものをも決定しえない矛盾にほかならないのである。

おわりに

本章では、イルティング以来の講義録と『法哲学綱要』との対立という問題提起に対して、君主権論における君主の規定に対する議論を検討しつつ、イルティングの提起する矛盾を再考し、最新の資料を通じて、これまで矛盾と捉えられた対立関係に対する別様の理解を試みた。二〇〇〇年の新資料刊行以降、二〇一五年まで新資料は発見されていないが、新しい資料が別の新資料によって再検討を余儀なくされるという更新が繰り返されてきた講義録研究においては、最終的な決定を下すのはきわめてむずかしい。いつまた偶然の発見があるかわからないからである。とはいえ、校訂版『ヘーゲル全集』の刊行によってヘーゲル自身の言葉が高い精度で再現されたことで可能になったのは、各年度の講義の流れのうちでさまざまな主題の展開と布置を確かめるということである。ある概念の変容についての、いくつかの講義を通じた発展史的な理解や、同時期の政情や政治制度との関連の解明といった課題に加えて、一つの講義の歩みのなかである概念と他の概念との連関を捉え返すこと、つまりヘーゲルの語りとともに概念の展開を追体験することが、精度の高い新しい全集の刊行を経て可能になったのである。

第七章　歴史哲学講義

中畑邦夫

はじめに

一八二二／二三年の冬学期、ベルリン大学において、ヘーゲルははじめて「世界史の哲学」の講義を行った。当時ヘーゲルは五十二歳、その後も四回、二年おきに「世界史の哲学」を講義している。一八二四／二五年、一八二六／二七年、一八二八／二九年、一八三〇／三一年の冬学期、つまり六十一歳で亡くなる年まで「世界史の哲学」の講義は続けられたのである。それ以前にも歴史はヘーゲルにとって哲学のテーマの一つではあり、たとえば『法哲学綱要』の結論部や『エンチクロペディー』第三部のなかでも、それほど大きく取扱われているわけではないが、歴史について論じられている。だがベルリン大学で講義されるようになって、いよいよ「世界史の哲学」はヘーゲル哲学の体系のなかで独自の位置を占めることになった。晩年のヘーゲルは「世界史の哲学」を論じた書物を出版しようとしていたのかもしれないと言われているが、この計画は結局のところ実現しなかった。だから私たちが現在、ヘーゲルが「世界史の哲学」として論じていた内容を知るためには、ヘーゲルが自ら書いた講義の原稿や聴講者たちによる講義の記録つまり講義録といった資料、そしてそれらを編集した書物を読むほかに方法はない。そこでまず、これらの資料やそれにもとづいて編集された書物について見ておこう。

第一節　講義録等の資料と編集された版

ヘーゲル自身が書いた講義の原稿は、現在のところ一八二二年の序論の断片、それに一八三〇年の序論しか確認されていない。

現在確認されている「世界史の哲学」の講義録は以下のとおりである。(1)

a　「世界史の哲学、一八二二／二三年、ベルリン大学、ルドルフ・ハーゲンバッハ」

b　「世界史の哲学、ヘーゲルによる一八二二／二三年冬学期の講義、グスタフ・フォン・グリースハイムによる講義録」

c　「ヘーゲル教授による世界史の哲学講義、一八二二／二三年冬学期、ベルリン大学、ハインリヒ・グスタフ・ホトー」

d　「世界史の哲学（一八二二／二三年）、H・フォン・ケーラーによる」

e　「ヘーゲルによる世界史の哲学、一八二四／二五年冬学期、H・フォン・ケーラー」

f　「ヘーゲル教授による世界史の哲学講義、一八二四年十月二十八日〔開始〕、ジュール・コレヴォン」

g　「ヘーゲルの世界史の哲学講義、エドゥアルト・エルトマンによる筆記録、ベルリン大学、一八二六／二七年冬学期」

h　「ヨーゼフ・フーベ、ヘーゲル教授の歴史哲学講義、一八二六／二七年冬学期、ベルリン大学」

i 〔F・ヴァルター〕「歴史哲学」（一八二六／二七年）

j 「歴史哲学、ベルリン大学、一八二六／二七年冬学期におけるヘーゲル教授の講義」

k 「世界史の哲学、ヘーゲル教授の講義、F・シュティーヴェによる筆記、ベルリン大学、一八二六／二七年」

l 「歴史哲学、ベルリン大学正教授G・W・ヘーゲル博士による、一八二六／二七年冬学期の講義、Stc・ガルチンスキーによる聴講」

m 「アッカースダイク、G・W・F・ヘーゲル、歴史哲学についての口述筆記、一八三〇／三一年」

n 「父の講義による世界史の哲学、F・W・K・ヘーゲル、一八三〇／三一年冬学期」

o 「歴史哲学、ヘーゲル、一八三〇／三一年冬学期」

p 〔無記名〕

なお、一八二八／二九年の講義の記録は現在まで見つかっていない。

ヘーゲルの死後、これらの講義録をもとにしてヘーゲルの「世界史の哲学」についての書物、つまり『歴史哲学講義』が四種類編集され、各々の版には編集した人物の名前が付けられている。第一はガンス版（一八三七年）、第二はカール・ヘーゲル版（一八四〇年）、第三はラッソン版（一九一七—二〇年）、そして第四はホフマイスター版（一九五五年）である。以下、各々の版について少し立ち入って見ておく。

第一のガンス版は、五学期分の講義録と、数年分のヘーゲル自身による原稿やその他の資料を編集したものである。[2] ヘーゲル自身が書いた原稿のうち、なかでも一八三〇／三一年の講義用に準備された手稿は、その一部が序論のために用いられている。

第二のカール・ヘーゲル版は、ヘーゲルの息子であるカールが、ガンス版を大幅に訂正・増補したものである。[3] カールはこの版において、ガンスよりも大規模により早い時期の講義で論じられていた思想を取り込んでいるとされている。なお、このカール・ヘーゲル版の復刻版が一九二七年に公刊されたグロックナー版であり、また、一九七〇年に公刊されたズーアカンプ版も基本的にはこのカール・ヘーゲル版に依拠している。[4]

第三のラッソン版ではカール・ヘーゲル版を大幅に改定することが試みられており、結果としてははるかに大きな版となっている。[5] ラッソンは一八三〇／三一年の序論のためのヘーゲルによる自筆原稿、グリースハイムとケーラーの筆記録（どちらも一八二二／二三年）、ケーラーの筆記録（一八二四／二五年）、シュティーヴェの筆記録（一八二六／二七年）を用いている。

第四のホフマイスター版は、序論の部分のみが『歴史における理性』というタイトルで新しく編集されて出版されたものである。[6] この版には画期的な点が一つある。それはホフマイスターが、これまで編集されてきた版の「序論」が、一八二二年の講義のための原稿と一八三〇年の講義のための原稿という、まったくの別物である二つの原稿にもとづいて編集されていることを指摘した点であり、ホフマイスター版では二つの原稿がきちんと区別されて復刻されている。また大事な点として、ヘーゲル自身が書いた原稿と聴講者による記録とが筆跡の違いによって区別されているという点がある。

これらの版に加えて、一九九六年にホトー、グリースハイム、ケーラーによる記録をもとにしてイルティングとゼールマンとブレーマーによって一八二二／二三年の講義が編集された版が、そして二〇一四年にコレンベルク＝プロトニコフによって同講義が編集された版が、出版された。[7] これらの版はヘーゲルの歴史哲学を研究する上で非常に重要な意義をもっている。[8]

これまで見てきたように、私たちが現在、ヘーゲルが論じた「世界史の哲学」について知ることができるのは、ヘーゲルの講義を記録した聴講者たち、それにそれらの記録を編集して書物にまとめた人々の努力のおかげである。しかし、やはり注意しなければならないのは、現在私たちが読むことのできる『歴史哲学講義』は、先にも述べたように、ヘーゲル自身によって書かれたものではない、ということだ。だから、それらを読むだけでヘーゲルが実際に考えていたことを正確に知ることができると考えてはならない。たとえば、聴講者たちによる講義録について、それが同じ年に行われた同じ講義を記録したものであっても、記録した人が違えば当然にその関心などによって講義の聴き方も違っているはずであり、また、たがいに異なった学期に行われた講義録を一つにまとめてしまっては、ヘーゲルの「世界史の哲学」についての考え方が年々講義を重ねているうちに変わっていった可能性が見失われてしまう、といったことがありうる。さらに編集についても、ヘーゲル自身の手による文章と聴講者たちによる講義の記録とを混同してしまっては、ヘーゲル自身の考え方がわからなくなる、さらには誤解されてしまうという恐れもある。[9]

そして実際に、誠に残念なことに、たとえばカール・ヘーゲル版にしてもラッソン版にしても、ヘーゲル自身が書いた記録と聴講者たちによる講義の記録とが区別されることなく一つの書物としてまとめられてしまっている。しかも、採用されている講義録が何年に行われた講義の記録であるのかということも考慮されていない。だからたとえば先に述べたように、最初に講義を行った頃と最後に行った頃では、「世界史の哲学」についてのヘーゲルの考え方がまったく違っていたかもしれないといった可能性も無視されてしまっている。それどころか、実際にはヘーゲルの意図していなかった考え方が編集者たちによってあたかもヘーゲル自身の考え方であったかのように表現されてしまう、つまり改竄されてしまった可能性もある。実際に、たとえばガンス版やカール・ヘーゲル版において「序論」にどれほど多くの重大な改竄がなされているのか、現在では資料にもとづいて指摘されている。[10] これらの版では、読者になんの断りもなくヘーゲル自身が書いた原稿にも講義録にもない文章が挿入されているのみならず、字句が改変されていたり段落が丸ごと別のものと置き換えられていたり、さらには原稿の文章が丸ごと削除されている箇所さえある、といったありさまなのである。[11]

このように書くと、「世界史の哲学」についてヘーゲル自身が本当に考えていたことを私たちは知ることはできないのではないかという、絶望的な気持ちにもなってくる。しかし比較的最近、ヘーゲル研究において一つの希望がもたらされた。それが、先に紹介した、一八二二／二三年の講義を再現した新たに公刊された版なのである。

第二節　ヘーゲルの歴史観

以下、新たに公刊された版で明らかになった諸々の点を参照しつつ、ヘーゲルの「世界史の哲学」についての考え方の特徴を見ていくことにする。なお、以下では新たに公刊されたこの版を新版、従来の四つの版を旧版と呼ぶことにする。

ところでヘーゲルの歴史哲学といえば、一般的に、これまでとても偏った見方をされてきた。それはたとえば、オリエント世界ではたった一人だけが自由であり、ギリシア・ローマ世界では若干の人々が自由であり、そしてゲルマン世界では万人が自由である、といった見方、あるいは当時のプロイセン王国を絶対視する国家主義を表現したものであるといった見方である。このような見方は、ヘーゲルの歴史哲学がヨーロッパを「進歩」あるいは「発展」の頂点と見なすヨーロッパ中心主義の立場の典型であるとする批判の論拠となっているものであると言えよう。ところがこれから見ていく新版は、このような一般的な受けとられ方を、さらに言えば偏見を、払拭してくれる可能性を持っている。ここではまず、そもそもヘーゲルが世界史というものをどのように考えていたのか、そのことを確認しておく。

ヘーゲルは自らが論じる世界史をある哲学的な視点から構成しようとするが、ここで哲学的視点とはヘーゲル哲学に特有の「理性」についての考え方である。このことについて、新版からわかることを確認しておく。

「理性」とは、一方では世界のうちに歴史的に現れてくる人間精神のことであり、この理性が、これもまたヘーゲル哲学に特有の「自由」についての考え方と結びつき、歴史のなかで「人間的自由の理念」となって実現される、その過程がヘーゲルの論じる世界史である。そしてヘーゲルは、このような過程としての世界史の究極目的を「歴史における理性」と名づけている（GW 27/1. 19ff.）。では、ここで言われる「自由」とはどのようなものなのだろうか。

ヘーゲルは人間の精神の自由を「自然」との関係において論じている。すなわち、人間の精神は自然の内にあるあいだは、自然と同様に「反復」と「円環」の運動の中にあって「何も新しいものは生じない」、しかし人間の精神は自然の運動から脱することができるのであり、つまり自然から自立的で自由になることができるのであり、いわば自然的なものをふるい落として理性的になってゆくことができるのだとされる（GW 27/1. 29ff.）。このように、精神は自然とは異なり、同じことの繰り返しからなる円環を脱して「変化し」、「新たな段階へと突き進む」のであり、したがって「変化はすべて進歩である」とされる（GW 27/1. 33ff.）。このように、人間の歴史が「進歩」あるいは「発展」として論じられるのはあくまでも自然との比較においてなのである。

また他方で、この「理性」や「自由」の考え方の根底にはキリスト教の考え方があることが新版を読むとはっきりとわかる。キリスト教において、神は世界の内に自らを啓示するとされているが、神はまた「人間的自由の理念」を世界史において啓示すると、ヘーゲルは考えている。このような考え方は、ヘーゲル独特の「精神」という考え方にもとづいている（GW 27/1. 16ff.）。そしてこの「精神」の考え方は、キリスト教の「三位一体」の教義にもとづいている。すなわちヘーゲルは、父＝子＝聖霊の三位一体の構造を、「父なる神」が「子」において自己分裂し、その上でヘーゲルによって「精神」としてとらえられた「聖霊」において「子」と再統一するという、一つの過程としてとらえる。つまり、ヘーゲルの論じる「精神」とはこのような過程にあるものとしての「神」のことなのだ。ヘーゲルはこのような精神のあり方を「他者において自己と同一である」と表現している。このことをヘーゲルの歴史観と関連させて表現すれば、精神は、はじめは自分にとって他者であった歴史における出来事の中に、自分自身を見いだす、ということになるだろう。ヘーゲルはこのことを「他者における自己把握」とも表現している（GW 27/1. 28f.）。

ところで、このような三位一体論とそれにもとづくヘーゲル独自の精神概念についての説明は、たとえばカール・ヘーゲル版の序論ではまったく見られない。それはこの説明が一八二二年の講義の序論にあるものであり、カール・ヘーゲル版の序論が一八三〇年の講義のヘーゲル自身による原稿にもとづくものだからである。代わりにカール・ヘーゲル版の序論にあるのは「自由の意識における進歩」についての議論、つまり、先に少し触れておいた、世界史の発展段階を自由を知る人数によって区分する、といった議論である。この議論はヘーゲル自身が書いた原稿に見られるものの、たとえばこの区別は暫定的に提示されたものにすぎないとも書かれているように、ヘーゲルはこの議論をカール・ヘーゲル版やグロックナー版を読んで感じられるように単純なものとして論じているわけではない。ここでは詳細には論じないが、その点についても「新版」ではヘーゲルの複雑な考え方を読むことができる。[12] ところで、初回の講義ではキリスト教の三位一体論にもとづくヘーゲル独自の「精神」についてははっきりと論じられていたにもかかわらず、最後の講義ではそれについて論じられてはいない。このことについては本章の最後に少し触れる。

さて、このような歴史観にもとづいてヘーゲルは「世界史の行程」について論じてゆく、つまり「世界史の哲学」の本編が語られていく。ヘーゲルはさまざまな観点から世界史を解釈していくのだが、ここではそれらのなかでも代表的な観点として、以下、「自然」「国制」「宗教」について見てゆく。

第三節　自然と歴史

先ほど、ヘーゲルの論じる歴史が精神の進歩と発展であるということを自然との対比で説明した。しかしながら、ヘーゲルの歴史において自然の意義が否定されているわけではない。このこともまた、旧版ではわかりにくかったが、新版を読むとよくわかる。[13]

前節で見たように、ヘーゲルは世界史を精神の進化・発展としてとらえようとするが、ヘーゲルの論じる精神はたんなる抽象的な観念ではない。それは現実の歴史の中で具体的に存在するのであって、精神にそのような具体的な形を与えるものが「自然」なのである。ヘーゲル自身の表現でいえば、歴史に登場する具体的な民族の精神は、特殊な・規定された精神である、ということになる。そしてそのような具体的な、あるいは特殊なかたちで規定されたあり方を乗り越えて、人間の精神は世界史において進歩・発展していく。つまり、ヘーゲルの論じる世界史において、自然には意義が認められていないどころか、自然は精神が進歩・発展していくための、いわば「土台」とされているのであって、世界史の過程が進展するために必要不可欠な条件とされているのである。ヘーゲルが自然にこのように重要な意義を与えているということも旧版では見えにくかったことであり、新版を読むとヘーゲル自身によって明確に論じられていることがわかる。

このような観点にもとづき、ヘーゲルが自然についてどのようなことを論じているのか、以下、簡単に見ておこう。「世界史の哲学」の講義において、自然は精神が進歩・発展するための「地理的条件」として論じられている。ヘーゲルは地理的な観点から「世界史の地理的な三区分」として、世界史の舞台をアフリカ、アジア、ヨーロッパの三つに区分する（GW 27/1. 81ff.）。このような地理的区分にもとづき、ヘーゲルはそれぞれの世界について地理学の観点から、そして文化論の観点から多くの非常に具体的で興味深いことを述べている。これは旧版には見られないことである。なかでもとくに興味深いと思われるものが、ヘーゲルの「海」についての議論である。

ヘーゲルは「ヨーロッパの国家は海との繋がりにおいてのみ偉大でありうる」と述べている（GW 27/1. 94）。ここで言われている「海」とはまずは「地中海」のことであって、ヘーゲルは地中海を世界史の舞台の「中心点」、そして「東西の精神的な結合点」とし、「それなくしては世界史がありえなかった、すべてのものを統合するところ」として、重要視している（GW 27/1.89ff.）。つまり、ヨーロッパ人は歴史の中で地中海を通じて他の民族と交流を続けてきたのだと、ヘーゲルは考えている。ヘーゲルによれば、そもそも海は人間に「越え出る」ことをうながすものであり、そのようなものとしての海に対する姿勢が、各々の民族の自由の意識や国制が形成されていく上で重要な意義を持つと、ヘーゲルは考えている。そして、ヨーロッパ世界でのさまざまな国々の違い、そしてアジア世界とヨーロッパ世界のあり方の違いは、海に対する姿勢の違いにもとづいていると、ヘーゲルは言う(14)。たとえばヨーロッパについては内陸に向かって広がるドイツや北イタリアが自由の意識形成にとって不利な条件であったとされ、またアジアについてはその諸民族は海に対してそもそも自らを閉ざしてきたと言われている。

先に触れた地理的な三区分と関連して、世界史は南東に昇り北西に向かって自分の中に没すると言われる（GW 27/1. 90）。このいわば空間軸における区別にもとづいてさらに時間軸に沿った区別がなされる、つまり通常の意味で歴史的な区分がなされる。それが四つの時代から成る「世界史の区分」であって、この区分において世界の歴史が「国制」の観点から論じられる。

第四節　国制と歴史

ヘーゲルは四つの時代からなる「世界史の区分」を、個人の成長過程にたとえて論じている。このことを新版で確認しておこう。第一段階は「東アジア」で「幼年期」にたとえられる。ここにおいて、国家の内には対立はないが、だからこそそこには「発展」がないのであって、「永遠に同じ」あり方が続くとされる。これはまさに先に触れた「自然」の状態にあたるわけである。第二段階は「中央アジア」で「少年期」とされる。そこには個人というあり方の「予感」はあるものの、それはまだ「力を欠いている」とされる。第三段階は「ギリシア世界」と「ローマ世界」である。ギリシアは「青年期」とされ、「美しい自由の国」であると言われる。そこにおいて個人は共同体との統一において、つまりヘーゲルが「人倫」と呼ぶものにおいて自由を感じている、しかしながらそれは「早々と枯れていく花」のようなものとされている。ローマは「壮年期」とされる。つまりローマ帝国では、皇帝が支配する「世俗的な領域」に対して、キリスト教という「精神的な領域」が現れるとされる。第四段階は「ゲルマン世界」であり「老年期」とされる。ここではキリスト教と世俗の権力つまり国家とが「最高の闘争」の状態にあるが、しかしながら両者の「和解の原理」もまた見いだされるとされる（GW 27/1. 96ff.）。

ヘーゲルはさらに、このような「世界史の区分」に三つの「国制」の違いを重ねていく。すなわち、オリエントの世界は族長制によって、ギリシア・ローマの世界は貴族制と民主制によって、ゲルマンの世界は立憲君主制によって、それぞれ特徴づけられるのである。これらの国制はただたんに並置されているのではなく、「人間的自由の理念」の発展をなすものであるとされる。

さて、このような発展段階をいわば見取り図として「世界史の行程」が論じられていくのであるが、とりわけヘーゲルが大きな関心を抱いて論じているのはゲルマン世界であり、さらにヘーゲルがキリスト教と国家との「和解」の場としたドイツである。そこでここでは、ヘーゲルが論じているドイツ人の特徴を見ておくことにしよう。

ヘーゲルはドイツ人の特徴をなすものが「個人の自由」であるという。そしてドイツ人のこのような側面が個人を超えて社会的な関係へと進展し、そこに「国家の始まり」が見られるという（GW 27/1. 405ff.）。ヘーゲルはこの「国家の始まり」のイメージを、ゲルマン世界の初期の共同体に見られた「民会」から得ている。そこでは共同体のメンバーの自由意志にもとづいて選挙が行われて首長が選ばれたが、そのような選挙制度が「個人の自由」を保証していたとヘーゲルは考えるのである。なお、このようにヘーゲルが民会に注目していたことも、新版ではじめて明らかになったことである。[15] また新版を読むとヘーゲルが、このように共同体において個人が自由であるというドイツ人の固有性と、ローマ世界から受け継がれたキリスト教的な自由のあり方とが「ゲルマン世界」で結びつくと考えていたことがよくわかる。

そして、これはヘーゲルの歴史観の独特の点なのだが、国制の進歩や発展は宗教の進歩や発展と不可分なのである。そしてこのことがまた、ヘーゲルの「世界史の哲学」の大きな問題でもある。次節では「宗教」の観点からヘーゲルがどのようなことを考えていたのかを見たうえで、その問題について考えていく。

第五節　宗教と歴史

前節において、ヘーゲルが国制の進歩・発展を四つの時代から成る「世界史の区分」にもとづいて論じていることを見た。この区分にもとづいて論じられているのは、国制についてだけではない。ヘーゲル哲学に独特の「精神」もまた、この区分に沿って進歩・発展するとされている。つまり、ヘーゲルは先に見たキリスト教の三位一体的過程がこの区分に沿って実現されると考えており、キリスト教の原理が実現していくうえで、十字軍、宗教改革、フランス革命の三つにヘーゲルは重要な意義を見いだしている。以下、ヘーゲルが宗教の進歩・発展について、そもそもどのように考えていたのかを、新版で確認していく。

ヘーゲルは、オリエント－ギリシア－ローマの各々の世界の精神的・宗教的あり方を、一方ではもちろん批判的に論じているが、しかし他方では、それらの中にもキリスト教につながるという意味で肯定的な要素を見いだして評価している。つまり、オリエント世界で見いだされた肯定的な要素がギリシア世界に受け継がれて新たな精神的なあり方が生まれ、さらにそれがローマ世界に受け継がれてキリスト教が成立したと、ヘーゲルは論じているのである[16]。そしてさらに、キリスト教はローマ人からゲルマン人に受け継がれることによって、その原理がしだいに実現していったとされる（GW 27/1.416ff.）。そして、「神聖ローマ帝国」という中世の時代を経て、「宗教改革」において宗教が国家を基礎づける、というように歴史は展開するとされる。

ここで宗教改革に重要な位置づけが与えられていることからもわかるように、宗教と国家の関係、あるいは国家におけるキリスト教の原理の実現は、先にも触れたようにドイツにおける重要な問題であるとヘーゲルは考えていた。そして当時のドイツ、とくにプロイセンは、宗教改革を起点としてキリスト教の原理が実現へと向かっているという点で世界史のなかで特権的な位置にあり、なおかつヘーゲルが高く評価しているフリードリヒ二世によってプロテスタントの立場に立つ国家のなかでも中心的な位置にあったとされている。しかし、ヘーゲルはけっして状況を楽観的に考えていたわけではないということが、新版とヘーゲル自身が書いた一八三〇／三一年の講義の原稿とを比較するとよくわかる。

一八二二／二三年の講義では、ヘーゲルはいわばプロテスタント中心主観に立って、フランス革命をはじめとするラテン系諸国での革命やそれを導いた啓蒙主義をあまり高くは評価していなかった。つまり、ドイツをはじめとするプロテスタント諸国では宗教改革と同時に政治的革命も行なわれたのに対して、フランスをはじめとするラテン系諸国では宗教改革なしに政治的革命だけが起こったのであって、宗教の変革なくして真の政治的変革は成功しないと、ヘーゲルは語っていたのである（GW 27/1. 460）。ところが、切迫した時代状況と思索の深化にともなって、革命を導いた啓蒙思想へのヘーゲルの評価は変化してゆく。すなわち、このこともまた旧版ではわかりにくくなっているが、ヘーゲルは最終講義に向けてしだいに、啓蒙思想とそれに続く革命にも宗教改革と同じように意義を認め、それらもまた人間的自由の理念の発展過程の中に位置づけるようになっていったのである[17]。ヘーゲルは最終講義において意志の自由について語る際に、フランスでは啓蒙思想家たちのなかでも重要な人物であったルソーが、そしてドイツではやはり啓蒙を論じたカントが、それぞれその原理を確立したと語っている。つまり一方で、ヘーゲルは革命へとつながる思想とプロテスタンティズムにとどまる思想との両方をともに人間的自由の理念にかかわるものとして同様に評価している。しかし他方で、ヘーゲルによればルソーの思想にしてもカントの思想にしてもともに欠陥があるのであって、そのようなものとして両者ともにいまだ発展の過程の中にあるものとされているのである[18]。

また現に、当時のウィーン体制の盟主でありカトリックの立場に立つオーストリア帝国と、ヘーゲルがプロテスタント国家の中心に位置づけていたプロイセン王国との対立にも現れているように、ゲルマン世界には宗教にもとづく国家の対立が厳として存在していた。そのような状況のなか、「世界史の哲学」をはじめて講義した頃のヘーゲルは、プロテスタンティズムにおける自由の精神が国制において実現されることを、つまり国家とキリスト教との和解を理想としたにちがいない。しかし最後の講義の頃においても、そのような和解が積極的に主張されることはなかった、いやむしろ、政治に関わるテーマとして革命にも積極的な意義が認められている以上、そのことのむずかしさが強調されているといってもよいだろう。このように宗教の問題は、政治のあり方と関連づけて考えられたとき、大きな問題となる。

おわりに

前節の最後に、ヘーゲルが「世界史の哲学」の最終講義において、宗教と国家の問題について、何か積極的な回答を論じていたわけではない、ということを見た。私たちはこのことをどのように受け止めたらよいのだろうか。このことは一方では、たとえばプロイセン王国を絶対化する国家主義といった、従来のヘーゲル歴史哲学のイメージとはまったく無縁なのであって、私たちはここからヘーゲル歴史哲学の新しい見方を作っていかなければならないといえるだろう。そしてさらに他方で「世界史の哲学」の講義がこのように問題を示して終わっているということ自体に、新たな出発点としての積極的な意義が認められるのではないだろうか。

ヘーゲルは「世界史の哲学」の最終講義でつぎのように語っている。「いまはじめて人間は、思想が精神的な現実を支配すべきであるということを認識するに至った。これは輝かしい日の出であった[19]」。ここで思想と呼ばれているものとは何だろうか。ヘーゲルが啓蒙思想を積極的に評価するようになったことを考えると、そして最後の講義においてキリスト教の三位一体論について論じられなくなったことを考えると、それはもはや宗教ではないだろう。ここで思想と呼ばれているものは「世俗的な知」、すなわち哲学であり、それが精神的な現実を支配するとは、哲学によって現実の中に人間的自由の理念を把握することなのであって、それこそがヘーゲルが最後の講義で示した課題なのであった。そしてそのような把握の運動は、ヘーゲルの時代になってはじめて「日の出」を迎えた、つまり始まったばかりであると、ヘーゲルは考えていたのである。私たちの生きる現代に至るまでに、この課題はどれだけ応えられてきただろうか。時代の中で新たな課題を見いだしていく、そのようなヘーゲルの歴史に対する姿勢を私たちもまた共有しなければならない、そのように考えられるのではないだろうか。

第八章　美学講義

瀧本有香

はじめに

ヘーゲルの『美学講義』に関しては、ズーアカンプ版『ヘーゲル全集』に収められているハインリヒ・グスタフ・ホトー（一八〇二―七三年）による編集のものが長らくテキストとして使用されてきた。しかしながら、これは複数年なされたヘーゲルの美学講義を一つにまとめたものであり、それゆえ各年度の違いがわからない仕上がりになっている。また、ホトーによる加筆修正も多分に含んだものであるため、近年では、各年度の『美学講義』の筆記録の編集が進められ、ヘーゲル美学の見直しが行われている。

ヘーゲルは、まず一八一八年にハイデルベルク大学ではじめて『美学講義』を行った。この際、ヘーゲルは口述筆記のためにノートを作ったとされているが、現在そのノートは行方不明であり、またこの講義の筆記録も発見されていない。そのため、ハイデルベルク大学での講義がどのようなものであったのかはわからない。

その後、ベルリン大学でヘーゲルは一八二〇／二一年の冬学期に『美学講義』を行い、このときにまた新たにノートを作ったとされる。ヘーゲルは、一八二三年の夏学期、一八二六年の夏学期、一八二八／二九年の冬学期にも『美学講義』を行うことになるが、それらすべてでそのノートを用いたと考えられている。だがもちろん、学期によっては内容の変更もしており、ヘーゲルは多くのメモをノートに書き込んでいったとされる。このベルリン・ノートは断簡として残されているものの、ノートそのものはこちらも行方不明である。

ヘーゲルの死から四年後の一八三五年、ホトーは『美学講義』をまとめ、その後少し改訂した第二版を出した。これがヘーゲルの『美学講義』のテキストとなった。ホトーはベルリン・ノートと各学期の学生のノートを資料にしてまとめたが、しかし、一八二〇／二一年のものは資料にしなかった。それは、ホトーが一八二三年の講義において本質的な改訂がなされたと考えたからである。ホトーは自らも美学者であり、ヘーゲルの死後ベルリン大学でヘーゲルの『美学講義』を引き継ぐこととなる。『美学講義』の編集に関してホトーは、多くの資料を考慮して、ヘーゲルの思想を正確に伝えることに努めた。その功績は大きく、ベルリン大学でホトーが一八三三年の夏学期に行った美学講義の講義録[1]を見ると、その項目分けは一八三五年に彼が編集したヘーゲルの『美学講義』の項目分けと類似している。ヘーゲルの『美学講義』はとても体系立ったものだという印象がもたれているが、それはホトーによって仕上げられたものである。その一例を示すと、『美学講義』では、理念の規定のあとに「美の理念」という項目で、美と真理が一致すること、また「概念と概念の実在との統一」としての理念の定義は「概念と客観の統一」とも言い換えられるとの説明がなされたうえで、「自然美」が章を分けて論じられている。だが、このような理念の規定についての記述のもととなっている一八二三年の筆記録を見るかぎり、理念の規定から自然美の考察のあいだに、美と真理の関係は語られていない。つまり、本来は理念の規定から有機体論につながっていたことが、『美学講義』では読み取れないような構成となっている。この箇所についてホトーによる『美学講義』の講義録を見ると、その項目分けはヘーゲル『美学講義』のように、第一章「美の純粋な概念」のあとに第二章「自然美」が来ている。こうしたことから、ホトーが編集したヘーゲルの『美学講義』と、ホトーの『美学講義』との類似が認められ、本来ヘーゲルが行っていた講義よりも、より体系立てられたものになったといえる。
そのため、ヘーゲルの『美学講義』の内実も、また学期ごとの違いをも検討するうえで、各学期の筆記録を参照し、あらためてヘーゲル美学を読み解く必要があるといえる。本章では、まずは現存する筆記録の状況を確認して、そのうえで各学期の筆記録を見比べて講義の変遷を追いながら、ヘーゲルの『美学講義』について検討を進めることとする。

第一節　ヘーゲル『美学講義』の筆記録について

一八二〇／二一年冬学期に、ヘーゲルの『美学講義』は毎週五回行われていて、ヴィルヘルム・フォン・アッシェベルクによる筆記録が残されている。だが、この筆記録はアッシェベルク一人で書かれたものではない。ザックス・ファン・テルボルクという学生も途中で十ページほど書いており、アッシェベルクは途中で講義に出なくなり、ミッデンドルフという学生のノートから書き写している。また、その文章もきちんと精査されてはおらず、ヘーゲルが口頭で間違えたのか、作品の詳細に関する部分で誤りも含むものとなっている。しかしながら、一八二〇／二一年の筆記録は失われたベルリン・ノートを用いての最初の講義であるため、ノートの構成を知る重要な手がかりとなる。

一八二三年夏学期には、ヘーゲルの『美学あるいは芸術哲学講義』が毎週四回行われている。筆記録として残されているのは、ホトーのものだけである。一八二〇／二一年のものと比べると、ホトーはとても丁寧な筆記録を残しているといえる。ホトーは、たんなる筆記録ではなく、欄外注も入れて忠実にヘーゲルの考えをテキストとして整えようとしていたと見受けられる。なお、一八二〇／二一年と一八二三年の筆記録はそれぞれ出版されており[2]、二〇一五年には二つを合わせてアカデミー版『ヘーゲル全集』第二十八巻に収められている。

一八二六年夏学期には、ヘーゲルの『美学あるいは芸術哲学講義』が毎週四回行われている。この学期の筆記録が現在のところもっとも多く発見されている。そのうち、プフォルテンによる『芸術の哲学』と題された筆記録と、ケーラーによる『ヘーゲルの芸術哲学あるいは美学――一八二六年夏学期』と題された筆記録が出版されている。[3][4] そのほかには、アーヘン市立図書館所蔵の筆記者不明の筆記録、ポーランドの詩人ガルチンスキーの筆記録、グリースハイム、レーヴェの筆記録も残されているが、これらはまだ刊行されていない。プフォルテンの筆記録は一八三ページと分量としては少ないが、とても正確なテキストといえる。最初のほうにコメントの欄外記入がなされて、またところどころ日付が打たれている。ケーラーの筆記録は四五九ページととても多いものの、文章としてはきちんと整えられていなかったが、編集の際には修正を加えられている。

一八二八／二九年冬学期に、ヘーゲルの『美学あるいは芸術哲学講義』が毎週五回行われている。筆記録としてはリベルト、ロラン、ハイマン、筆記者不明のものが残されている。このうち、ポーランドの教育学者であり哲学的作家のカロル・リベルトのものがクラクフ国立図書館に所蔵されている。これは途中で別人による筆記が含まれており、ヘーゲルの思想を的確にとらえたものではない。リベルトによる筆記録は一般部門の箇所だけが刊行されている。[5]

第二節　ヘーゲルの『美学講義』について

筆記録と編集状況を確認したので、つぎに、各学期の筆記録をそれぞれ照らし合わせながら、ヘーゲルの美または芸術とはいかなるものかを検討していく。ここでは、『美学講義』の序論と一般部門の記述からいくつかの論点を取り上げてみたい。

1　美の規定

ヘーゲルは『美学講義』の一般部門を、美そのものの規定から始める。美は、概念と概念の直接的な現存である実在との統一であると規定され、理念そのものとなる。美とは「外的な現存、すなわち感性的な表象における真理」(GW 28/1. 24) であり、概念と実在の統一が感性的に現れるとき、美として直観される。実在とは、それ自体で個別的で多様な現存を持つが、概念とふたたび統一されることで理念となる。このように有機的な統一を持つ生きたものは、それ自身で理念をうちに含むものとなる。「理念は、その本性から、自然に生きているもの一般、美としてかかわりを持ち、美は生きたものと一致する」(GW 28/1. 258)。

このような美の説明は各学期に共通してなされるものであるが、そこから展開される内容は各学期において異なっている。一八二〇／二一年の『美学講義』には「自然美と芸術美の区別」という項目において、自然の美しさとして有機体について論じられる。「自然、生きているものは、また美しい」(GW 28/1. 35) とし、有機体である動植物は、それが生命を持っているがゆえに美しい、といわれる。ここでヘーゲルは植物を例に挙げて説明していく。植物の葉や花、においなどは、内部から規定されており、外部からいかなる影響も受けずにある。すなわち、植物は「あるべきようにある」のである。動物も、形態は外的なものによって規定されているわけではなく、自らの形態そのものを生み出していると述べる。つまり、動植物においては「概念と実在の調和」があるがゆえに、自然は美しいのだといえう。しかし、動物が何も脅かされない環境のなかにいれば、概念と実在の調和は保たれるかもしれないが、周囲の環境が変わるとうまく適応できずに、生命の危機に瀕することは起こりうるだろう。もちろん動植物は、外部からの関係づけによって壊されかけた自らの構造を、再生しようとする力を持つが、その力もしだいに衰えて萎縮し、やがては死んでいく。このような事態を指して、ヘーゲルは「生きているものはつねに美しいとは限らない」という。しかし、芸術は時間を超えて美を保つことができる。そこからヘーゲルは、自然美に対する芸術美の優位を論じていくわけであるが、自然の美しさに関する論述は一八二三年の『美学講義』でより詳しく論じられる。

一八二三年の『美学講義』では、自然の美を感じ取る主体、つまり感受性のありようが詳細に論じられる。そこでは、自然の美しさは内的なものであり、隠されたものであるため、直観としてその美を感じ取ることはできないと述べられる。だが、ヘーゲルはあくまでも、美しさを認識するにあたって思考を介さない方法を求める。概念がうちに閉じ込められて、直観にとって隠されたものとなっている自然の美しさは、その構成の統一原理を見いだすことのできる知識を前提しなければ、現れてこない。そこでヘーゲルは、自然の美しさを認識する直観として、「聡明な（sinnvoll）直観」[6]を提示する。ドイツ語においては、「感覚」と「感受性」を意味する語（Sinn）が、「感性的なものの他者である内的なもの、思考、事柄の普遍」も意味する（GW 28/1. 268）。この感性にかかわるものでもあり思考にかかわるものでもあるという、相反する双方を含意する語にヘーゲルは着目し、その双方の性質を持った直観を「聡明な直観」と名付け、自然を美しいとみなす認識のあり方を説明する。すなわち、自然を美しいとする認識を感性的で直観的なあり方と、概念把握する思考的なあり方とが組み合わさったものと考えるのである。自然の有機体は、自分のなかにある魂、つまり概念と概念の実在の統一という美しさを自分に対して表象することはできないから、人間は直観的にその美しさを受け取ることはできない。しかし、そうした統一を有機体がうちに含むという「内的な連関があることに感づく」ことによって、自然の美しさを感じ取ることができる。こうしたあり方が感覚と考察を合わせ持つ聡明な直観であり、ヘーゲルにとっては、こうした直観のみが自然の美しさを認識する方法となりうる。

では、芸術においてはどうであろうか。ヘーゲルは、美の概念を「仮象」と関連させて、つぎのように述べている。「美は仮象から出てくるものであり、美において存在は仮象として設定される」（GW 28/1. 24）。ここで言われている仮象とは、真実と対立するようなあり方ではない。ヘーゲルは仮象を「本質そのものの本質的な契機」（GW 28/1. 219）、つまり、表現された内容の本質的なものの現れと見なす。芸術家は実在のたんなる存在を、直観によって実在を明らかにする仮象として設定することで、理念を外的に感性的に認識できる現象へともたらす。このようにして自然とは対照的に、芸術は仮象というあり方を通して、表現された内容としての理念を直観によって認識することができる。

こうした美を感じ取る側面からも、ヘーゲルは芸術美を自然美よりも優れたものと見なし、理想としての美は芸術において現れるものとする。そして『美学講義』においてヘーゲルは、芸術に焦点を当てて論じていく。一八二〇／二一年と一八二三年の筆記録では、このような自然の美しさについての論述があるが、一八二六年と一八二八／二九年の筆記録では詳細に論じられておらず、聡明な直観についても論じられていない。美の規定が理念や生との関連でそれまでのように述べられているものの、一八二六年になるといっそう芸術美に焦点を当てて論じていくようになる。

2 芸術の目的

つぎに、ヘーゲルの芸術論のなかでも、序論で触れられていた「芸術の目的」について見ていきたい。ヘーゲルは、芸術の目的として、自然の模倣、情熱の惹起、道徳的目的の三つを挙げている。三つの目的への言及は、一八二〇／二一年と一八二三年においてもなされていたが（GW 28/1. 6ff., 239ff.）、一八二六年でもっとも詳しく論じられることになる(7)。

まず、自然の模倣に関してだが、芸術作品を製作するうえで、その題材となるものをたびたび人は自然のなかに見いだし、それを巧みに模倣し、自然の美しさを再現するような作品として作り上げる。これは一般にもよくあることで、人間は自然を模倣する腕を磨こうとする。だがヘーゲルは、芸術の目的が自然の模倣となることに肯定的な評価をしない。それはたんなる技術としての芸術という側面に傾倒し、あるがままのものを直接的に表現することだけが目的となってしまうからである。あくまでも、芸術においては精神的なものが契機となっていなければならない。だからこそ、自然の模倣よりも高次の芸術の目的として、情熱の惹起が挙げられるのである。

芸術作品に接すると、人は自らの心が動かされ、満たされることを期待する。それはすなわち、芸術作品の内容が、人の感情を動かすような題材であることを望んでいるからである。だが、芸術によって私たちの感覚が興奮させられることもあれば、私たちの精神が消耗させられることもある。また、芸術は人々の内面を動かす力を持ってはいるが、芸術の内容が悪い行為に情熱を注がせることもある。ヘーゲルはこれを「芸術の詭弁」と呼び、人々の感動を呼び起こすことのみを目的とする芸術のあり方に警鐘を鳴らす。

そこで、より高い目的として、道徳的目的が挙げられることとなる。芸術によって情熱が引き起こされるとき、同時に芸術によって情熱は浄化されることもある。この浄化によって道徳を生み出すことが芸術の目的となる。たとえば、ある歴史的で具体的な表現から善いとされる道徳が見いだされるような絵画がそうである。芸術において、道徳は法則として表現されなければならないわけではないものの、しかしながら、なんらかの仕方で道徳を人々が把握できるように表現されなければならず、またそこで教訓と法則は確定されなければならない。

ここでヘーゲルの議論は道徳へと移っていく。道徳とは、意志の法則が呈示される形式を持ち、確信と絶対的な法則としてある。私たちは、法則の形式を区別する理性的な面を持つ一方で、傾向や情熱といった感性的な面をも持っている。道徳的な立場に人がいるとき、人は法則を知り、法則に従って行動を決定するように、自らの内面にある傾向と戦う。このようにして法則は、人々の心情一般といった自然な意志と対立するが、こうした対立は、たんに個人に限られたものではなく、また、道徳が問われるときに限られたものでもない。そうではなくて普遍的なものでもあるから、すなわち対立は、普遍的なものと特殊的なものとの対立であり、義務と心情との対立、また必然と自由との対立でもある。抽象的な概念や法則と人間の生き生きとしたあり方とのこうした対立のなかで人間は制限されている。この対立や矛盾が解消するところを示し、両者の和解を実現するところを示すことが、近代における哲学の課題であると、ヘーゲルは見なしている。

道徳に関する考察から到達した高い視点から省みて、もう一度、芸術の目的を考えるならば、芸術の目的とは、道徳だけでは汲み尽くせないものを含んでいるのがわかる。すなわち、たんに道徳という理性的な側面に焦点を当てるだけではなく、人間に生来的に備わる感性的な側面との統一したあり方が、芸術において成立していなくてはならない。そのときに、芸術は美しいと表現されるのである。ヘーゲルにおいて、芸術は哲学と同じく絶対精神の一つとされたことからもわかるように、あらゆる対立を統一に導くものである。すなわち、芸術の目的とは、普遍と特殊ないしは個別、必然と自由、客観と主観、理性と感性といった人間をとりまく対立を和解し、統一することであり、またその統一が実現されたところに美が現れるのである。

3　カント批判

このようにヘーゲルは、道徳が第三の芸術の目的として挙げられ、最終的にはその目的を乗り越えることを目指したわけである。だが、一八二六年の『美学講義』でヘーゲルは、道徳という観点から、カント哲学について論じていく。カントへの言及は、一八二〇／二一年にもなされていたが（GW 28/1. 8ff.）、一八二六年ほど詳しいものではなく、一八二三年では論じられていなかった。

カントにおいて道徳の立場は最高のものとして重視されたが、美において普遍と特殊、必然（自然）と自由の対立の解決を試みたものの、それを果たせなかったと、ヘーゲルは評している。カントは『判断力批判』における美の考察のなかで、対立の抽象的な解決方法を主観的に示しただけだった。これがヘーゲルのカント理解である。それでは、統一が目指されたとしても、主観と客観、感性と理性の対立構造が残されたままだったことになる。カントにおいてももちろん、対立は統一に向かうように努められるのだが、しかしそうした美しい芸術が生まれることは偶然にとどまっていた。

美しい芸術は偶然的なものである。これは、『判断力批判』の天才論を示唆している。カントにおいて、快の感情を生み出す美感的技術は、たんなる感覚としての表象に快がともなう「快適な技術」と、感官感覚ではなく反省的判断力を基準とする「美しい技術」に区別される。芸術を意味する後者は、「天才の技術」と呼ばれる。技術は規則を必要とするが、しかし芸術においては、規則に則っていながらも、製作者も鑑賞者も規則に縛られずに、悟性と構想力の「自由な遊戯」による調和によって快を感じるときに、美しいと呼ばれるのである。自然のように見られなければならない芸術は、規則を与える天才にのみ可能となる。だが、天才とは持って生まれた素質であって、規則や理念を自分がどのように生み出したのかを知らない。また、他の人々が同じものを生み出すことができるように伝えていくこともできない。このように限られた天才という製作者の手による作品しか、芸術と見なされないのであり、美しい技術とみなされないのである。このことから、ヘーゲルはカントの述べるところの美しい芸術を偶然的なものだと批判したのであった。

もっとも、カントが道徳を美において論じるとき、それは、芸術よりも自然の美しさを語り、自然の崇高さと関連づけられることが主である。そのため、ヘーゲルが芸術の目的として道徳性を挙げたのと同じようにカントも述べていたと誤解してはならない。カントは、『判断力批判』の第四二節「美しいものに対する知性的な関心について」において、つぎのように述べている。「自然の美に直接的な関心を持つことは、つねに、よい魂の一つの特徴を示している。また、この関心が習慣となるならば、この関心は、自然の観照と好んで結合すれば、道徳的な感情に似つかわしい心の調和を少なくとも指示している」。さらに、美しい形態が自然一般のうちで失われることを厭う人は、自然の美に対して何ら目的を持たないような、直接的な、しかも知性的な関心を持つと述べている。このように直接的な関心を引き起こすものが自然の美であり、この点からすれば、形式という観点からは芸術美には及ばないものの、自然美は芸術美よりも優れている。カントは形式から見て芸術美が自然美に優っていることを認めるが、しかし芸術に対して美を見いだすことは、鑑賞者が美しく感じるように魅力的に作ろうとする製作者の意図があるために、当然のことであるとする。むしろ、そうした意図されて作られた美しさに惑わされずに、自然の美に対して関心を持つことができるほうがより素晴らしく、こうした人は「よい道徳的な心術へと向かう素質がある」と言われる。また、自然の美しさへの直接的な関心があることは、あらゆる人に備わっているのではなく、「考え方がよいものへとすでに成熟している人、あるいは、この成熟に優れて敏感な人にのみ固有のものである」とされる。もちろん、こうした直接的な関心は、道徳的な判断の関心とまったく同じものではない。なぜなら、道徳的な判断の関心は、客観的な法則にもとづく関心であるのに対して、直接的な関心は、趣味判断の一つとして自由な関心にもとづくものだからである。

カントは、美と道徳を等しく結んでいたわけではないものの、道徳を備えていることが自然美を感じ取る素質があるとして、よいこととして論じていたわけである。

自然美は芸術美よりも優っているというカントの主張は、ヘーゲルの主張と対立するが、ヘーゲルは、カントを真っ向から否定したわけではなく、カントの『判断力批判』の議論を念頭に置きながら、自らの論を組み立てていった。ヘーゲルは、一八二〇／二一年の『美学講義』で、『判断力批判』における美の四つの契機を論じて、一つずつ反論を加えている（GW 28/1. 28ff.）。そのなかでヘーゲルは、美は概念を持たずに必然的に適意の対象であるというカントの論に対して、つぎのように述べている。趣味判断とは、認識判断のように客観的な原理を持たず、かといってたんなる感官による趣味判断のようにあらゆる原理を持たないわけでもない。趣味判断とは、ある主観的な原理を持っていなければならず、概念によるものではないものの、それでも普遍的に妥当するものである。これについてヘーゲルは、一般的に必然とは、あるものが設定されるとき、それが他のものからの帰結によってあることを含意している。すなわちそれは、理由と結果の関係である。カントは、美はある必然的な適意の対象であるとしたが、しかし、それは概念を持たない適意である。それゆえに、ここで述べられる必然は特殊なものであって、因果関係によって説明できるものではない。美しいと感じるときの判断は、規定された概念から導き出される客観的な判断ではない。そのため、ここでの必然とは、自分と美しいものとの必然的な関係を意味する主観的必然だとヘーゲルは述べる。

けれども、こうした美の主観性をヘーゲルは否定したわけではない。美は感覚によって受け取られるものであるため、主観的な側面をまったく無にすることはできない。しかしながら、感性と理性、主観と客観といったあらゆる対立を統一に導くものとしての美を学問として設定するために、ヘーゲルは美を客観的に論じる方法を探求し、主観と客観の一致としての美を打ち立てようとした。こうした観点のもとで、ヘーゲルは一八二六年の『美学講義』で、カントに多くを依拠しながらも、人間らしさを養成する歴史という観点から、美の重要さを説いたシラーについて論じていく。

4　主観と客観の統一

ヘーゲルが一八二六年の『美学講義』で、シラーの美学で注目すべき点として取り上げているのは、シラーが全体という観点をもって国家について言及したことである。シラーは『人間の美的教育について』の第四書簡で、つぎのように語っている。「各個人は、その素質と使命から言えば、自己のうちに純粋な理想的人間を持っており、変転する自己のなかで、その不変の統一に合致することが人間存在の大いなる課題である[8]」。そして、この純粋な人間は、客観的で規範的な形式である国家によって代表されるという。国家の形式において、多様な主観は一つにまとめられるが、ではどのようにして時間のなかにある人間が、理念のなかにある人間と一つになり、そして、国家が個人のなかで自分を主張できるのだろうか。それは、つぎの二つの方法で考えられる。一つは、純粋な人間が経験的な人間を抑えつけ、国家が個人を廃棄してしまう方法であり、もう一つは、時間のなかの人間が理念のなかの人間へと自分を高める方法である。このうち後者の方法によって、つまり個人が廃棄されない方法によって個人と国家が調和され一つになることが目指される。

ヘーゲルは、こうしたシラーの論理を引いて、個人と国家の統一、それは感性と理性の統一でもあり、その統一を可能にするものとして美の重要性が説かれたことに賛同する。こうして主観的で多様な個人が客観的な国家に一致することは、ヘーゲルによれば、「民族の精神」が表象されることを意味する[9]。それは、ヘーゲルが『美学講義』において、芸術形式の展開を歴史的な民族精神の現れとして論じたことでもある。シラーが主観と客観の一致、感性と理性の一致に導くものとして美を論じ、また個人と国家といった見地にまで至っていることを、ヘーゲルは評価していた。それはまた、ヘーゲル自身の美学を構築するさいに、大きな影響を与えるものであった。

おわりに

ヘーゲルは、同じノートを使って『美学講義』を行っていたが、はじめに述べたように学期ごとの違いも見られる。たとえば、一八二八／二九年の『美学講義』の一般部門には、これまで論じられなかったネーデルラント絵画への言及がある。以前からヘーゲルは、ネーデルラントの風景画や世俗画を高く評価しており、それらは絵画論の箇所で論じられていた。それは、ヘーゲル美学においてよく知られている「芸術の終焉」以降の新たな芸術とも見なされていたが、一八二八／二九年の『美学講義』では、ネーデルラント絵画において理想としての美が現れていると一般部門で早くも位置づけられていた。このことから、晩年にいかにヘーゲルがネーデルラント絵画を重視していたかが見て取れる。

たしかに、ホトーが編集した『美学講義』はヘーゲル美学を総合的に知るうえでは役に立つだろう。しかし、各学期の筆記録を参照しながら、あらためてヘーゲルの『美学講義』を見直すと、ホトーによって体系立てて仕上げられたテキストでは見えなかったヘーゲル美学を再解釈することができるのである。

第九章　芸術哲学講義

片山善博

はじめに

本章は、ホトーが編集したヘーゲル『美学講義』の第三部「個々の諸芸術の体系」に該当する箇所について、講義録研究の視点から再検討したい。ヘーゲルは、ベルリン時代に『美学』あるいは『芸術哲学』に関する講義を、四学期にわたって行っている。一八二〇／二一年の冬学期、一八二三年の夏学期、一八二六年の夏学期、そして一八二八／二九年の冬学期である。最初の三学期までの講義時間は、週四時間であり、最後の学期の講義のみ、週五時間であった。また、最初の三学期までの講義内容は、「一般部門」と「特殊部門」の二部構成であるが、最後の学期の講義では、一八二七年に大幅に改定された『エンチクロペディー』の構成に従って、三部構成になっている。本章で扱う諸芸術の体系の分析は、第三回までの講義では「特殊部門」として位置づけられていたが、第四回の講義では、「一般部門」が二つに分割され、これまで「特殊部門」とされていた諸芸術の体系部分は「個体部門」に位置づけ直されている。

ところでホトーによる『美学講義』の編集については、これまでさまざまな疑念が持たれてきた。講義録の研究はこうした疑念を確認するものでもあった。本章では、講義録研究から見えてきた『美学講義』の編集に対する疑問、そして一八二三年の講義録における「特殊部門」の内容、最後にいわゆる「芸術終焉論」について考察してみたい。

まず、第一節では、『美学講義』に対する批判を取り上げ、イェシュケとゲートマン＝ジーフェルトの見解を拠りどころとしながら、ホトーによる編集の問題点を明らかにする。第二節では、一八二三年の講義録を中心に、本章での対象となるさまざまな芸術ジャンルを扱った部分である「特殊部門」の概要を述べる。第三節では、いわゆる「芸術終焉論」について、講義録の視点からあらためて考察してみたい。ヘーゲルの『美学講義』の講義録研究は、ドイツではゲートマン＝ジーフェルトを中心にして幅広く行われているので、本章ではそうした成果の一部も紹介していきたい。[1]

第一節　ホトーによる編集の問題点

現在もっとも普及しているヘーゲルの『美学講義』は基本的にホトーによる編集にもとづいている。一八三五年に「ヘーゲルの友人たち」によって出版されたものである。[2] もちろん「友人たち」からは高い評価を得たものの、当初からその編集に対して疑念がもたれていた。二十世紀に入り、ラッソンが講義録をもとにした新しい編集方針のもとで、テキストの編集を始めたが、ラッソンの死によって中断した。現在は一八二〇／二一年、二三年、二六年の講義録と二八／二九年の講義録の一部が出版されている。

これまで『美学講義』では、ヘーゲルの美学体系が、芸術に関する膨大な知識をもとに展開されていると理解されてきた。しかし、現在ではこうした理解に対して、大きな修正が加えられている。そのきっかけとなったのが、ヘーゲルがベルリンで行っていた『美学あるいは芸術哲学』についての講義録の存在である。聴講生の筆記録については、以前から知られていたが、とくに一八二〇／二一年の講義録が一九九〇年代に出版されて以降、ヘーゲル美学研究にとってベルリン時代の講義録を用いた研究は不可欠のものとなった。イェシュケは『ヘーゲルハンドブック』（二〇〇三年）のなかでつぎのように述べている。[3] 一八二〇／二一年と一八二三年の筆記録が出版されるまでのヘーゲルの『美学講義』の唯一の文献は、ホトーが編集した版だけだった。それ以外の版も結局はホトー版にもとづくものだった。『美学講義』もそれ以外の講義録もまったくもっていかがわしい文献である。そしておそらく、（『美学講義』は）いかがわしさの程度が高い。というのも、ホトーは、当時の編集者の感覚でしばしば辻褄の合わない素材を、最大の注意と遠慮をもって、できるかぎり完成された全体へと融合させ、完全にプログラム通りに仕上げたからである。だから『美学講義』が学派内で称賛されたのも、ホトーの編集作業が、ヘーゲルの講義から一冊の「本」を作ることに、まるで『論理学』のように『美学講義』を作ることに成功したからである。しかしながら、今日では、このプログラムこそが真正さを欠いたものだという疑念を呼び起こしている。そしてこのことにはしっかりとした理由がある、と。「完全な全体」を作るという課題のもと、ホトーは手元にある、今の時点から見ると豊富な資料を自由につなぎ合わせたのである。しかし、このことは、各年度の講義録の独立性を大きく損なうことになった。なぜなら山﨑純が述べているように、ベルリン時代のヘーゲルの思想には大きな変化があったからである。「この間じつは非常に大きな思想的転回・発展があった。……ところが、ベルリン時代は〈体系期〉と呼ばれ、あたかも体系が完成し、固定したかのような印象をもたれる。これには最初の弟子たちが編集した〈故人の友人たちによる完成版〉に大きな責任があった。彼らは師の思想をほころびのない完全なものとして提示するために、思想の転回や断絶をおおいかくしたのである」。[4] たしかに『美学講義』には、体系への異常なまでのこだわりが読み取れる。しかし、ゲートマン＝ジーフェルトによると、ホトーが編集した『美学講義』に比して聴講者が筆記した講義録は、まったく違った印象を与えるという。たとえば、出版された『美学講義』の「最後の不透明な章」には、かなりの数の芸術判定および非難がある。このような介入の手がかりといえるものが筆記録には何ら見いだせない。「ヘーゲルの『美学講義』がつまるところホトーの思弁的芸術史の完成した構想を思わせる一方で、美学の講義録は読者の眼に別の像を浮かばせる。それは、歴史現象に関する省察、つまり人間文化そのものにとって本質的な重要性を持つ芸術に関する省察という像である[5]。「最後の不透明な章」とされた『美学講義』の第三部「個々の諸芸術の体系」では、美学体系という観点から、個々の作品が裁断されているのに対して、講義録にはこうした裁断はなく、むしろ「歴史現象に関する省察、つまり人間文化そのものにとって本質的な重要性を持つ芸術に関する省察」がなされているのだと、ゲートマン＝ジーフェルトは指摘する。

ホトーに対しては、さらにつぎのような疑念もある。ヘーゲルを「美学に精通した人物」として描こうとする意図がホトーにはあったのではないかということである。ヘーゲルは美学や芸術作品に対して膨大な知識を持ってはいるが、精通していないところもある。こうした不足や誤りをホトーは修正し補う目的で、加筆したのではないかということである。たとえば、ヘーゲルは音楽理論にはあまり精通していなかったので、ヘーゲルの音楽についてホトーが加筆したことに関して、ゲートマン＝ジーフェルトはつぎのように指摘している。ホトーは、師の好みであるスポンティーニやロッシーニを、取るに足りない現代芸術だとして師とは共有できなかった。そこでホトーは、ヘーゲルの音楽美学を変更したのである。したがって、ヘーゲルの音楽美学には、編集者ホトーによる数多くの介入だけでなく、ホトーの考えや公刊したものからの挿入が確認される[6]、という。ホトーは、ヘーゲルの死後、ヘーゲルの『美学講義』を引き継ぎ、のちに自身の美学に関する本も出版している。ホトー自身の考えが、ヘーゲルの『美学講義』のなかに、ヘーゲルの意図に反して、かなり組み込まれていると見ることも可能である。

ここで、つぎのことが問題となる。『美学講義』のどこまでがヘーゲルの考えで、どこまでがホトーの考えなのか。ヘーゲル自身の美学の考え方をどこまで明確にできるのか。現在、『美学講義』に関するさまざまな筆記録が発見されて公表されている。その意味では、たしかに講義録によって、ヘーゲル自身の考えを明確化する条件も整ってきた。この点についてイェシュケは、しかしその場合でも、最終的な確証は得られないだろうと述べている。というのも、ホトーが自分の版のために依拠していた筆記録の多くは行方不明だからである。そしてとりわけヘーゲルの講義草稿とのちの抜き書きも失われてしまったからである。それゆえ、ホトーの編集を誤って評価をする危険は完全に除去されることはない。しかし現在においてひとつ明白なことがある。すなわち、ヘーゲルの美学を体系に対抗させることによって救済しようとすることは無駄な努力だということである。ヘーゲルの実在哲学の独特の性格は、実在を剝奪した「機械的 - 弁証法的概念構造」にあるのではなく、現象のなかに、したがってここでは芸術作品の思想的な貫徹のなかにある。(7) こうしたイェシュケの指摘にあるように、ヘーゲル美学の現実的な意味は、現象と切り離された体系のなかにあるのではなく、個々の現象である芸術作品を思想的に貫いているものを解き明かしていくことにあるといえる。

第二節　一八二三年の『美学講義』の概要

つぎに、一八二三年の『美学講義』の講義録を中心に、芸術のジャンルを扱った「特殊部門」を見ておこう。講義録は四学期分ある。本来であれば、学期ごとの講義録を詳細に検討することが求められるだろう。ゲートマン＝ジーフェルトは、各年度の講義録の扱い方について、つぎのように述べている。ヘーゲル美学への批判的な取り組みにとって、とりわけ、芸術の現象に有利になるよう独断的な体系を解消することへの多くの期待にとって、一八二三年の講義録と一八二六年の講義録を比較することは、その解明をもたらすものである。しかしまた、実際のところヘーゲルの死によって最期のものとなった一八二八／二九年の『美学講義』は、美学的カテゴリーの内容の豊かさ、芸術の判定の帰結、そしてとりわけ同時代の哲学的厳格さにおける体系的独断性が抑制されているという点に関して、印刷された『美学講義』から際立っている。これらの講義録の利点は、とりわけ個々の諸芸術に対するヘーゲルの叙述にあらわれているという。(8) この見解に従うと、少なくとも、ホトーによって作られた体系的な美学から離れて、ヘーゲル固有の芸術哲学を明らかにするためには、一八二三年と一八二六年の講義録の比較検討と、一八二八／二九年の講義録の詳細な検討が必要となるだろう。ただし、一八二八／二九年の講義録は、現在のところ「一般部門」のみ出版されていて、芸術のジャンルについての叙述を確認することはできていない。「特殊部門」については、一八二六年よりも一八二三年の講義録のほうが詳細に扱われている。また、現在、一八二六年の講義録についても二種類公表されているが、[9] ノートの取り方は分量的にも異なっている。そこで、ここでは、一八二三年の講義録に絞って芸術のジャンルに関する部分を簡単に見ておきたい。

まず、『美学講義』の構成について、第三部「個々の諸芸術の体系」はさらに大きく三つに分かれている。建築・彫刻・ロマン的芸術である。そして、ロマン的芸術が、絵画・音楽・文学に分かれる。ベルリン時代の最初の講義である一八二〇／二一年の講義録の「特殊部門」は、造形芸術・音楽・語りに大きく分類される。そして造形芸術が建築・彫刻・絵画に分けられる。一八二三年の講義録も同じ構成になっている。一八二六年の講義録では、それぞれ独立して、建築・彫刻・絵画・音楽・文学となっている。これから一八二三年のものを中心に見ていきたい。

分類の仕方については、一八二三年の講義録では、芸術作品のジャンルを人間の感覚（味覚、臭覚、触覚ではなく、視覚と聴覚という理論的感覚）に対応させている。視覚に対応するものが造形芸術であり、聴覚に対応するものが音楽である。つまり、「私たちは芸術を三つの様式に分割する。視覚の芸術、音の芸術、表象もしくは語りの芸術である。第一のものは、造形芸術、第二のものは音の芸術、第三のものは文学である」（GW 28/1. 444f.）。そのうえで、造形芸術を、建築・彫刻・絵画に分類する。こうした分類の仕方について『美学講義』では作品の本質をとらえた分類の仕方ではないとして、採用していない。

さて、建築についてであるが、その「形式は、ここでは自己自身のなかに存在するのではなく、外的な秩序、外的な連関である」（GW 28/1. 445）という。建築は、精神の外側でそれを取り囲むものとしてある。建築は精神とのかかわり方において、「自立的もしくは象徴的建築」「古典的建築」「ロマン的もしくはゴシック建築」に区分される。自立的・象徴的建築は、外的なものとして、人間たちを統合するものである。古典的建築は、合目的性を持つ。「古典的建築が自ら建てる建物は、この建築が宿しまた守ろうとする精神的、神的なものを取り囲む空間である」（GW 28/1. 455）。両者の統合としてのゴシック建築は、人間の精神にとって、合目的であるより荘厳なものである。「ゴシックの教会はそれだけで存在する作品であり、人間たちはそのうちでは点のように消失する」（GW 28/1. 458.）。

ヘーゲルは、自由な精神とそれを取り囲む外面との緊張関係のあり方に、これらの建築の特徴を見ていたといえる。しかし、精神は、こうした対立関係を乗り越えていく。そこに建築から彫刻への移行を見ている。「精神的な形態にとって本来的な建築は、取り囲むものであり、主観的で自由な精神は、こうした外在に対抗する。……したがって、彫刻は、精神的個体を対象とする。それは精神を直接の物質のうちに現象させる」（GW 28/1. 460）。精神にとって建築は精神を欠いた外在であるが、彫刻はこうした外在を撤廃し、精神そのものを外在的な形態で表現する。つまり、精神を物質のうちに表現する。彫刻において精神は物質のうちに表現されるにいたった。「これに対して音はすでに物質を解消している。しかし、彫刻は、精神を直接的な物質、完全な空間において表現している。精神があるがまま表現されているといえる。彫刻はしたがって表現された自然である。絵画は、平面の抽象である」。精神と物質との関係において、つまり三次元、二次元、そして物質の解消として、精神がより物質的ではなく精神的に表現される度合いに従って、彫刻、絵画、音楽は分類される。そのうえで、ヘーゲルは、彫刻は、それが物質であるがゆえに、精神を表現するに不十分な芸術ジャンルであるとみなしている。「彫刻は自然との関係において、不都合なものである。というのも自然とは、物質という自然であり、精神としての精神という自然はないからである」。一八二三年の『美学講義』の特徴は、こうした芸術ジャンルを繰り返し比較している点にある。つまり精神的なものがどのような媒体を通して表現されていくのかということが、芸術のジャンルの比較を通して、詳細に述べられている。

彫刻についてでは、ヘーゲルはつぎのように述べている。「実際に彫刻は具体的な人間的肉体の抽象的側面のみを表現している。その形式は、色彩や運動の多様性をもたず、空間に制限されている。しかしこうしたことは欠陥ではなく、概念を通して立てられた規定である」（GW 28/1.460）。だから、「感性的存在である肉体は芸術の要素である。肉体の最初のあり方は質量をもった空間であり、物質性である」（ibid.）。彫刻は、精神を、肉体という物質の形態で表現した芸術である。「しかし芸術作品は他者にとって存在しなければならない、こうして物質の分節化が始まる。しかし、彫刻が到達するのは、一般的に見ることができるもの、つまり光であって、まだ一般的特殊である色彩ではない。暗闇においてはじめて光は色彩へと分節化される」（GW 28/1. 461）。彫刻は人間の肉体を分節化（とくに顔のかたちへと）しながら表現するまでには至ったが、人間の主観を表現するまでの分節化には至っていない。この点をヘーゲルは、肉体を表現する「眼」と主観を表現する「まなざし」との比較から指摘する。「眼そのものに関して言うと、彫刻はこれとの関係でまなざしなしで済ます。まず人間は、人間の眼を見る」（GW 28/1. 468）。眼そのものよりも、眼を見るまなざし方がより人間的なものを表現する。彫刻は、眼を描くが、まなざしを描くことはできない。「なぜなら彫刻は主観にまで到達しない。まなざしをとらえられないからである」。ヘーゲルは古い寺院にある像の例を取り上げて、つぎのように説明する。「伝統的な古い寺院の像には色のついた眼がある。彫刻はまなざしについて、色を濃くすることによって示そうとするまでには至っているが、精神的なものは空間の設定によってのみ表現されるとするだけであり、まさに魂に満ちたものを精神の空間へと放出するものとして持つことはできない。彫刻は眼が見えない。自らを分節化するまで至っていない」（GW 28/1. 468）。これに対して、絵画は、主観を描くことができる。この点に彫刻と絵画の決定的な違いがある。彫刻では表現できない主観が絵画の対象となる。

　ヘーゲルは、彫刻が空間的な形態を造形するのに対して、絵画は平面において造形する、という。そして、暗闇が欠けていた彫刻に対して、絵画では、平面に、明暗によって規定される色彩が結びつく。そのことで主観が表現される、という。「絵画では形態はそれだけでは余計なものである。形態は三次元である必要はない。というのも、形態は光と影によって作られるからである。さらに色彩の現象は明るさと暗さの規定に従って目的を持ち、偶然にゆだねられることはできない。自然においては色彩の現象は偶然であり、大部分は他の対象の環境によって規定される一方で、しかし絵画は色彩の現象を目的とするので、この現象を偶然にゆだねることはできない。したがって、明るさと暗さを固定しなければならない」(GW 28/1. 474)。絵画において色彩を生み出すのは、自然の偶然に必然を見出す主観なのである。

ヘーゲルが「現象を偶然にゆだねることはできない」と言っているように、偶然を必然に変換するものが芸術家なのである。たとえば、ヘーゲルは風景画についてつぎのように指摘する。「風景画は自然を魂と精神でもって把握し、その姿を、ある気分を表現するための目的に従って秩序づける。したがって風景画は、自然のたんなる模倣となったり、模倣であり続けたりすることは許されない」(GW 28/1. 477)。風景画は自然の模倣ではない。「完全な魅力はここでは調和にあり、対象そのものにはない。こうした表現をとくにネーデルラントの画家は自ら対象としてきた」(GW 28/1. 477)。ネーデルラントの画家たちが描いた風景画では、対象それ自体が調和しているのではない。調和とは、それを描き出す芸術家の主観にある。ここには、自然美よりも芸術美を高く評価するヘーゲルの考え方が色濃く出ているが、この点について、ヘーゲルはさらにつぎのようにも述べている。「自然においてすべては流れている。役者はこの瞬間に仕える。瞬間的なものを芸術の表現は固定し、これに持続を与える。他方で、芸術の力は瞬間的なものを詳述する。自然はあらゆる側面から具体的なものである。芸術は普遍的なものにとどまり続けるのではなく、それを完全に個体化されたものとして現象させ、その個体において普遍的なものが存続するように、これを把握する。芸術は、知覚されたものの正確な模倣ではなく、個体化において、直接的な現在よりも高いものとならなければならない」(GW 28/1. 478)。ここでヘーゲルは自然とは区別される芸術の本性を語っている。

そこで、絵画はより主観的なものを表現する音楽へと移行する。ヘーゲルは、絵画と音楽の特徴について、つぎのように述べている。「絵画の場合、一方で図像が必要である。他方で図像に属する色彩の魔力が必要である。客観的なものはいわばすでに沈黙している。そして作用(効果)はもはや物質からは生じない。完全に主観的な側面において、芸術は音楽のなかに現れる。それは一方では深い感覚の芸術であり、他方では厳格な知性である。音楽の要素についてさらにいうと、それは造形芸術に対抗する。そこにおいて空間的外面は脱ぎ捨てられる」（GW 28/1. 481）。

絵画においては、主観が平面と色彩によって描き出される。その意味では、主観的であるにしても、それを見ている私にとっては客観的にある。その意味で、これは造形芸術である。それに対して音楽では、音が私の深い内面へと進んでいくという仕方で、作品と私の区別はなくなる。つまり、対象の客観的側面が消失して、私の主観と一体化する。したがって、内感が自己自身を聴き取ることができ、またこうした聴き取りを形成することができる。音楽は感情を表現しながら、それを聴き取ることである。ただし、「感情の表出（Ausdruck）はまずは、たんに自然な表出であり、感嘆、間投詞、ため息であるが、これはまだ音楽ではない。それは音の集まりや表象の記号ではない。しかし感情を表現（Äußerung）する場合、音楽であり続ける。音楽は感情表現を目的とする。自然な表出においては、この表出は（たんなる）連続である」（GW 28/1. 483）。音楽は感情表現を目的とした意識的表現であるが、自然な感情表出である間投詞については、これを音楽とみなさない。だが、ホトー版『美学講義』ではつぎのように記述されている。「すでに芸術の領域外でも音は間投詞として、苦痛の叫びとして、ため息や笑いとして、心の状態や感情を直接に、きわめて生き生きと表すものであり、いわば心情の発する〈ああ〉とか〈おお〉という声である。……しかし間投詞のたんに自然的な表出はまだ音楽ではない。……かくして音楽は間投詞をその出発点とする」（Werke, 15. 150f.）。『美学講義』でのホトーの記述では、間投詞を一方で音楽ではないとしながら、同時に、但し書きがあるにしても音楽の出発点であるとする、と少し曖昧な表現になっている。これに対して講義録では、間投詞そのものを音楽の出発点とみていない。つまり音楽は、それを含めた感情表現を「目的と」とするところにある。一八二〇／二一年の講義録でも、「間投詞は感情の真の形式である。そして間投詞のカデンツ（音の調子を下げること）は、真の音楽芸術である。音楽が間投詞の持続を目的とするところに、芸術は始まる」（GW 28/1. 182）と述べている。

そして、この表現を構成するものが、拍子とメロディとハーモニーである。拍子のリズムは、ハーモニーを基礎とする。そして、メロディはようやく「詩」となり、「自らの苦しみや喜びを放つ」（GW 28/1. 484）。「メロディはハーモニーを基礎とするが、それに制限されない。しかしハーモニーと本質的に結びついている」(GW 28/1. 485)。こうした拍子とメロディとハーモニーの要素とその結びつきによって音楽は人間の内面的な感情を表現する。

では、音楽はどのように文学へと移行するのであろうか。この箇所は、イェシュケが『ヘーゲル・ハンドブック』で、ヘーゲルが音楽に精通していないことの例として引き合いに出している箇所である。ヘーゲルは音楽と文学との関係についてつぎのように述べている。「音楽はそもそもまず伴奏するものである。音の媒介を通して音楽は存在する。音はそれ自体内容をもたない。音の関係を通して音は内容を持つ。しかし音は精神を満足させない。感覚が精神の内容を伴うように、音楽は自らの要求としてことばという表象の記号を伴う。語りは自らを音楽につなぐ。そしてこのことは音楽の根源的な規定である」(GW 28/1. 485)。つまり、音楽は精神的なものであろうとする限り、語りを必要とするのである。その意味で音楽は伴奏にとどまるのであり、自立できない。「しかし、音楽はまた自立することができる。そしてこのことはとくに近代においては、音楽通のみを満足させる調和の建築的構造物を作る。いかなる芸術においてもたんに知性的な研究が満足を得るということではない。音楽は、それが自らの内容を自己自身のなかに持たないという点で、建築と等しい。つまり建築が神を要求したように、音楽の主観は、あるテキスト、思想、特定の内容として、自己のうちにはない表象を要求する。こうした満足を与えるものが語る芸術である。音は精神的内容そのものと結びつく。非自立的な音楽はただ伴奏するだけである。音楽が自立的であればあるほど、知性とのみ結びつく。そしてそれは音楽通にとってだけ存在するような音楽の目的にはふさわしくない、たんなる人為物である」(ibid.)。ここでヘーゲルは、音楽の自立は、音楽の目的にふさわしくないたんなる技巧であり、音楽通のものにすぎないと断定する。こうした音楽の自立と依存について、『美学講義』における記述は曖昧である。ある箇所では、ことばからの解放を音楽のあるべき姿としながら、別の箇所では、ことばからの解放は音楽の芸術を否定するという。ホトーは『美学講義』でヘーゲルの音楽とことばの関係についての考えを修正するための加筆をしながら、他方で、この講義録でのヘーゲルの考えをそのまま入れたのであろうか。つまり音楽がその精神を表現するためには、ことばが必要だということである。この点については、一八二六年の講義録でも同様である。また、一八二〇／二一年の講義録でも、音楽の自立についての同様の表現が見いだされるが、音楽の特徴として述べられており、音楽から文学への移行の文脈では取り上げられていない。ともかくも、ヘーゲルはこうして音楽から文学への移行を説明する。

ここで、ヘーゲルは文学を「語る芸術」とみなしている。そして、この語る芸術の特徴はつぎのようなものである。「語る芸術は造形と音に対する第三のものである。それは、自己自身を聴き取る音楽的なものである音を含む。彫刻は自己自身を聴き取らない。語る芸術において、音と造形芸術の現象は結びつく」（GW 28/1. 486）。つまり語る芸術は、造形芸術と音楽を統合したものとしてある。それは、外的な存在でも純粋な内的感覚でもなく、表象のうちにある。「文学における事柄はもはや直接的に外的なものではない。むしろ表象のなかにある。というのも詩作品は読まれうるし、また他の言語に翻訳され、別の響きにもたらされる」（GW 28/1. 486）。この他の言語に翻訳される点に、ヘーゲルは文学の精神をとらえている。

さらにヘーゲルは文学を叙事詩・叙情詩・劇に分ける。「叙事詩は事柄が何であるのかを語る。対象としての対象、状況の広がり、存在の形での完全な対象が語られる」（GW 28/1. 494）。叙事詩の特徴は、精神を事柄そのものとして語る点にある。ただし、ヘーゲルは叙事詩の歴史についてつぎのように指摘する。「叙事詩はある時代においてのみありうる。近代はこれを持つことはできない。東洋は、あらゆる時代に叙事詩を持つ点で幸福である。というのは東洋の世界では、私たちの場合のような分別に至っていないからであり、したがってまた教養の分別に至っていないからである」（GW 28/1. 500f.）。その意味で、叙事詩は近代社会の精神をとらえるにはふさわしくない。これに対して、叙情詩は近代的な主観を表現するにふさわしい。「叙情詩において主観は表現される。世界の富が映し出されるのではなく、個別の感情、心情の個別の判断が映し出される。自己を語り出す欲求が表れている。叙情詩においては事柄を聴き取るという欲求である」（GW 28/1. 502）。そして最後に、ヘーゲルは劇を叙事詩と叙情詩の統合としてとらえる。「劇的な文学は文学と芸術一般の完全な段階として考察できる。演劇の対象は行為である。叙情的なものの主観は行為と一つである。精神、内面的なものは、たんに状態として、気分として表現されるのではなく、意欲するものとして、自己自身を本質的に規定するものとしてある目的を立て、これを実現するものとして表現される。叙情的なものの内面はここでは廃棄され、自己を叙事詩的な側面から客観化する。しかしたんなる出来事としてではなく、個人によって引き起こされた出来事としての側面から客観化する」(GW 28/1. 502)。劇において重要なことは、その内容が意思にもとづく行為であるという点である。

ヘーゲルはさらに劇を、悲劇と喜劇に分ける。「演劇はそもそも悲劇と喜劇に分けられる。行為が両者の対象である。行為において目的が示され、個人がそれを成し遂げる。悲劇においては、とりわけ、個人はみずからの目的の一面性によって破壊される。目的をもった個人は、没落する。永遠の正義が、個人と目的のもとで執行される。……喜劇において目的は多かれ少なかれ錯覚されたものである。目的は実体的に現象することができる。ここではその一面性は主観そのものによって破壊され、したがって主観は維持される。悲劇においては永遠の実体が勝利して現れ、喜劇においては主観そのものが勝利して現れる」(GW 28/1. 504)。悲劇については、ソフォクレスの悲劇、とくに『アンティゴネ』、喜劇についてはアリストファネスの喜劇をもとに展開する。引用の最後に「喜劇においては主観が勝利する」とあるように、この主観の勝利によって、建築から始まった芸術作品のジャンルについての叙述は終了する。

第三節 「芸術終焉論」について

最後の節では、いわゆる「芸術終焉論」について簡単に考察したい。『美学講義』では、喜劇とともに芸術の解体が生じると述べられている。喜劇は、理念と現象、実体的内包と形態の統一の自己破壊を表現しているというのがその理由である。芸術は、主観が客観を追い求める「象徴的芸術」を経て、理念と現象の一体化を表現する古典的芸術(彫刻)において完成され、主観が客観を必要としなくなるロマン的芸術(絵画→音楽→文学)に至り、自らを解消する。こうした理解の仕方が一般的であろうし、『美学講義』の叙述もそうなっている。では、一八二三年の講義録ではどうだろうか。講義録の最後の部分はつぎのようになっている。喜劇の考察をしたのち、「これでもって、私たちは、芸術の領域を一通りたどった。芸術はその厳格さにおいて、私たちにとって過ぎ去ったものである。私たちにとって、私たちが神を対象とするような他の形式が必要である。私たちには思想が必要である。とはいっても芸術は神を叙述する本質的な仕方である。この形式を私たちは理解しなければならない。芸術は、快適なものを、主観的な巧みさを対象としない。哲学は真理を芸術において考察しなければならない」(GW 28/1. 511)。一八二六年の講義録にはこの部分の記述が残っていない。一八二一年の講義録では、つぎのようになっている。「アリストファネスの喜劇を通して、具象的な形態に終わりがもたらされる。私たちが見るのは、芸術の様式が神の最高の様式ではないということである。宗教において神についての精神的な知が生まれる。私たちは芸術の領域を一通り見てきた。私たちは宗教へと進んでいく。芸術が神の必然的な叙述であるように、それはまた過ぎ去らなければならない一つの段階でもある」(GW 28/1. 214)。

『美学講義』では、喜劇をもって芸術が解体するという記述がある一方で、神をとらえるものとして最高の形式ではないとの記述もある。これに対して、一八二三年の講義録と一八二〇/二一年の講義録では、神を十分にとらえる役割としては、過去のものであると読むことができる。建築から文学まで見てきたことからわかるように、その歩みは、主観を具体的に描き出すことに向かっていた。精神を包み込む外在的なものとしての建築から始まり、精神の形態化としての彫刻、そして精神の主観の表現としての絵画、主観の内奥にある感情の表現としての音楽、主観の意志による行為を描く文学というように、精神の主観を深くとらえていく歩みとして芸術のジャンルの歩みがあった。その意味で、芸術を近代の主観を表現する諸形態として見ることもできる。神の最高の把握が宗教へと移ることによって、芸術には人間の主観をそのものとしてとらえていくという新たな役割が与えられる。ゲートマン＝ジーフェルトは、一八二八/二九年の講義録の記述に注目しながら、芸術の可能性についてつぎのように述べている[10]。個人が世界史的な行為をする状況に置かれていないのに、芸術もみずからの模範によって、新しく理性にもとづいて建てられる国家に到達することはできない。芸術は、人間にもとづく世界を保証しないし、いわんや樹立することはできない。芸術がこの目的を正確に示す場合であったとしても、そうである。一八二八／二九年のハイマンとリベルトの筆記録によれば、最後の講義でヘーゲルはこのことを、非常にはっきりとつぎのことばでもって主題化している。「芸術の制約は、芸術のなかにはなく、私たちのなかにある」。さらに、リベルトの筆記録にはつぎのようにある。「芸術には、これから先もある。真理を説明するものとしての芸術は、より高いものへと移行する。そしてこのことは、私たちが芸術を超えていくことによって、芸術が私たちの時代にあるように、芸術の位置を規定する。……芸術は自分自身を耐え抜く」。このように芸術は存続するのである。近代において芸術は、人倫的国家を再興する役割や神を表現する役割から解放される。しかしこのことは、芸術を解消させることではなく、近代における芸術の新たな役割を創出するということである。

おわりに

一八二三年の講義録にはつぎのようにある。「芸術作品は独立に存在するのではなく、私たちにとってある。そして私たちはそこに親しみを感じなければならない。役者は相互に語り合うだけでなく、私たちにも語っている。そしてこうしたことはすべての芸術作品に当てはまる」(GW 28/1. 320)。芸術は私たちにとってある。このことの意味を、ヘーゲルの講義録は具体的に示してくれる。古代の芸術だけでなく、現代の芸術も私たちにとってある。講義録は、私たちにとって芸術作品は何であるのかを概念的に、その本質にさかのぼって示してくれる。それは『美学講義』にあるような、個々の作品への批評ではなく、芸術作品がどのようにその時代を生きる人間を表現してきたのかということである。

膨大な分量を誇る『美学講義』に対して、講義録は非常に簡潔にまとめられている。芸術のジャンルを扱った部分の分量もおそらく五分の一程度であろう。しかしながら、『美学講義』では全体の流れがわかりにくいのに、講義録では、建築から文学までの精神の歩みが明確にわかるようになっている。本章では、一八二三年の講義録を中心に見たが、一八二〇／二一年の講義録の分析も必須だろう。また、一八二六年の講義録は公刊されていないものも含めて、六種類ある。また、一八二八／二九年の講義録も、五種類ある。これらについても、補完しあいつつ、検討していく必要があるだろう。今後の公刊が待たれる。

第十章　宗教哲学講義

小島優子

はじめに

ヘーゲルは、宗教哲学についての半年間の講義をベルリン大学で一八二一年夏学期、一八二四年夏学期、一八二七年夏学期、一八三一年夏学期の四回行った。宗教哲学講義の聴講者数については、一八二一年は四十九人、一八二四年は六十三人、一八二七年は一一九人としだいに増えていったことがわかっている。[1] このうち、ヘーゲル自身が執筆したものが見つかっているのは、一八二一年の講義だけである。一八二〇年五月五日にヘーゲルがベルリン大学総長に宛てた手紙では、宗教哲学は独立した科目名として挙げられておらず、宗教哲学は美学に関係づけられているだけである。[2] しかし翌年に宗教哲学は開講されている。この転換の理由は、おそらくその年がヘーゲルの同僚のシュライアマハーによる『信仰論』第一巻の刊行にあたることが推測される。[3] シュライアマハーとヘーゲルの仲は、一八一八年にヘーゲルが着任した当初は悪くはなかった。両者はともに啓蒙主義に対立しており、シュライアマハーは感情を重視する主観の立場に立ち、ヘーゲルは宗教と理性を和解させることを課題としていた。しかし一八一九年にベルリン大学の神学部教授デ・ヴェッテの免職をめぐって二人は激しい論争を行い、それから敵対するようになった。その後、シュライアマハーに対抗する立場をとるヘーゲルの情勢がしだいに悪くなる。このような状況でヘーゲルは、無神論者という批判に抗うためにしだいにキリスト教の教義にもとづいた立場を論じるようになる。四回の講義を通じて、ヘーゲルは試行錯誤しながら、ベルリンでの自分の立場を終始気遣いつつ講義を行っている。青年時代に民族宗教を理想としていたヘーゲルをベルリン時代には見ることができない。ヘーゲルは、「永遠の真理」「絶対的真理」(V 3. 3)[4]の領域として一八二一年の『宗教哲学講義』を始めている。

『宗教哲学講義』は教科書を使わない講義であり、ヘーゲル自身が講義草稿をたえず修正しながら講義が行われた。このために、『宗教哲学講義』の構成の仕方をヘーゲルは試行錯誤しながら、四回の講義の中で毎回立て直している。ヘーゲルは当初『論理学』の構成をもとにして『宗教哲学講義』の構成を考えていたのだが、その取り組みは破綻してしまう。というのは、多様な宗教への理解を深めていくうちに、『論理学』の「存在」「本質」「概念」という枠組みに収まらなくなったからである。

第一節　講義録の刊行について

ヘーゲルの死から半年で、マールハイネッケは一八三二年に『宗教哲学講義』(第一版)を刊行した。マールハイネッケが用いた資料は、一八二一年の講義ではヘーゲルによる自筆草稿により、一八二四年の講義ではグリースハイム、一八二七年の講義ではマイヤー、一八三一年の講義ではカール・ヘーゲルによる講義録である。[5]しかし急いでいたあまりに、異なる年度の講義録を順番につないだものにすぎなかった。ただしマールハイネッケは、一冊の本として重複を避けることを念頭において編集したために、編入されないままに終わったヘーゲルの詳述も多く残っていた。この版は、とくにカール・ヘーゲルの資料を元にした一八三一年の講義が基本とされている。

バウアーは一八四〇年に、マールハイネッケの『宗教哲学講義』（第一版）を改訂し、『宗教哲学講義』（第二版）を刊行した。バウアーの第二版は第一版に新資料を加えることで情報量が豊富となった。バウアーが利用した新資料は、一八二一年の講義ではヘニング、一八二四年の講義ではフェルスターとミシュレの他に失われた束、一八二七年の講義ではドロイゼン、一八三一年の講義ではガイアー、ライホノフ、ルーテンベルクのものである。しかし、新しい資料を加えることによって、相互の連関はより不明瞭なものとなった。この改訂版がズーアカンプ版『ヘーゲル全集』の底本であり、岩波書店から刊行された日本語版『ヘーゲル全集』もこれによっている。

ラッソンは一九二五年に、『宗教哲学講義』をかなり増補したうえで新版を出版した。しかし多くの資料は失われており、第一版と第二版で使われた資料のうちラッソンが利用できたのは、一八二一年のヘーゲルによる講義草稿、一八二四年講義のグリースハイムとホトーの筆記録だけであった。ラッソンが新資料として利用したのは、一八二四年講義のケーラーとパステナキの筆記録（第二部以降）だが、ケーラーのものはほぼグリースハイムのものと同一であった。一八二七年の講義では新資料としてエルトマンと筆記者不明のノートを利用したが、第一版と第二版と同じような資料であった。しかしラッソン版は個々の学期の素材が一つにまとめられてしまったために、厳しく批判された。

イルティングは一九七八年に年度ごとの編集を企てたが、彼の死によってこの計画は途中で終わってしまった。イルティングの編集は、一八二一年講義のみであり、欄外追記は脚注に入っている場合が多い。

ヴァルター・イェシュケによる一九八三年の『宗教哲学講義』の編集によって、はじめて年度ごとの講義の内容が明らかになった。一八二一年講義草稿では、欄外書き込みは可能なかぎり本文中に編入されている。一八二四年講義では、グリースハイムの筆記録が基本テキストとされ、パステナキ、ダイタース、ケーラー、ホトーのものも用いられている。

一八二七年講義については、ラッソン版から一八二七年度の要素が取り出されて、元の順序に戻すという編集が行われている。この結果、この年度の講義は全体として見通しのきくものとなった。一八三一年講義の筆記録はすでに残っていなかったので、イェシュケは、唯一残されているシュトラウスによる抜粋を付録として編入している。

第二節　『宗教哲学講義』の講義録について

『宗教哲学講義』は、知られている筆記録の数がもっとも多い（二十五点）のだが、残されているものは少ない（十二点）[6]。

1　一八二一年の講義録

まず一八二一年講義については、レオポルト・フォン・ヘニングの筆記録、カール・ルートヴィヒ・ミシュレの筆記録、ヨハネス・シュルツェの筆記録があるが、いずれも失われている[7]。しかし、一八二一年の講義についてはヘーゲル自身による講義のための草稿があり、現在もベルリンのプロイセン文化財団州立図書館に所蔵されている。

2　一八二四年の講義録

一八二四年講義については、九点が知られており、そのうち七点が保存されている[8]。

カール・グスタフ・フォン・グリースハイムの筆記録がベルリンのプロイセン文化財団州立図書館に所蔵されている。数名の共同作業により作成された筆記録だとされている。ヘーゲルが一八二七年にグリースハイムの筆記録の一部を教壇に持ってきたことを、マールハイネッケは伝えている。しかしグリースハイムの完成稿をめぐっては信憑性と価値が争われた。

カール・パステナキの筆記録がワルシャワ大学図書館に所蔵されている。速記録であり、ヘーゲルの実際の語り口に近いものと思われる。

P・F・（またはF・P・）ダイタースの筆記録を、カール・ローレンツ博士が所有していて、第三部は出版されている。

F・C・H・フォン・ケーラーの筆記録がイェーナ大学図書館に所蔵されており、グリースハイムの筆記録と完全に一致している。

ハインリヒ・グスタフ・ホトーの筆記録がプロイセン文化財団州立図書館に所蔵されている。ホトー自身が書いた表現となっており、信頼することはできない。

ジュール・コレヴォンの筆記録をマリエ・ローゼンルンゲ博士が所有している。第一部の途中までが、フランス語で抜粋されているが、もとの講義から離れた表現となっている。

カール・ルートヴィヒ・ミシュレの筆記録、およびフリードリヒ・フェルスターの筆記録は散逸している。

3　一八二七年の講義録

一八二七年講義の講義録は七点が知られており、そのうち三点が保存されている。[9]

マイヤーの筆記録はヘーゲルに献呈され、一八三一年にヘーゲルが教壇に持ってきたことをマールハイネッケが伝えている。[10]

グスタフ・ドロイゼンの筆記録は失われている。筆記者不明の筆記録、およびヨハン・エドゥアルト・エルトマンの筆記録は、ケーニヒスベルク図書館が一九四五年の爆撃で破壊されたときに失われた。

近年、新たに三つの筆記録が発見された。イグナシー・ベルナーの筆記録はワルシャワ大学に所蔵されている。速記録であるが、完全な文章となっていない箇所が多い。筆記者不明の筆記録は、B・レベル牧師が所有している、完全な清書稿である。ヨーゼフ・フーベの筆記録はクラクフのヤゲウォ図書館に所蔵されている。フーベはポーランド人であるために、文法的にも欠陥のあるドイツ語で書かれている。

4　一八三一年の講義録

一八三一年の講義を直接伝える記録はすべて失われている。『宗教哲学講義』の第一版と第二版が共通して用いたのは、息子のカール・ヘーゲルによる筆記録である。また第二版が改訂に用いたのは、ガイアーの筆記録、ライホノフの筆記録、ルーテンベルクの筆記録の三つである。ラッソンは最終年度の資料を利用することはできなかった。しかし、シュトラウスによる抜粋が発見されてマールバッハのシラー国立博物館に所蔵されている。この抜粋は詳細な講義録から重要な部分を抜き出すことで作られた要約である。

第三節　『宗教哲学講義』の概要

1　第一部について

第一部「宗教の概念」では、宗教を哲学的にどのように捉えるかが論じられる。ヘーゲルは、宗教と個別的な実証科学との分裂が生じてしまったあとで、どのように宗教と理性とを和解させることができるのかを、宗教哲学講義の課題とする。

一八二一年の序論では、宗教哲学講義の目的と、宗教に対する宗教哲学の関係が提示されている（V 3. 6）。「かつて、あらゆる学が神についての学だという時代があった」。しかし、現代の特徴は、「無限に多くの対象について知っているが、神についてだけは何も知らない」ということである。個別の実証科学が発展するにつれて、神についての知は狭められていく。こうしたなかで、人々は宗教に対して無関心になってしまった。教会の教義と、それに批判を行う啓蒙主義、さらに宗教感情から宗教を再建しようとする敬虔主義をヘーゲルは時代の状況として見ている。このような観点から『宗教哲学講義』の目的は、「神を認識すること」（V 3. 8）である。そして、現代における課題である「哲学と宗教の対立」は、プロテスタンティズム以降の傾向だとヘーゲルは理解している。

一八二四年の講義の序論では、「A　哲学一般に対する宗教哲学の関係」、「B　時代の要求に対する宗教哲学の位置」、「C　実定宗教に対する宗教哲学の関係」が論じられる。ここでヘーゲルは、啓蒙主義の神学と対決する。当時の神学を「理性から出発しながらも、理性は神については何も認識できない」（V 3. 42）ものとして、ヘーゲルは批判を行う。啓蒙主義によって、神は空虚で死せるものとなってしまったからである。

啓蒙主義に対してヘーゲルは、教会の三位一体論のなかに神の豊かな内容を見いだそうとする。三位一体についての教会の規定は「精神としての神の具体的規定と本性」（V 3. 43）であり、精神は三位一体という具体的な規定において捉えられなければならないとヘーゲルは述べている。

一八二四年の第一部では、「A　経験的考察」と「B　思弁的考察」が行われる。経験的考察は、人々が宗教について持っている通念から出発するのに対して、思弁的考察は学問の体系の成果を前提としてそこから出発する。

「A　経験的考察」では、シュライアマハーの『信仰論』との対決がなされている。主観の立場にあるシュライアマハーに対して、ヘーゲルは有限なものの否定が欠落していることを指摘する。ヘーゲルによれば、主観の立場は、自らの有限性が有限性のままで肯定されており、神の無限性が否定されている。それに対して、本来、自己の有限性に否定的に関わることによって、神の無限性に肯定的に関わることができるという。

「B　思弁的考察」では、「宗教の概念の実現」が展開される。ここでは、（一）自然的なものと精神的なものとの実体的・絶対的・主観的統一、（二）自然的なものと精神的なものとの区別、（三）この区別の放棄、両者の統一への還帰という原理が示される（V 3. 228）。このプロセスをヘーゲルは、神と意識の関係において捉え直し、（一）神と意識の実体的統一、（二）神と意識の区別、（三）祭祀における区別の廃棄、と定式化する（V 3. 252）。すなわち、（一）と（二）では神と意識の区別による理論的な宗教関係が論じられ、（三）ではこの区別が祭祀のなかで克服される営みが論じられる。祭祀のなかで共同精神の内面的な確証が得られ、そこに信仰がもとづくとヘーゲルは捉えている。祭祀のなかで意識と彼岸の客体の分裂が克服されて、教団という共同精神が自分自身について証言を行うのである。

しかしながら、一八二七年の講義でヘーゲルは一転して、主観の傾向を肯定的に評価するようになる。ヘーゲルは一八二二年に「ヒンリヒスへの序言」で宗教が依存の感情にもとづいているならば、「犬こそが最良のキリスト教徒であろう」(GW 15. 137) とシュライアマハーを揶揄した。これに対してヘーゲルは汎神論者だとする批判と攻撃が始まり、ヘーゲルは自身の弁解をしなければならなくなった。一八二三年にトールクが匿名で刊行した『罪悪と贖罪者についての教理、あるいは懐疑者の真の聖別』のなかで、ヘーゲルは汎神論だと批判されている[11]。

このためにヘーゲルは、これまで自分が行ってきた直接知の軽視を「勘違い」(V 3. 75) であったと述べる。ヘーゲルは自身の哲学とシュライアマハーの主観の立場が一致していると述べており、自分の哲学と同様のものだと弁解している。

また、一八二一年と一八二四年の講義では、経験的意識から宗教への高まりが示されたが、一八二七年の講義では「精神の概念」の立場からの展開がなされている。このために一八二七年の講義では体系的展開がより明確になっている。

一八二七年の講義の第一部では、「A 神の概念」「B 神についての知」「C 祭祀」が叙述されている。神の概念は、一八二一年と一八二四年の講義にはない項目である。ヘーゲルは、汎神論者という批判に対して抗弁するために、神の概念の項目を設けたのであろう。ヘーゲル哲学は「すべてが神である」とする汎神論だという批判は、普遍的なものは個々のものの無限な集合体という意味であり、「総体性」(V 3. 273) の立場に立っている。このような批判は、「総体性」(Allheit) と「普遍性」(Allgemeinheit) とを取り違えているとヘーゲルは指摘する。

ヘーゲルは、たんなる「実体の表象」にすぎない「汎神論」とは異なる、「思弁哲学」を明らかにしようとする。ヘーゲルによれば、本来の汎神論とは、木や紙など個物の総計が神なのではなく、個物から取り出された「生き生きしたものの生命」が神だと言っているのである。

「B 神についての知」では、一八二七年の講義では思弁的な宗教哲学の立場から、(一) 直接知、(二) 感情、(三) 表象、(四) 思考へと至る過程が叙述される。ヘーゲルは直接知と宗教感情を評価している。しかし、感情の偶然性は思考によって乗り越えられなければならない。宗教は教育によって媒介されるのであり、教えを通して感情が目覚めさせられていることをヘーゲルは重視している。

「C　祭祀」では、祭祀の本質について考察される。祭祀という宗教の実践的関係は、私を内面の神と結びつけるものであり、祭祀では「神と人間の和解が絶対的に完成されている」ことが前提とされる（V 3. 332）。ここでヘーゲルは「改悛と贖罪」についても論じている。「最内奥で改悛と贖罪を感じ」て「純粋な精神的な基盤へと高まる」のが、祭祀の第三の最高形態である（V 3. 334）。第一の形態は主体による敬虔な祈りであり、第二の形態は外面的な儀式であり、たとえば「サクラメント」と呼ばれるキリスト教の儀式である。第二の形態の儀式はすべて「犠牲」と呼ばれる。犠牲とは自分の持っているものを放棄して神に捧げたり、あるいは祝祭のなかで食べたり飲んだりすることである。第三の形態である改悛と贖罪は、食物を神に捧げるのではなく、人間が自分自身の心胸という最内奥のものを神に捧げる。この意味において改悛と贖罪は、信仰における主観的な感情と形式的な儀式とが統合されたものである。改悛と贖罪において人は情念や個人的な見地から脱して普遍的で精神的な基盤に高まるのであり、ここに人倫が成立するとされる。つまり「哲学は持続的な祭祀」であり、主観的な思いつきを脱して、純粋に真なるものに専念するのである。

ヘーゲルは祭祀を通じて個人の宗教感情が心から高まるなかで、客観的な思惟の形式に到達する地点を人倫とみなしている。純粋に精神的な基盤のうちで客観的に実践するという祭祀の形式において、信仰の主観と哲学の客観が統合される。一八二七年の講義では、祭祀の実践のうちに客観的な形式との結びつきが生まれるのである。

一八三一年の講義の第一部は、一八二七年の叙述を継承している。しかし信仰が一八二七年講義ではもっとも素朴な段階に置かれたのに対して、一八三一年の講義では感情と表象に続く第三の形式として最上位に置かれるようになった。そのことによって、ヘーゲルがシュライアマハーの立場に歩み寄っていることも明らかである。

また、一八三一年の講義では、「国家に対する宗教の関係」という新しい章が独自の項目として付け加えられる。

宗教と国家は、外面的に同一の関係から出発して、分離・対立の関係を経て、ふたたび真に同一的になるという展望が示される。

2 第二部について

第二部では、キリスト教以外の宗教の歴史が題材となる。ヘーゲルは、世界の多様な宗教を最初は『論理学』の区分によって構成しようと試行錯誤を試みた。しかしこの試みは途中で破綻しており、ヘーゲルは数回の講義の中で宗教の構成区分の立て直しを行っている。

一八二一年の講義では、『論理学』の区分である「存在」「本質」「概念」が宗教史に対応している。存在は「A 自然宗教（東洋の宗教）」、本質は「B 崇高（ユダヤ）と美（ギリシア）の宗教」、概念は「C 合目的性の宗教（ローマの宗教）」にそれぞれ対応する。さらにキリスト教は、概念一般として捉えられている。また一八二一年の講義では、自然宗教の項目は、インドやペルシア、メソポタミア、エジプトの宗教について独立して詳細に論じられるには至っていない。最初の講義では、まだ東洋の宗教についての理解が乏しかったことを見て取ることができる。

ユダヤ教に対して、ヘーゲルは一八二一年の講義で否定的な評価を与えている。ユダヤの神は「妬む神」（V 4. 35）であり、自然や世界に対して「威力をもった支配として否定的な関係」を取る。ユダヤ教は「主に対する恐れ」（V 4. 62）を抱く宗教として捉えられている。人間は神に過酷な奉仕をするものであり、主に対する「奴隷的な意識」として理性を持たない。ユダヤ民族は排他的で自分たちの民族だけを受け入れる選民思想を抱く。ユダヤ教の祭祀が見返りとするのはたんに土地を占有することであって、キリスト教のような神との和解ではないことをヘーゲルは指摘している。

このような立場から、ヘーゲルは旧約聖書の『ヨブ記』についても低い評価を与えており、全体として支離滅裂なものだと指摘している。『ヨブ記』では、善人であるヨブの財産、子ども、健康を奪われる。ヨブは自分がこのような試練を受けることは不当だと言うと、神はヨブに呼びかけ、創造者である自己を啓示する。神との会話を通じて、創造者である神が人を取り扱う方法は謎に満ちたものであるけれども、神の業には意味があるという信仰をふたたび持つにいたる。

一八二四年講義では、ヘーゲルはキリスト教以外の宗教研究を詳細に叙述している。呪術宗教、中国の宗教、仏教、ヒンズー教、ペルシア、エジプト、ユダヤ、ギリシア、ローマの宗教が取り扱われており、多様な宗教をヘーゲルは論じている。

まず、呪術宗教と中国の宗教は「自然宗教」より以前のものとされる。仏教、ヒンズー教、ゾロアスター教が自然宗教とされ、エジプトの宗教が「精神的宗教」への移行形態となる。つぎに、精神的宗教には、ユダヤ教、ギリシアの宗教、ローマの宗教の三段階がある。最後に、自由の宗教がキリスト教とされる。

一八二四年の講義ではユダヤ教が肯定的に捉えられる。ギリシアの神々が多数であるのに対して、ユダヤ教の神は「唯一神」であることが重視される。ヘーゲルは青年期以降、ユダヤ教に対しては否定的な態度を取っていたが、一八二四年の講義からユダヤ教に対する評価が変化していく。ギリシアの神々のもとでは、「造られたものは存在するものとも存在しないものとも規定される」(V 4. 328)。それに対して、ユダヤ教の唯一神では、有限なものは「神の慈悲」によって存在し、また「神の義」によって有限なもののむなしさが現れる。有限なものは、神の威力のなかで高められることで精神的なものとなるという積極的な意味が与えられる。唯一神は有限なものを精神的なものとする「智恵」と見なされる。「主を恐れることは智恵のはじまりである」(V 4. 344) という『聖書』の文言を、ここでヘーゲルは引用する。「主への恐れ」はあらゆる依存を廃棄する。「主を恐れることは自らの否定性を否定すること」であり、一切の依存から自由な人間となることだとヘーゲルは語る。さらに、ユダヤ教への評価が高まったことによって、『ヨブ記』についてもヘーゲルは、たんなる応報思想を超える普遍を持つものと見なしている。

一八二七年の講義では、ヘーゲルは「A　自然宗教」「B　美と崇高の宗教(ギリシアとユダヤの宗教)」「C　合目的性の宗教（ローマの宗教）」から絶対宗教へと移行する構成を立てるようになる。一八二七年の講義では、ギリシア宗教がユダヤ教よりも前の段階におかれ、一八二四年の講義よりもいっそうユダヤ教に高い評価がなされるようになる。ここには、汎神論だという批判に対するヘーゲルの攻防を見て取ることができる。このために、一神教であるユダヤ教よりも多神教であるギリシアの宗教が低次の段階に位置づけられている。ギリシアの美の宗教で現象するのは、感性的な表現であるので、美の宗教であるギリシア宗教から崇高の宗教であるユダヤ教へ高まる必然がある。ギリシアの神々は、まだ特殊な利害に制約されているので聖なる力ではない。このために「自由の人倫的な理性」（V 4. 562）は、高い「智恵と聖性」を持ったユダヤ教のなかで規定されるものとなる。

ユダヤ教に高い評価が与えられると同時に、旧約聖書の『ヨブ記』にも高い評価がなされる。ヘーゲルは、『ヨブ記』のなかに示されるのは、ユダヤ民族の基本的な側面だと見なしているが、しかし『『ヨブ記』はユダヤ的なものとの関係が正確には知られているわけではない」（V 4. 573）と断ってもいる。[12] 善人であるヨブは、財産と子どもをなくして病気になる。ヨブは「正義は絶対的である」という意識を一方では持ちながらも、他方では、善人である自分が災難に陥るのは「正義にかなっていない」と感じる。というのは、ヨブは善人に幸せな境遇を赦すことが神の目的だと考えていたからである。ギリシア人は「必然」を「盲目の運命」と見なした。ギリシアの宗教では、神々の威力は、「運命、宿命、空虚な必然」と呼ばれている。この運命は、「目的を持たず、智恵を持たない」から、理解しがたいものである。ギリシア人は、運命の定めを受け入れることで、心の平静さを保っていた。ギリシアの宗教に対して、ユダヤ教では必然は具体的なものであり、正しく生きるものが幸福にも恵まれるという、徳と福の一致を人間は知るようになる。神は「必然の絆」であり、人の内面的な意志に応じて繁栄をもたらし、その人の境遇を正しい行為にふさわしいものにする統一であることを、人は知るのである。

ヨブの葛藤は、無力な人間が神の絶対的な信頼に服従することで終わる。すなわち、一方では、ヨブの財産と子どもが回復されて善人は報われるという要求が成り立ち、他方では、「神の威力の承認」があって、両者が調和する。

ヘーゲルの『ヨブ記』解釈で特徴的なのは、ヨブが自分の行いを「内面化し自分自身の内へ向かう」（V 4. 574）ことである。神は智恵であり、「人間が正しく行為すべきである」ことは「絶対的な命令」である。ヨブは最初には、自分は正しく行為しているのだから、それだけで善人であると思っていた。しかし、神が要求するのは、正しく行為するだけではなく、「人間がそれによって自分の内面に眼を向けることを指示され、心の内面が正いか自分の意志が善いか」を見つめることである。善人に善い報いがあることをヘーゲルは認めつつも、それだけではなく、人間が自分の行為を内面的に反省したうえで、神の威力を承認するところに、ヘーゲルはユダヤの神の性格を見いだしている。

一八三一年の講義では、「A　自然宗教」は原始的な呪術宗教だけになる。ヘーゲルは、東洋の宗教への理解が深まったことから、東洋の宗教を「本来の宗教」として捉えるようになる。本来の宗教が始まるのは「B　宗教的意識の自己内分裂」であり、これは中国の宗教、ヒンズー教、仏教の段階である。さらに、「C　自由の宗教」の移行形態として中近東と北アフリカの宗教が論じられる。これはペルシア、ユダヤ、シリア、エジプトの宗教の段階である。つぎに、本来の自由の宗教であるギリシアの宗教とローマの宗教が続き、完成された宗教がキリスト教となる。

一八二七年の講義では、ギリシアの宗教がユダヤ教よりも前の段階に置かれていたが、一八三一年の講義では両者は逆転している。このために、旧約聖書『ヨブ記』についてもふたたび否定的な評価がなされる。『ヨブ記』では、「神の義への要求を諦めて神の威力に服従している」（V 4. 627）とされ、ユダヤ教の「執拗な形式主義では、主観的な精神はどのような自由にも至らない」（V 4. 628）とされる。それに対して、ギリシアの宗教では、「人間は神の命令に服従するだけではなく、服従しつつも同時に自由である」（V 4. 631）とみなされる。ギリシアの宗教では、人間は神の似姿として神によって創造されている。このために、人間は神に服従しながらも、神の似姿として作られた人間は、自分を神の一契機として知ることができるから、神と本質的に和解しているのである

また、自由の宗教は一八二一年と一八二四年の講義ではキリスト教のみであったのに対して、一八三一年の講義では中近東、ヨーロッパの宗教まで含めた広範なものとなっている点が特徴的である。

3　第三部について

ヘーゲルが啓示宗教の箇所でキリスト教について特徴づけているのは、三位一体論である。精神的なものである人間が自然から決裂する。この決裂を通して、人間が自然と和解し、自己の本質とも和解する。こうした人間と自然の和解が、父・子・聖霊という三つのものの分裂と和解を通して成し遂げられる。神による世界創造は、「かつて起こった一回かぎりの行為ではない。神の理念の内にあるのは永遠の契機であり、理念がたえず自らを規定する働きである」（V 5. 200）と、ヘーゲルは一八二七年の講義で述べている。神がたえず世界を想像する働きが、「三位一体」として言い表されるのであり、神はこのような「プロセス・運動・生命」なのである。

三位一体における受肉、神の死に関する宗教哲学の叙述は、基本的にキリスト教の教義に則っている。[13] この意味においてヘーゲルは、宗教哲学講義のなかで啓蒙における信仰と知の分裂を統合することを試みている。すなわち、ヘーゲルは実体を主体として捉え直す思想を、父・子・聖霊による三位一体論として捉えており、ここにおいて宗教と哲学とが同じ地平に見いだされる。啓蒙主義の立場に立つならば、「父」なる神は認識することが難しい抽象的な存在となってしまう。敬虔主義の立場に立つ場合も、原罪と原罪から解放する贖罪者としての「子」なるキリストが教義の中心となってしまう。ヘーゲルは、キリストの復活から聖霊の降臨によって生じる「霊」の段階を通じて、父・子・聖霊の三位一体論を捉え直す。三位一体論に、ヘーゲルの宗教哲学の神髄を見て取ることができる。

一八二一年の講義では、第三部は「A　抽象的概念」「B　具体的表象」「C　教団、祭祀」という構成になっている。

まず、ヘーゲルは父と子との「統一」「分裂」「他在」を、神が人になる受肉という「外化」のうちに見いだす。神性と人間との統一が一人の人間のうちになされるのが受肉であり、神の外化である。父である神が外化するといっても、これは意識が外界に表出するという意味での外化ではない。神が人になることは、たえずこの外化のうちにあり、統一でありながら同様に分裂でもある。

つぎに、ヘーゲルは、父と子との分裂を神の死という「神的理念の最高の外化」のうちに見いだす。この最高の外化は「神は死んだ、神自身が死んでいる」という分裂の表象をもたらす。しかし、神の死は分裂の深淵であると同時に、神と人間との同一の意識という「最高の愛」でもある、とヘーゲルは語る。この愛は他者のための愛や、他者をめぐる愛ではない。そうではなくて、ヘーゲルが念頭におくのは、キリストが死によって人格や所有などをすべて放棄する行為という自己意識である。神の死とは、そもそも受肉によって父と子とが同一となったために生じるのであり、同時に、神は人格を放棄することにおいて生命の制約を放棄するのである。

さらに聖霊の降臨によって教団が形成される。教団の形成は、「聖霊が自分の仲間を充実させること」(V 5. 78) である。教会に集まる人々の精神のうちに神が現前している。形成されている教団は「聖霊を自らのうちに持っており、この聖霊があらゆる真理へと導いている」(V 5. 82)。一八二一年の講義は、このような教団の消滅という節で講義を終えている。

一八二四年以降の講義では、教団は表象の段階にあり、哲学によって乗り越えられなければならない。

一八二七年の講義では、「キリストにおける和解」(V 5. 251) は、「神が三位一体的なものとして知られなければ意味がない」とされる。神は存在するが、自身を区別するものとしてもある。この区別と「他であること」を廃棄することこそが愛への還帰であり、精神である。この講義ではシュライアマハーへの歩み寄りと同時に、教団に対する評価が高まり、「教団の精神の実現」という節で講義を終えている。教団には教会の教義、つまり信仰論が現存する。教義はさしあたり直観、信仰、感情として現れてくるが、表象へと展開して教会のうちで仕上げられる。ヘーゲルはシュライアマハーの『信仰論』に歩み寄ることで、教義は教会のなかで発展していくものであることを強調する。

一八二七年の講義では、ペルシアの宗教やカント哲学では、「悪は克服されるべきであるというところに留まるだけで、善という最高のものに絶対的に対立している」(V 5. 260) とある。ヘーゲルは、善と悪の対立が固定される立場を批判する。ヘーゲルによれば、人間は教団のなかで教義を学び、真理を自分のものとすることによって、「善であり真なるものに習慣づける」（V 5. 259）。ここにヘーゲルは教団の役割を見いだす。たしかにヘーゲルも「人間のなかには一般的に悪への可能性がある」ことは認めている。しかし、悪は精神がコントロールできるものであり、悪は生じなかったことにすることができるのである。

改悛と贖罪は、人間が真理を欲して真理へと高まることによって犯罪が消失するという意味を持つ。そして、人間が自らの悪に対抗して真理を承認し善を欲することによって、悪が無とされる、すなわち改悛によって悪が無とされるという意味を持つ。そのようにして悪は、それだけでは力ももたない絶対的に克服されたものとして知られる。起こったことを起こらなかったことにするのは、感性的な仕方ではなすことはできない。しかし、精神的な仕方すなわち内面的には、起こったことを起こらなかったことにすることができる。（V 5. 259f.）

ヘーゲルは、人間が真理を承認し善を欲するという「改悛と贖罪」のうちに、起こったことを起こらなかったことにする、精神の威力を認めている。改悛と贖罪においてなされるのは、人間の内面にあるものが展開されて、教育の結果、自分自身の真理を知るということである。この意味において、教義の教育や訓練は意味があり、悪は「それ自身では力を持たない端的に克服されたもの」にすぎない。

ルソーやカントにおいては、「人間は生まれつき善である」（V 5. 221）と考えられている。それに対して、善悪が固定されているのであれば、人間は和解への欲求を持たないことになる。そうではなく、ヘーゲルによれば「人間は潜在的に善」なのである。人間は、実際に善であるのではなく、ただ内面的な仕方で善なのである。そのために人間は悪を行ってしまう。しかし、悪をなしてから善を欲し、改悛と贖罪を通じて、起こったことを起こらなかったことにする、偉大な精神の威力を持ち合わせている。

というのは、人間は動物とは異なり、自らの意志をもって行動するのであるから、その行動の罪責を負い、責任を引き受けなければならないからである。行動の責任を負うことが、動物や事物と異なる人間の特徴なのである。人間は悪をなす可能性を持つ。しかし、自ら行ったことは自ら責任を負い、善を欲して改悛と贖罪を行う。ヘーゲルは、人間がただ善い意志を持っていればよいと考えるわけではない。また、悪をなさなければよいと考えるわけでもない。そうではなく、悪をなした人間が、自らの悪を認めてその責任を負い、改悛すること、ここに教義が自らのものとなり、真理が外部ではなく自身の内部にあることを見る。ヘーゲルが三位一体論に見いだすもの、人間の自然からの断絶とその和解のうちに見いだすのは、精神のこのような運動である。

おわりに

ヘーゲルは四回の『宗教哲学講義』のなかで、自らの思想を試行錯誤しながら展開させている。リヒャルト・クローナーは、ヘーゲルの宗教哲学は、その他の素材に比べると非常に単純で、それどころかときおり平坦で粗野で大ざっぱなものだと見なしていた。これに対してオットー・ペゲラーは、ヘーゲルが講義のなかで実験的に語ることによって新しい試みに取り組んでいたことを指摘している。(14) 世界の宗教を体系のなかに組み入れることにヘーゲルは何度も試行錯誤していた。ヘーゲルは『宗教哲学講義』を通して、絶対的なものや真なるものを捉える過程を、哲学的な論理によって語ろうとした。そして、ヘーゲルは三位一体を通じて、創造主による一回かぎりの出来事としての世界創造ではなく、真なるものが現象し、分裂を経てふたたび神のもとへ戻っていく、過程を描き出している。

ヘーゲルは哲学を「持続的な祭祀」(V 3. 334)と捉えるため、宗教感情も形式的な宗教儀式である犠牲も、それだけではまだ哲学ではなく、人が自分自身を否定して神に捧げる改悛と贖罪において宗教哲学が可能になると見る。犠牲になるとは、自然なものとか「他であること」を捨て去ることである。キリストが死んだということは、個人としてのキリストが死んだということではない。キリストの死が「神の本性」としてなされていること、このことが明らかになるところに、祭祀としての哲学が見いだされるのである。

第十一章　神学講義——「神の存在証明」をめぐって

小井沼広嗣

はじめに

本章で扱う講義の正式の題目は「神の存在証明について」である。ヘーゲルはこの講義をベルリン大学において、一八二九年の夏学期に開講した。この講義が行われたのは後にも先にもこの時だけであり、今日に伝わるテキストは、その全十六回の講義のためにヘーゲル自身によって作成されたものである。

ヘーゲルは初回の講義の冒頭、開講理由として、同学期に行われる『論理学講義』を補足するものだと述べている（GW 18. 228）。この事由から分かるように、「神の存在証明」というテーマはヘーゲルの哲学体系において独立した部門を占めてはいない。しかしこのことは、この主題がヘーゲルにとってマイナーな問題であったということを意味しない。むしろ逆である。ヘーゲルはその学問的生涯の全体を通じて、たえずこのテーマに強い関心を払っていた。

青年時代のヘーゲルの思索は、当時の手紙が示すように、「神に近づくとはどういうことか」という問いをめぐって展開されていた[1]。また、イェーナ大学の私講師就任後に発表され、哲学的デビュー作となった『差異論文』（一八〇一年）では、「絶対者を意識に対して構成すること」（GW 4. 16）が哲学の課題であると言明されている。もちろん青年期から体系形成期、さらには体系期にかけて、ヘーゲルの哲学的立場はいくたびかの大きな変遷を遂げている。けれども、神の認識が思想の最高の課題であるというのは、ヘーゲルの生涯を貫く基本姿勢であったといえる。

以上の点を鑑みると、この講義を行ったさいのヘーゲルの意図は、もちろん一方では『論理学講義』を補足するためであったに違いないが、他方では、神の認識に関する自らの哲学的思索の集大成を示す狙いもあったと推察できる。実際、最晩年のヘーゲルはこの講義原稿を推敲して出版する計画を立てていた、という事実も伝えられている。もっとも、残念なことに、ヘーゲルの急逝により、この計画は実現されずに終わった。後述するように、この講義のヘーゲルの主な狙いは、西洋形而上学の伝統において論じられてきた主要な神の存在証明、すなわち宇宙論的証明、目的論的証明、存在論的証明を、ヘーゲル独自の哲学的立場から解釈し直す点にあったと思われる。しかしながら、全十六講から成るテキストのうち、前半の六講義は序論的な内容で、本格的に神の存在証明が論じられるのは第七講からであり、しかも具体的な証明については結局、宇宙論的証明についての考察しか扱われないまま終わっている。したがって、この主題に関するヘーゲルの思想の全容に迫ろうとするならば、その他の著作や講義録のうちに散見される関連箇所をあわせて参照することが不可欠となる。ここではそうした大きな課題に取り組むことはできないが、体系上の他の領域との関連にも見通しを与えたうえで、この講義の内容を見ていくこととしたい。

第一節　旧全集版と校訂版の違い

この講義テキストは以前の全集版と新たな校訂版とでは収録のされ方が異なる。本節ではまず、この点を確認しておこう。

このテキストは、以前の全集版（マールハイネッケ編初版・一八三二年、ブルーノ・バウアー編第二版・一八四〇年、グロックナーによるその復写版・一九二八年、ラッソンによる校訂版・一九二五―二九年、ズーアカンプ版・一九六九年）においては『宗教哲学講義』の巻末に「付録」として収められていた。最初の編者マールハイネッケがとった処理を、以後の編者たちはそのまま踏襲していたかたちになる。ただし、旧全集版の本文を校訂したラッソンは、当時の聴講者であったヴェルナーによる第一講から第八講までの筆記を発見し、これを本文の該当箇所の下欄に併記して印刷している。

これに対し新たな校訂版では、この講義は、『宗教哲学講義』と区別されるべきものであるというそもそもの事情や、また、ヘーゲル自身が書いた著作や草稿類と聴講者の筆記録とを資料上峻別するという編集方針にもとづき、独立したテキストとして、ヴァルター・イェシュケ編による『ヘーゲル全集』第十八巻『講義草稿Ⅱ』（一八一六―一八三一年）のなかに収められている。ただし、遺憾なことに、ヘーゲルの手稿そのものは初版の編者マールハイネッケによって印刷に付されたのち、散失してしまい、今日に残されていない。それゆえ校訂版では、このテキストには「間接的な伝承資料」という位置づけが与えられている。

新旧の全集版の違いについて加えて明記しておくべきことは、旧全集版ではこのテキストに「補完的な」処置が付されていたことである。前述したように、この講義の本来の狙いでは、伝統的に論じられてきた三種類の神の存在証明すべてが考察されるはずであったが、実際には宇宙論的証明しか扱われていない。そこで、未完部分を補うため、旧全集版では編者のマールハイネッケが、別の年度に開講された『宗教哲学講義』のなかから、目的論的証明と存在論的証明について論じられた箇所をそれぞれ末尾に付載していた。また彼は、ヘーゲルの遺稿群のなかから見つかった、宇宙論的証明へのカントの批判を批評した断章を、第十講と第十一講のあいだに挿入している。しかし新たな校訂版では、これら異なる講義録からの付載部分は取り除かれ、また、宇宙論的証明に関する断章は講義原稿とは別立てで同じ第十八巻に所収されている。

では、こうした新旧の全集版の違いを私たちはどう受け止めるべきだろうか。邪推すれば、マールハイネッケがとった編集処理のうちには、「体系の完成者ヘーゲル」という像を作り上げようとする当時のヘーゲル学派の思惑を見て取ることができる。彼は要するに、体系上の固有な位置をもたない「神の存在証明」を主題とした講義原稿を、関連する宗教哲学講義の「付録」という位置づけを与えることで何とか収まりをつけ、また、内容上の未完部分を他の年度の『宗教哲学講義』の筆記を付載することで補完しようとしたのであった。校訂版のテキストではこうした作為が取り除かれている分、私たちは曇りない目でヘーゲルの講義原稿を読むことができる。とはいえ、テキストの内容自体は、ヘーゲル自身が書いた原稿という性格上当然のことながら、新たな校訂版は旧全集版と変わりがない。また、この講義の資料状況は、ラッソンによるヴェルナーの筆記の発見以降、前進がない。したがって、資料に関しては旧全集版ですでに出そろっていたと言える。ただし、この講義に関する研究もまたこのさき進展が見込めないかというと、そうではない。論理学や宗教哲学など、この講義と密接な関連をもつ他の講義の資料状況は、校訂版の刊行によって画期的に向上した。したがって、それらを併せて参照することで、ヘーゲルがこの講義に込めた思想をより精微に解明することが今後可能ではないかと思われる(2)。

第二節　本講義の体系上の関連

すでに指摘したように、神の存在証明という主題はヘーゲルの哲学体系のなかでそれ自体独立した部門を占めてはいない。しかし彼の哲学とこの主題には、一見して考える以上に、深い結びつきがある。そこで本節では、この主題がヘーゲルの体系においていかなる仕方で論じられているかを確認し、それを手がかりとして、この講義原稿（以下では『神学講義』と呼ぶこととする）の性格をあらかじめ見定めてみることとしたい。

先述したように、ヘーゲルは『神学講義』の冒頭で、この講義は『論理学講義』を補足するものだと開講理由を述べている。さらには、「神の存在証明」という問題はその「証明の本性」に関しては論理学と、証明の「内容」である神に関しては宗教哲学と関連している、とも述べている（GW 18. 228）。けれどもここでは、ヘーゲルがその体系のうちでこの問題を論及する仕方を三つに区分してみたい。すなわち第一は、純粋思想の展開（論理学の本論）として、第二は、宗教の歴史的展開において、第三は「神についての知」一般のあり方、ならびにこの点をめぐる同時代の思想的立場との対決においてである。以下、それぞれを見ていく。

第一が、論理学との結びつきである。ヘーゲルにおいて論理学とは、伝統的な形式論理学のようにたんなる主観的な思考形式を扱う学問ではなく、「純粋思想」の体系を叙述し展開するものである。純粋思想とは、あらゆる思考と存在の根底にあって、主観の認識作用の根本的な枠組みでもあれば客観的現実に内在する魂でもあるような概念のことであり、さらにはそれら総体を統一づけるところの神的な理念のことである。論理学では低次の概念から高次の概念への進展の系列が展開されるが、各段階はそのかぎりで、そのつど有限なカテゴリーが無限なものへと高まるという意味合いをもつ。それゆえ、「論理学は純粋思想の精気（エーテル）のうちにおける神の理念の展開を考察する形而上学的神学である」（GW 18. 278）と言われる。

第二の論じ方がなされるのが、宗教哲学における宗教史の叙述である。『宗教哲学講義』はベルリン時代に計四回行われているが[3]、そのうちの一八二一年、一八二四年、一八三一年の講義がこれに該当する。ヘーゲルはそこで、伝統的に論じられてきた三種の神の存在証明は人間の宗教意識の歴史的諸段階に基礎をもつとし、宗教の発展と種々の証明との対応づけを試みている。具体的に言えば、宇宙論的証明は古代東洋の宗教（自然宗教）に、目的論的証明は古代のギリシア、ローマの宗教に、存在論的証明はキリスト教に対応づけられ、論じられている。

ところが一八二七年の講義だけは事情が異なり、神の存在証明の問題は、基礎論をなす第一部「宗教の概念」の箇所で、集中的に取り上げられている。ヘーゲルはこのなかで、人間はどのように「神についての知」に達するのかという問題にふれ、直接知（または信仰）、感情、表象、思考という人間の認識能力を論じ、そのうちの思考の箇所で、神の存在証明一般の問題とともに、三種類の証明を順次検討している。それゆえこの講義での論じ方は、先ほどの区分の第三点目に相応する。特筆すべきは、「直接知」の立場が神の知の端緒に位置づけられ、さらには直接知が間接知との関係からも考察されるなど、この立場の代表格であったヤコービをひときわ意識した叙述が見受けられる点である。(4)

また、「神についての知」のあり方の検討という点で深く関連するのが、ヘーゲルが論理学への導入として論じる「予備概念」の項である。(5) この箇所はハイデルベルク大学とベルリン大学で行われた『論理学講義』を通じて内容が著しく拡充された部分であり、『エンチクロペディー』第一版（一八一七年）から第二版（一八二七年）・第三版（一八三〇年）への叙述の変化はその結実を示している。(6) ヘーゲルはここで「客観に対する思想の態度」として、クリスチャン・ヴォルフに代表される古い形而上学、経験論ならびにカントの批判哲学、ヤコービの「直接知」の哲学を取り上げ、それぞれの思想の概要を論じているが、そのさい、これらのうちで神の存在証明の問題がどのように扱われていたかが立ち入って論評されている。そのうち、内容の拡充という点で明記すべきは、ヤコービの直接知の立場に独立した位置づけが与えられるのは第二版からだということである。

さて以上のことを踏まえたとき、『神学講義』の叙述のどのような性格が見えてくるだろうか。この講義テキストは十六の講義から成るが、その主要な論点は以下の四つに整理することができる。(a) ヤコービを主唱者とする「直接知」の立場の登場により、神の存在証明の議論は時代錯誤のテーマとされたが、そうした同時代の趨勢に抗して、神の存在証明を哲学の最重要テーマの一つとして復権させること（第一講―第六講）。(b) そのさい、旧来の形而上学の悟性的な証明形式をそのまま受け入れるのではなく、「思弁的概念」としての神の理念を捉えるという、ヘーゲル固有の論理学的見地においてこそ、真の意味で神の存在証明が果たせることを明示すること（第七講）。(c) また、その観点から、従来議論されてきた三種類の神の存在証明を統一的に関連づけること（第八講、第九講）。(d) 思弁的な見地から神の存在証明を捉え直すという課題を、宇宙論的証明において具体的に果たすこと（第十講―第十六講）。(b)(c) の論点に示されるように、『神学講義』の中心の狙いは、形而上学の伝統における三つの主要な神の存在証明を、ヘーゲル固有の論理学的見地から把握し直す点にみとめられる。すなわち、三つの証明をただ一つの神の理念（または思弁的概念）の発展過程として解釈する、というモチーフである。

ただし、この講義の基本スタンスは、論理学の本論とは異なり、思弁的概念の展開を純粋に叙述するものではなく、また、神の理念の発展を宗教史という時間軸に対応させて捉えるものでもない。むしろ、ここでは、従来の「悟性的な」神の存在証明の欠陥を指摘するとともに、同時代の思想界の趨勢をなしていた「直接知」の立場をも論駁する、という姿勢が基調となっている。その点からすれば、『神学講義』には「予備概念」をめぐる一連の論考、ならびに一八二七年の『宗教哲学講義』における「神についての知」の論考と重なる問題意識が見てとれる。端的に言えば、ヘーゲルが課題としていたのは、思弁的な知の立場において、直接知と媒介知（悟性的な証明形式）それぞれの一面性を克服し、信仰と思考との対立を解消することであったと言える。とりわけ、この講義が未完に終わっており、三つの証明形態のうち、実際には宇宙論的証明に関する考察しかなされていない点を鑑みると、この残された講義原稿において際立っているのは、こうした先行する思想的立場への対決姿勢である。そこで私たちは、この点に『神学講義』の基本性格を見定めつつ、以下では、先の区分に従い、ヘーゲルの講義内容を立ち入って見ていくことにしよう。(7)

第三節　「直接知」の立場との対決

まず、そもそもヘーゲルが「神の存在証明」をどのように規定しているかを見ておきたい。

ヘーゲルによれば、神の存在証明とは「人間精神の神への高まり」を「思想」において表現するものである（GW 18. 234）。人間は古来より、想像において神を思い描いたり、自らの感情や直観において神的なものを意識したりしてきた。こうした仕方での神への高まりは、人間の生の営みに広くみられる事実であり、宗教一般の由来をなすものである。けれども、神の存在の確証がこうした各人各様の信仰や信念にとどまっているかぎり、それは偶然的な事柄に属すといえる。しかし人間は「思考する精神」(GW 18. 258) でもあるがゆえに、自らの内的信仰が必然的なものであり真理性をもつことを理性的に確証したいという欲求をもつ。こうして「神の存在証明とは思考、理性を満足させようという要求から現れたもの」(GW 18. 229) なのである。

実際、西洋哲学の伝統において、神の存在の証明は、人間の自由意志や、魂の不死の問題などと並んで、形而上学のもっとも重要な課題の一つだった。とりわけ、キリスト教信仰を哲学的に基礎づけようとした中世のスコラ哲学において、神の存在証明は中心的テーマだった。そしてその伝統は近代においても、デカルトからライプニッツ・ヴォルフ学派の哲学に至るまで続いている。

ところが、ヘーゲルの時代の思想界では、神の存在証明はもはや時代にそぐわない古びた議論だと見なされる風潮が支配的となっていた。ヘーゲルは第一講でこう述べている。「宗教的真理を証明すること自体が時代の思考様式においてはまったく信用を失っているがゆえに、そういう証明が不可能であることはすでに一般的な先入見となっている。また、そういう認識を信頼することや、そうした認識によって神とその本性なり、あるいはたんにその存在なりを確信しようと試みること自体が、非宗教的だと見なされている」(GW 18. 229) と。

この講義では明記されていないが、こうした思想界の動向の発端となったものとしてヘーゲルが念頭に置いていたのは、カントの批判哲学である。カントは『純粋理性批判』において、従来の形而上学の議論はすべて根本的に誤ったものであり、したがってまた、神の存在を理論的に証明することは不可能であると主張した。カントの考えでは、私たち人間が認識しうるのは、私たち自身にそなわった認識能力の範囲内において現れてくるものに制約されている。それゆえ、私たちの認識のうちで妥当性をもつのは経験可能な現象の世界だけであって、魂の不死、宇宙の根源、神の存在などといった究極的な真理については、確実な知識を得られないとしたのである。

こうしたカントの形而上学批判が流布した結果、思考と信仰を分離し、後者にのみ神の認識を認めようとする立場が登場する。前述したように、ヤコービを代表格とするこの立場を、ヘーゲルは「直接知」と呼ぶ。この立場はカントの批判哲学にならい、人間の思考能力は制約されており、無限なものには至らないとして、神の存在は論証しえないとする。しかし、無限者の認識は、有限なものしか認識できない思考規定（カテゴリー）による「媒介知」においては不可能だとしても、無媒介的な「直接知」あるいは「感情」においては可能であるとする。つまり、神は、悟性の判断や推論の能力を介さずに、いきなり知的直観や深い感情によって、直接的に確信されるのだと主張するのである。

こうして「今日では信仰一般が、思考に対立する直接知として、真理を把握する唯一の方途へと高められている」（GW 18. 232）。ヘーゲルは神の存在証明の議論に立ち入るまえに、まずもってこうした同時代の動向に対して自らの哲学的立場の正当性を弁明する必要があったのであり、『神学講義』の前半部はこうした直接知への論駁に多くの紙面が充てられている。では、いかなる批判が直接知に向けられるのだろうか。

第三講でヘーゲルは、人間のおよそ一切の精神活動は媒介されたものであると言明する。「媒介されることも媒介することもないような知は存在しない……、それは、天上のものにせよ、地上のものにせよ、地下のものにせよ、自然や精神の対象で媒介の規定とともに無媒介性〔直接性〕の規定をも自己のうちに含まないものはまったく存在しないのと同様である」（GW 18. 242）。なんの媒介も含まないような直接的なものなどはありえず、直接性は媒介性と密接不可分である。一見、直接的なものにみえる個人の内なる信仰もまた、何らかの教示や教育を前提とし、それを媒介にしてのみ成り立つのである。

ところが直接知の立場からすれば、何らかの区別や他のものとの関係は、有限な知のあり方としてすべて排除されるべきだから、「自己自身への単純な関係」（GW 18. 243）のみが残る。けれどもヘーゲルの論理学の見地からすれば、そうした区別を欠くものにはたんに「存在」という抽象的規定しか属さない。すると直接知の立場では、自らが確信するものが「存在する」と知るだけで、それが「何であるか」は知りえないこととなる。というのも、確信の内容を規定しようとすれば、「存在」以上の複雑で相互に媒介された思考規定を用いざるを得ず、直接知は媒介知となるからである。こうして直接知が原理とされる場合、信仰は内容のない「抽象的な形式主義」（GW 18. 244）に陥ってしまう。その結果、神が何であるかについては、かえって各人各様の「恣意」に委ねられてしまうのである（GW 18. 247）。

第四講では、感情についても批判的論及がなされる。ヘーゲルは「感情を欠くならば信仰は宗教ではない」（GW 18. 245）と述べ、宗教心が感情を必ず伴うことを認める。しかし、感情とはいかなる対象内容に対しても抱きうる主観形式であり、そうである以上、感情の有無は、それの内容に対する弁明のすべてにはなりえない。「あらゆる宗教は、真実の宗教と同様、もっとも虚妄で不道徳な宗教ですら、感情や心情のうちに存在する」（GW 18. 246）。それゆえ感情の価値はその有無によってではなく、その内容の如何によって測られなければならないのである。

総括して言えば、直接知へのヘーゲルの批判は、それが信仰と知識とを分断し、両者を和解し難い対立関係のもとに捉えている点に向けられている。ヘーゲルの意図は、神の認識において、感情や直観、あるいは表象を除外しようとするものではない。むしろその真意は、宗教はたしかに信仰や感情からはじまるといえるが、正真正銘の神の認識であるためには、思考を媒介とし、知識へと高められなければならないという点にある。

第四節　神の存在証明の思弁的把握

ヘーゲルは直接知の立場に抗して、神の理性的認識の正当性を主張する。とはいえ、ヘーゲルはカント以前の古い形而上学の立場へと回帰しようとするわけではない。ヘーゲルは、思考によって神を認識しうるとした点では古い形而上学を是認するが、そのやり方は「悟性」の立場にとどまっていたと見なす。悟性とは物事を分析し、区別立てて認識する働きであり、人間の思考活動において不可欠な段階をなす。しかし悟性は区別立てたものを固定化し、それらに固執するがゆえに、真に具体的なものを認識することができない。ヘーゲルは第七講で、自らの立場を提示するに先立ち、まずもってこうした悟性的思考がはらむ問題を論じている。

ヘーゲルはかつての神についての形而上学、いわゆる「自然神学」の証明手続きを、つぎのように要約する。まず、神という概念を明らかにすることが出発点にされる。概念がそれ自体のうちに自己矛盾を含まないかどうかが考察され、そして概念は自己矛盾を含まないかぎりで「可能」であるとされる。つぎに示されるのはその概念が「存在する」ことである。これがすなわち神の存在証明に当たる。しかしたんに「同一性」(=自己矛盾のないこと)という抽象的カテゴリーに還元された概念は、その現実存在が明らかになったとしても、なんらの具体的内容も持たず、私たちが一般にいだく神についての豊かな表象(イメージ)に適合しない。そこで第三に、神の諸性質があらためて問題にされることとなる。

このように神の概念、神の存在、神の性質を区別するという考察手続きは、何らの妥当性も持たない、とヘーゲルは主張する。悟性はこの場合、神が「何であるか」(=概念)と神が「存在すること」を別々の問題と見なすわけだが、ヘーゲルからすれば、「概念は存在を欠くとき真実なものではない」(GW 18. 260)。なぜなら、存在は概念を抜きにしてはけっして規定的に思考することはできないし、概念は存在を契機として内に含んでおり、それゆえ自らを客観的なものとするからである。また、概念と性質との区別についていえば、「性質とは概念それ自体の規定にほかならない」(GW 18. 260)のであって、神の性質がその概念とは別個の仕方で規定されるわけではない。総括して言えば、これらは互いに不可分であって、「精神の神への高まり〔神の存在証明〕とは、神の概念と神の諸性質と神の存在とを規定するという一つのことのうちに存する」(GW 18. 261)。

ところで、ヘーゲルがここで念頭に置いているのは、ヴォルフ学派の存在論的証明の議論である。存在論的証明とは、神の概念からそれの存在を導き出そうとする証明法のことである。すなわち、もっとも完全なものとしての神はその概念上、当然あらゆる完全性をもつが、「存在すること」はじつに完全性の一つであるがゆえに、逆に言えば、存在しないような神は完全ではない、つまりその概念と矛盾するがゆえに、神は必然的に存在する、と推論するのである。

ところがこのように、神の概念が自己との無矛盾という「抽象的で無規定的な同一性」（GW 18. 261f.）に帰せられるかぎり、証明によって得られるのはたんなる抽象的な意味での神の「存在」だけであり、神が何であるかについてはいかなる規定もなされない。具体的規定の問題になると結局、悟性的思考は、神についての一般的な表象に頼らざるをえなくなる。しかしヘーゲルはそもそもこのような無規定な概念を真の意味での概念とは認めない。むしろヘーゲルの知見からすれば、「概念とはそれ自体において端的に具体的であって、無規定なものではなく本質的に規定された統一、したがってまた、ただ規定の統一としてある」（GW 18. 262）。

ヘーゲルはこうした真の概念のありようを「思弁的概念」と呼ぶ。たとえば、一個の生物の生命活動は、もろもろの臓器や器官、肢体の過程から成るが、これらの働きは互いに不可分なものとして連関しており、全体としての生命活動から引き離されると、もはやその意義と本性を失ってしまう。このように、互いに区別される特殊な規定を含みつつも、それらを全体の契機として連関づけるような「生きた統一」（GW 18. 262）こそ、「具体的な」概念なのである。

有限で一面的な規定はそれ自体としては成り立たないがゆえに、その自立性は否定され、他の規定へと転化する。こうして諸々の規定が順次導き出されることとなるが、否定された規定は無に帰したり、互いに無関係なものとして並置されたりするのではなく、「観念的なもの」として、一つの概念そのもの（＝理念）のうちに統一づけられる。そしてヘーゲルは、規定を観念的に統一づけるもっとも高次の主体は「精神」であると主張する。神が何であるかについては、創造者、全知全能、愛、最終的審判者など、様々な性格づけが与えられてきた。しかしながらヘーゲルは、神は精神であるという規定のうちに、神の概念の十全な表現を見る。「神の概念がそれ自身に対しても私たちに対してもふさわしいものであるためには、神の概念は、自由のより深い規定とともに精神として捉えられなければならない」（GW 18. 264）。

ヘーゲルはこうした概念の思弁的理解にもとづき、つづく第八講、第九講で、複数の神の存在証明をその内的連関において捉えようとする。次節ではその論旨を追ってみることにする。

第五節　複数の「神の存在証明」の概念上の連関

神についての知は、思考のみならず、表象や想像、あるいは感覚や感動など、各人の特殊な内的経験としても生じうる。しかし、こうした特殊な経験を出発点にする神への移行は、「思想」を基礎とする学問的な証明とは異なる。「思想」という基盤において扱われるのは特殊な経験を包括するような思想規定のみであり、それゆえ無数の出発点は少数のカテゴリーへと還元される。ヘーゲルによれば、証明の出発点をなす有限なもののカテゴリーは、第一に、世界やその事物の「偶然性」であり、つぎに、それらにおける「合目的的関係」である（GW 18. 266）。他方で、神の「概念」から始めるという、なお別の出発点もある（GW 18. 266f.）。こうしてヘーゲルはカントと同様、宇宙論的証明、目的論的証明、存在論的証明の三種のみを真の「形而上学的証明」と見なす。

宇宙論的証明とは、世界が偶然的に存在するという事実、すなわち自己のうちに原因を持たず、他のものに依存して存在しているという事実から出発し、必然的に存在して世界の原因となる神を推論しようとするものである。目的論的証明とは、自然界が無秩序な混沌状態ではなく、目的に適った規則性を具えていることから、この合目的的な秩序を根拠づけるものとしての神を推論しようとするものである。そして存在論的証明とは、神という概念から出発してその存在を推論するものである。

ところで、歴史的になされてきたこれらの神の存在証明は、いずれもたんに「存在」という抽象的規定を神に付することを眼目としており、そのさい神がいかなる存在かという内容規定については、一般的な神の表象に依拠していた。とりわけ神の概念から出発する存在論的証明はそうである。しかしヘーゲルによれば、「推論の帰結は出発点の規定性に従って規定される」のであり、したがって「別種の神の存在証明においては同様に、別種の神の規定が帰結することが明らかとなる」(GW 18. 267)。

具体的にはどういうことか。宇宙論的証明で出発点をなすのは事物の「偶然性」というカテゴリーであり、それゆえ、推論の帰結としての神は「必然的存在者」という規定が与えられる。目的論的証明では、事物の「合目的的関係」が出発点となるが、それゆえに神は、自然界全体を有機的に統一づける普遍的な「生命」という規定が与えられる。そして、存在論的証明では「神の概念」が出発点となるが、この場合、神は「精神」として把握されることとなる(GW 18. 264, 266f.)。先述したように、概念とは、思弁的に見れば、特殊な規定を介して自己を自己自身へと関係づけるものであり、そうした運動を十全に実現する自由な主体こそヘーゲルが「精神」と呼ぶものだからである。こうして複数の神の存在証明は無関係なものではなく、「概念の発展から生じる区別」(GW 18. 264)として互いに関連しあうのであり、証明形式が高次化するにしたがって、より内容豊かな神の概念規定が与えられるのである。

第九講では、さらに、これらの証明形式の連関が異なる観点から説明される。三つの証明は、有限な存在から神の概念へと移行するタイプのものと、神の概念からその存在へと移行するタイプのものに二分される。宇宙論的証明と目的論的証明は前者に属し、存在論的証明は後者に属する。ヘーゲルによれば、これらの二群の証明形式はけっして外面的な区別ではなく、本質的には「概念の論理的本性」(GW 18. 270)と関連する。つまり、三つの証明は一つの発展過程を形づくるだけではなく、また同時に、存在から概念への移行、概念から存在への移行として、一つの概念の円環運動として捉えられるのである。

前者の移行について言えば、これは自然や私たち人間をも含めた有限な存在から無限なる神へと高まっていくことを意味する。この高まりこそまさしく「宗教」を成り立たせるものであるが、しかし、この事態は「もっぱら主観的にのみ神に高まる」(GW 18. 272)という一側面をなすにとどまる。けれどもヘーゲルによれば、宗教は本来「私たちだけが神に関係するのではなく、神もまた私たちに関係する」(GW 18. 253)という事態を含む。そこに、概念たる神が実在化するという第二の移行が結びつくこととなるが、その場合、神はたんなる自然の創造者ではなく、自らを人間のうちに「伝達する」ものであるとされる。したがって論理学的にみれば、神的な「概念」と有限な「存在」との連関の十全な様式は、一方の規定から他のものへのたんなる「移行」でもなければ、一方の規定が他の規定において「仮現すること」（仮象）でもなく、むしろ「概念または理念」の様式であって、そこでは「一方の規定は自らの他者のうちで自己を保持する」のである（GW 18. 270）。

ところで、このように神と人間との双方向性を捉えるという視点は、ヘーゲルのキリスト教理解と密接に結びついている。キリスト教は神が人間に対して自らを「啓示する」ことを説く。このことは、人間が神を認識することが同時に、「人間の知において自らを知る神の自己意識」（GW 18. 254）の運動でもあることを意味する。ヘーゲルは、神が世界の背後にある実体にとどまるのではなく、むしろ人間の知を媒介にして自己を積極的に顕わにするという点に、キリスト教の核心を見いだすのである。

さてヘーゲルは、以上のような神の存在証明一般の論理的基礎を論じた上で、いよいよ具体的な証明の検討へと入っていく。『神学講義』では結局、宇宙論的証明の考察しかなされていないが、次節ではその内容を見ていくこととしたい。

第六節　宇宙論的証明の思弁的把握

宇宙論的証明についての論考は第十講から第十六講まで及んでいるが、ここではヤコービによる悟性批判への応答という観点から自らの思弁的解釈を明示している第十三講を中心に、ヘーゲルの主張を追ってみよう。

まず、宇宙論的証明は一般につぎのような推論のかたちをとる。――（大前提）「偶然的な世界が存在するならば、それの根拠または前提として、絶対に必然的なものも存在する」。（小前提）「偶然的な世界は存在する」。（結論）「それゆえに絶対に必然的なものは存在する」（GW 18. 292)。

ヘーゲルは、こうした悟性的推論の欠陥を鋭く突いた言説として、ヤコービの『スピノザの教説に関する書簡』を引き合いに出す。ヤコービは言う。概念的に把握するとは「ある事柄をそれのもっとも近い原因から導き出すこと」であり、「無制約なものの概念的把握とはしたがって、それを制約されたもの、あるいは帰結となすことを意味する」（GW 18. 289）と。[8] この証明の場合、無制約なものは「絶対に必然的なもの」に、制約されたものは「偶然的なもの」に該当するが、この証明の趣旨はもちろん、絶対に必然的なものが偶然的なものの前提・根拠となっているということである。しかしながら、この推論が示すのは、偶然的なものが存在し、それが出発点で前提だということであり、絶対に必然的なものはこの前提を媒介にして導き出される帰結だということである。つまりここでは、本来無制約者であるべきはずの神が、偶然的なものによって媒介されたもの、制約されたものへと引き下げられてしまうのである。

ヘーゲルはこうしたヤコービの論難を一面では正当であると認める。他のものに媒介されたもの、制約されたものとして考えられなければならないようなものは、絶対的に必然的なものではなく、神ではない。しかしヘーゲルによれば、こうした論難は悟性的推論の「形式」の欠陥を明るみに出すものではあっても、この証明それ自身の「内容」には当てはまらない。

思弁的な観点からすれば、宇宙論的証明の内実の核心は次のように把握される。たしかに出発点をなすのは偶然的なものである。しかしヘーゲルによれば、「偶然的なもの」（Zufälligkeit）という語が「没落する」（zu fallen）という規定を含んでいるように、「偶然的な世界が存在する」という命題はそのうちに矛盾をはらんでいる（GW 18. 290)。偶然的なものはそれ自身では存在しえず、むしろ自らを否定し、必然性へと移行せざるをえない。したがって、絶対的必然的なものとしての神は、偶然的なものの本性のうちに内在する真の帰結である。それは、媒介を揚棄したものとして自己のうちに含むもの、「他のもの〔偶然的なもの〕の揚棄によって自己を自己自身へと媒介するもの」（GW 18. 291）にほかならない。

ヘーゲルの見るところ、悟性の推論形式の根本的な欠陥は、こうした「否定」の契機を欠いており、証明の出発点となった偶然的なものが「存在し存続する第一のもの」としてそのまま残されているという点にある（GW 18. 291）。ヤコービはこの推論形式をそのまま受け止めたがゆえに、制約されたものから出発する悟性の認識によっては無制約者を捉えられないとし、論証や証明を排した直接知を主張したのであった。けれどもヘーゲルにとって無制約なものとは、ヤコービの考えるように、制約的なものから切り離されることで無制約的であるのではない。むしろ、制約されたもの、偶然的なものとの「思弁的な」媒介関係を成就することによってのみ、無制約的なのである。無制約なものは制約された諸事物に媒介されているとはいえ、それらは自存するものとしては否定され、たんに観念的なもの（＝全体の契機）としてのみ保存されている。したがって、その媒介関係はもはや他者との媒介ではなく「自己との媒介」（GW 18. 291）であり、他のものによって制約されない自己関係だと捉えられるのである。

ところで、こうした自己関係こそ真に絶対に必然的なものであるとすれば、そうであるかぎり、「必然性そのものはその真理を自由においてもつ」（GW 18. 279）こととなる。なぜなら自由とは、他のものに依存せずに自己をみずから規定するという、自己関係的な活動のことだからである。こうしてヘーゲルによれば、自由という領野とともに、「目的」「合目的的なもの」という、概念のより高次の規定が現われる。ここに次なる神の存在証明、すなわち「目的論的証明」のための舞台が整えられるわけである。けれども、目的論的証明、さらには存在論的証明に関するヘーゲルの思弁的理解を知るためには、『宗教哲学講義』など、別のテキストを手がかりとする必要がある。

おわりに

神の存在証明とは「人間精神の神への高まり」にほかならないが、ヘーゲルはこの高まりの意義をつぎのように表現している。「神へと高まることはそれ自体として、主観性一般の一面性、とりわけ認識の一面性の揚棄である」

(GW 18. 273) と。これまでの考察で確認されたように、『神学講義』の狙いはまさしく、従来の悟性的な論証形式、ならびに同時代の直接知の立場にみられる「認識の一面性」を批判的に乗り越えるという仕方で、自らの思弁的な神認識の立場を明示する点にあったといえる。

ヘーゲルは、人間は神を完全に認識しうるとする点で、主知主義的な信仰理解の極みに立っている。ただし、ヘーゲルにとって神の存在証明とはあくまでも、すでにある信仰を端緒としつつ、「思考、理性を満足させようという要求」を充たそうとするものであり、そのかぎりでは、信仰心をもたない人間を信仰へと導きいれるような効果を意図したものではない。ヘーゲルは一八二七年の『宗教哲学講義』のなかで、「私たちが信仰を固めたとき、その信仰内容を知的にも理解しようとしないのは怠惰だと思う」という、カンタベリーのアンセルムスの文言を引用しているが[9]、この言葉は、ヘーゲルが意図する「信仰から思考への必然的な高まり」を端的に表現しているといえよう。では、ヘーゲルその人の思考の土台をなした「信仰」の内実とは何だったのだろうか。それはおそらく、既存のプロテスタント教会の教えに対する信仰ではなく、むしろ、人間の歴史の歩みのなかで自由という精神の本性が実現される、という確信であったように思われる。

第十二章　哲学史講義

三重野清顕

はじめに——ヘーゲルの講義状況と資料

ヘーゲルが哲学史を講義で最初に扱ったのは、一八〇五／〇六年冬学期（イェーナ大学）にさかのぼる。その後、ハイデルベルク大学で二回（一八一六／一七年冬学期、一八一七／一八年冬学期）、ベルリン大学では計七回（一八一九年夏学期、一八二〇／二一年冬学期、一八二三／二四年冬学期、一八二五／二六年冬学期、一八二七／二八年冬学期、一八二九／三〇年冬学期、一八三一／三二年冬学期）開講が予告されている。最終年度の講義は、ヘーゲル自身の突然の死（一八三一年十一月十四日）によって開講後ほどなくして中断されることになった。

『エンチクロペディー』の「序論」において「哲学史」への簡単な言及があるものの、「哲学史」は講義要綱を持たず、ヘーゲルは手稿にもとづいて講義を行った。ヘーゲルの講義について伝える直接的資料としては、ミシュレの述べる「三種類の素材」[1]がある。つまり、(一) ヘーゲル自身によって完全に練り上げられた文章からなる、きわめて完成度の高い手稿、(二) 口頭で自由に補うための簡単な素材としての、紙片や手稿欄外に書かれた覚書、(三) 講義の場でそのつど生み出された思想を伝える、講義筆記録である。[2]

哲学史講義に属する（一）ヘーゲル自身の手になる講義草稿および（二）覚書としては、以下のものが現存していることが知られ、いずれもアカデミー版『ヘーゲル全集』第十八巻（一九九五年）に収録されている。年次別に整理しておけば、一八一六／一七年冬学期の「ハイデルベルク大学における開講演説」（GW 18. 3–8）、一八一九年夏学期の「覚書」（GW 18. 107）、一八二〇／二一年冬学期の「序論草稿」（GW 18. 36–94）と「二つの覚書」（GW 18. 108–11）、一八二三／二四年冬学期の「序論草稿」（GW 18. 95–106）である。このうち、一八二〇年および一八二三年の「序論草稿」については、ガルニロン／イェシュケ編集の試行版『ヘーゲル講義録選集』第六巻にも、一八二〇／二一年の講義筆記録と比較対照できるように並べて印刷されているので、以下、引用もこの『ヘーゲル講義録選集』に依拠する。現在、一八二〇年の「序論草稿」冒頭部の改稿と推定されている一八二三年の「序論草稿」は、かつてホフマイスターによってハイデルベルク時代（一八一六年十月十八日開講）の講義草稿として刊行されたもので、この年代決定は『ヘーゲル講義録研究』（一九九一年）にいたってもなお踏襲されていた。[3]

（三）現在知られている講義筆記録（筆記者名）の年次別一覧を以下に掲げる。講義筆記録は、現在のところベルリン時代のもののみ現存が確認されている。そのなかには口述筆記録、清書稿、さらに推敲や再構成の手が加えられたものが含まれ、その詳細さの度合いもさまざまである。ミシュレは優先的に使用した資料として三点の講義録（ヘニング、ミシュレ、カンペ）を挙げており、またホフマイスター版編集には九点の講義録が使用された。ガルニロン／イェシュケ版は、あらゆる現存資料を使用している。

1　一八一九年夏学期：マイヤー（ミュンヘン大学図書館蔵）、カリエール（ヘーゲル文庫蔵、散逸したヘニングのノートに由来）、ヘニング（散逸）

2　一八二〇／二一年冬学期：ヘーリング（ノースウェスタン大学図書館蔵）

3　一八二三／二四年冬学期：ホトー（プロイセン文化財団図書館蔵）、フーベ（ヤギェウォ図書館蔵）、ミシュレ（散逸）

4　一八二五／二六年冬学期：筆記者不明（ポーランド学術アカデミー図書館蔵、ヘルツェル筆記？）、グリースハイム（プロイセン文化財団図書館蔵）、レーヴェ（プロイセン文化財団図書館蔵）、ピンダー（ヘーゲル文庫蔵）、シュティーヴェ（プロイセン文化財団図書館蔵）

5　一八二七／二八年冬学期：ディークス（個人蔵）、ヒュック（サンクト・ペテルブルク公立図書館蔵）、ヴェルトリヒ（グロックナー旧蔵・戦災により焼失）

6　一八二九／三〇年冬学期：筆記者不明（シュトラウス筆記録によって伝えられる）、筆記者不明（プロイセン文化財団図書館蔵、散逸したカンペの筆記録と同一か）、筆記者不明（シカゴ大学図書館蔵）、カンペ（散逸）、ヴェルナー（ヘーゲル文庫蔵）、

7　一八三一／三二年冬学期：シュトラウス（マールバッハ・ドイツ文学文庫蔵）

つづいて、『哲学史講義』のこれまで出版された版について、簡単に確認しておこう。『哲学史講義』は、ヘーゲルの死後ほどなくして、故人の友の会によってベルリン版『ヘーゲル全集』の一環として、ミシュレの編集により出版された。(4) その第一版は一八三三年より刊行され、のちに一八四〇年から第二版が出版された。その序文でミシュレ自身が表明するように、「生の素材」を用いた第一版と比較して、第二版では「個々の文や一節をよりよく配置し」、「素材の順序を組み替え」、「冗長や反復を削除」するなど、より多くの手が加えられている。言い換えれば、ヘーゲル自身に由来するものはより少なくなっている。すでに出版されている草稿や講義録と実際に比較することで容易に確認できるとおり、ミシュレはヘーゲルの草稿や、複数年度の講義録をきわめて自由に組み合わせ、また言葉を補って単一のテキストを再構成しているため、源泉資料の性格や、執筆・講義の時期によって、テキストを構成する成分

を区別することができない。とはいえ、そこには現在すでに散逸している資料の情報も含まれているので、けっして無視することはできない。そのなかには、たとえば、イェーナ時代（一八〇五／〇六年）のヘーゲルの講義ノートがある。すでに散逸した資料に由来する箇所は、現存する各講義録との詳細な比較を通じて今後抽出されるべきであろう。ヘーゲル没後百年を目前に控え、一九二七年より出版が開始されたグロックナー版全集は、基本的にベルリン版にもとづくものであるが、『哲学史』では第一版が採用されることになった。(5)

ラッソン／ホフマイスター版全集の一環として、ホフマイスター編『哲学史講義』（一九四〇年）が出版されている。(6)ホフマイスターは、各種資料を一元的に統合することを断念し、より講義筆記録そのものの文言を保存するような編集方針を採用したが、結局「序論」と「東洋哲学」のみが出版されるにとどまった。

現在のところ、厳密な文献学的方法によって校訂された版としては、ガルニロンとイェシュケが編集した、試行版『ヘーゲル講義録選集』のなかの『哲学史講義』がある。『ヘーゲル講義録選集』の第六巻は、序論と東洋哲学を含み、序論の草稿・講義録が年度別に編集されている。同一年度に属する講義筆記録が複数存在する場合には、それらから単一のテキストが再構成されており、異読箇所はそのつど示されている。第七巻から第九巻は、五つの筆記録が現存していて、もっとも資料が充実している一八二五／〇六年冬講義の再現をめざしたものである。(7)今後アカデミー版『ヘーゲル全集』の講義録（GW 30）が出版された暁には、それが決定版テキストとなることが見込まれる（二〇一六年七月現在、一八一九年および一八二一／二二年講義録を収録する第一分冊がすでに出版され、全六分冊となることが予告されている）。

ヘーゲルの『哲学史講義』は、イェーナ時代から最晩年にいたるヘーゲルの大学での講義活動の全期間にわたり、当然ながらヘーゲルの思想形成の過程を大きく反映するものであったと考えられている。ローゼンクランツは、『哲学史講義』について「出版されているとおり、後年の講義では本質的に変更せず、ただより詳細に述べた」(8)と報告するが、これは講義録を検討するかぎり疑わしい。ヘーゲルが「イェーナの講義ノートへの序論を、後年けっして使用することがなかった」とするミシュレの報告は、『哲学史講義』の基本構想の変化を裏づけるものであろう。

草稿の執筆時期や、講義筆記録の属する講義年次が明確化された結果、それぞれの開講時期による思想の変化や、ヘーゲルの表現の揺れなどを検討することも可能となった。現在のところ『哲学史講義』については、「序論」を除いてまだ完全な年次別編集は行われていないが、『哲学史講義』の「本論」についても、今後のより詳細な講義録研究によって新たな光が当てられることが見込まれる。引き続いて、本章では、年度別編集のなされたガルニロン／イェシュケ版の「序論」にもとづいて、「哲学史」をめぐるいくつかの論点の各年度の講義における変遷をたどってみたい。[9]

第一節　哲学史の使命と体系的地位をめぐる議論

ヘーゲルは大学での講義活動の全期間にわたって、哲学史を繰り返し講義している。『論理学と形而上学』を除けば、哲学史はもっとも頻繁に講義が繰り返された学問分野に数えることができる。この事実は、ヘーゲルにとっての哲学史講義の重要性を示すものであるように思われる。それでは、ヘーゲル哲学全体のうちで、哲学史にはどのような役割が担わされていたのであろうか。

哲学史記述は、一方では哲学的思考の自己認識の完成へといたるプロセスであると考えられる。他方でそれは、ヘーゲル哲学が生成してきた当時の特定の歴史的文脈を叙述するものであり、とりわけヘーゲル哲学への導入として考えられる。イェーナ時代の『差異論文』（一八〇一年）や『信と知』（一八〇二年）における、またのちには『エンチクロペディー』の「予備概念」における、近代哲学にかんする哲学史的記述は、とりわけそのような文脈のうちで理解できよう。すでにローゼンクランツは、イェーナ時代の哲学史講義に関して、以下のように述べている。「ヘーゲルは、あらゆる哲学における哲学の統一を、唯一の巨大な連関の連続性においてきわめて明確に意識した。……いまやヘーゲルははじめて先行者との歴史的な関係のうちに自分自身を見た」[10]。したがって、哲学史の体系上の位置づけについては、（一）絶対精神の最終段階をなす「哲学」の自己認識の過程の歴史的叙述として、体系の終盤に置かれるべきか、あるいは（二）哲学そのものに先行する歴史的導入として体系の開始点に置かれるべきか、という二つの可能性が生じることになり、この点をめぐってこれまでにさかんに議論が行われてきた。

（一）一方では、哲学史こそが全体系を締めくくる最終部分にほかならない、という見解がある。このような見解はすでにミシュレによって定式化されており[11]、またフィッシャーによっても追認されている[12]。また比較的近年では、デュージングもこの立場を表明する[13]。ただし、体系の見取り図を示す『エンチクロペディー』末尾は、哲学史に明示的に触れるものではない。しかし、このように哲学史を体系の最終部分に配置する見解は、ヘーゲル自身に由来する資料に拠って、一定程度裏づけることができる。ハイデルベルク時代の『エンチクロペディー』の「絶対精神」第四七三節への「注記」（一八一八／一九年）では、哲学史は「自分自身を知る精神の最高様態」（GW 13. 529）であるとされ、哲学史の概略が素描されている。このような哲学史との関連については、実際の講義の際に口頭で補足された可能性があろう。イェシュケの見立てでは、第二版以降でこの部分に対応する第五七三節における、「運動が終結においてみずからの概念を把握するとき、つまり自分自身の知をただ回顧するとき、みずからがすでに完成されているのを見いだす」（GW 20. 555）という「哲学」の特徴づけは、ほかでもなく哲学史と関連するものなのである[14]。

（二）他方、哲学史記述には学問への導入機能が与えられていることも、すでに指摘され検討されてきた[15]。イェーナ時代初期には『論理学』に『形而上学』への導入機能が帰せられたが、論理学そのものの形而上学化と並行して「学問の体系」の「第一部」としての『精神現象学』（一八〇七年）が、「学問一般の、つまり知の生成」（GW 9. 24）を叙述するものとされた。すでにローゼンクランツが哲学史の導入機能を指摘しているが、同時に「哲学史のうちには、たんに認識の主観的側面ばかりでなく、認識作用のあらゆる問題がすでに存在するという難点」に、精神現象学による導入構想の優位を見ている[16]。

このような「学問の生成」という性格づけが、ベルリン時代の『哲学史講義』でも繰り返されている。『エンチクロペディー』（第二版と第三版）の第十三節によれば、「哲学の成立と展開とが、哲学史として、外的な歴史という独自の形態のうちに表象される」（GW 20. 54）のである。このような立場は、講義草稿や講義筆記録に一貫して認められる。講義録を比較すると、哲学史を「学問の生成」として規定する表現が、各年度で以下のように反復されてゆく。一八一九年の講義録、一八二〇年の草稿、一八二三年の草稿にある「私たちの学問の生成の叙述」（V 6. 9）、一八二五／二六年の講義録にある「思想界、知性界がいかに成立してきたか、生まれてきたかという歴史」（V 6. 205）、一八二七／二八年の講義録にある「哲学の成立の叙述」（V 6. 277）などである。表現の細部は以上のように変遷してゆきながらも、学問の成立の叙述が、哲学史へとゆだねられている。またそれと並行するように、哲学史記述には、「学問への導入」の役割が与えられるようになる。哲学史の導入的性格は、一八二〇年の序論草稿の欄外注記や一八二三年の序論草稿にすでに示唆されている。また、『エンチクロペディー』の「予備概念」は、一種の哲学史記述をもって思弁的論理学へと導くものであるが、第二版と第三版の第二五節の注によれば、これは『精神現象学』とは異なる、「歴史物語的で論弁的」な性質を持つ導入なのである（GW 20. 69）。

一方では体系の最終地点であり、他方では体系への導入であるという、哲学史の二重の性格づけを、ヘーゲルは晩年まで維持し続けた。このことは、一八二七／二八年の講義録の冒頭における「哲学史は、哲学研究への導入として講義されうる、あるいはむしろ哲学研究の終局としても講義されうる」（V 6. 277）という、ヘーゲル自身の言明をもって裏づけられる。(17)

第二節　学問としての哲学史の可能性

哲学史が学問的性格を備えうるとすれば、問題になってくるのは、歴史と学問の関係である。時間のうちに無秩序に登場してくるさまざまな規定の寄せ集め、たんなる経験知のうちには、学問的な必然性は見いだされえない。一般に歴史的なものについての学問が可能であるとすれば、時間のなかで移りゆくさまざまな偶然的規定が、実際にはなんらかの学問的な必然性によって下支えされていることが示されなければならない。

「学問としての哲学史」の可能性を主題化することで、ヘーゲルはこのような歴史と学問をめぐる原理的な問題に取り組んでいる。『哲学史講義』への継続的な取り組みは、ヘーゲルがこの学問分野にきわめて積極的な意義を認めていたことを示す。ヘーゲルは講義の際に、ブルッカー、ティーデマン、ブーレ、テンネマンなどによる総合的な哲学史記述を参照しながらも、それらに鋭い批判を加える。「理性の歴史」という、啓蒙主義的な歴史観を継承しつつ、哲学史というこの学問分野の哲学的基礎づけへとヘーゲルの努力は向けられている。[18]

「哲学の歴史」という逆説への問題意識を、ヘーゲルはすでに一八〇一年の『差異論文』で表明していた。不変の真理をその内容とするはずの哲学が、実際には歴史の経過のうちで変化していく。また、哲学にとって歴史が本質的であるとはいっても、哲学史は単純な発展ではありえない。ヘーゲルは、哲学史をめぐるこの「二重のアンチノミー」[19]に応対する。哲学史は、真理に与ることのないたんなる私見の無秩序な集合ではないし、その一方で技術史に見られるような、単線的な漸次的改良の歴史でもない。そこで、この『差異論文』におけるヘーゲルは、あらゆる個別的な哲学を、単一の理性の歴史に参与するものと把握することによって、哲学史の学問的性格を確保しようとしている。哲学が唯一にして同一の絶対的な理性の自己認識に属するかぎり、「哲学の内的本質という観点からすれば、先行者も後継者もないのである」（GW 4. 10）。ベルリン時代、一八一九年夏に弟子のヒンリヒスに宛てたヘーゲルの書簡にも、同様の見解が以下のように反復されている。「哲学そのものが問題となる場合、私の哲学は問題になりえません。実際のところ、およそあらゆる哲学が絶対者の概念把握なのです」[20]。またヘーゲルは、ハイデルベルク時代に出版した『エンチクロペディー』第一版（一八一七年）の第八節で、哲学史をめぐって以下のように述べている（第二版と第三版では、第十三節に対応する表現がある）。

真なる哲学の原理は、あらゆる特殊な原理をそのうちに含んでいなければならない。哲学がこのことを哲学そのものにおいて示すと同時に、哲学の歴史もまた、さまざまな現象する哲学において、一方では、さまざまな形成段階にある唯一無二の哲学を示し、他方で、それぞれの哲学体系の基礎をなす特殊な原理が、一にして同じ全体の分枝にすぎないことを示す。（GW 20. 55）

このようにヘーゲルによれば、哲学史に登場する思想のそれぞれは、唯一の哲学の多様な現象形態にほかならず、一つの全体に属する分枝として理解されることになる。

以上のような哲学史観は、ベルリン時代の『哲学史講義』の「序論」で一貫して扱われる重要なテーマである。たとえば、一八二〇年の草稿では、哲学史における永遠の真理と時間的な歴史という二つの契機の対立が先鋭化されている。

哲学は必然的な思想についての学問であり、その本質的な連関および体系についての学問であり、真なるものの、それゆえ永遠で過ぎ去りえないものの認識であるが、歴史はそれに対して、それについての卑近な表象によれば、起こったことに、それゆえ、偶然なもの、過ぎ去るもの、過ぎ去ったものにかかわる。（V 6. 13）

永遠なものの認識である「哲学」と、時間的な変転にかかわる「歴史」からなる「哲学史」は、「二つのあまりに異質なものの結合」とならざるをえない。真理と歴史をめぐる同様の論点は、さらに一八二五／二六年講義、一八二七／二八年講義、一八二九／三〇年講義にも繰り返されている。

哲学史は、過去の思想を対象としながら、そこで過ぎ去りえないもの、現在するものに取り組むといった逆説的性格を持つ。このことは、あらゆる過去の思想形態を契機として含む全体という仕方で、現在の哲学を規定することによって可能となる。またそのかぎりで、哲学史の進展は単純な過去の否定ではありえない。『エンチクロペディー』(第二版と第三版)の第十三節には、「時間的に最後に来る哲学は、すべての先行する哲学の成果であり、したがってすべての哲学の原理を含んでいるにちがいない」(GW 20. 55)という一節が書き加えられている。すでにベルリン時代初期の講義録から反復されているこの論点は、それと同時期の講義録においてもさまざまな表現で反復される。たとえば、一八二五/二六年講義では、「現代の哲学はもっとも豊かで具体的なものであって、かつては全体として提示された、あらゆる過去の哲学の原理を、たんに契機として含んでいる」(V 6. 228)と述べられ、一八二七/二八年講義では、「最近の哲学は、必然的に、以前の哲学を有機組織化における分肢として含んでいる展開された体系である」(V 6. 293)と述べられる。そして、一八二九/三〇年講義においては、「私たちの時代の哲学が、必然的にもっとも具体的なものである。私たちの哲学は本質的にあらゆる先行する哲学の歴史的成果である」(V 6. 326)とされ、「のちの哲学が先行する哲学をそれ自身のうちに統一している」がゆえに、私たちは哲学史を通じて、過去ではなく現在に取り組むことになるのである。

第三節　哲学史と体系的必然性

それまでにも、たとえば『精神現象学』の「序論」にも繰り返されるように、ヘーゲルはしばしば体系形式への要求を掲げてきた。歴史記述と体系性との両立は、いかにして可能なのであろうか。『エンチクロペディー』(第二版と第三版)の第十二節の記述によれば、私たちは所与の経験的規定の偶然性にとどまることはできない。思考は「自分自身からの展開」へと駆り立てられ、「この展開は、一方ではたんに内容とその提示された規定の受容であるにすぎないが、しかし他方で同時に、内容に対して、根源的思考という意味において自由に、ただ事柄そのものの必然性のみによって生じるような形態を与える」(GW 20. 52)。振り返ってみれば、「学問の抽象的諸契機のそれぞれに現象する精神一般のひとつの形態が対応する」(GW 9. 432) とされる、『精神現象学』の「絶対知」の末尾において、ヘーゲルは純粋学の三つの「外化」について語っていた。この場合、時間的な継起を貫く学問的必然性は、このような純粋学の空間・時間への外化によって基礎づけられていることになろう。そして『エンチクロペディー』(第二版と第三版) の第十四節においては、哲学史と哲学そのもののあいだの対応関係が主張される。「哲学史において叙述されるのと同一の思考の展開が、歴史的な外面性から解放されて、純粋に思考というエレメントのうちで哲学そのものにおいて叙述される」(GW 20. 56)。

さて、哲学史の年次別に編集された講義録を検討してみると、ヘーゲルは、あるときは歴史的過程と論理的展開との、あるときは哲学体系との対応関係を主張している。以下、各年度における表現をそれぞれ確認してみよう。

一八一九年講義によれば、「哲学史は概念によって規定され、哲学体系がその外的側面において叙述されたもの」(V 6. 117) である。哲学史は、「哲学そのもの」であり、哲学の展開であって、この展開は「論理的全体、有機的なもの」である (V 6. 124)。一八二〇年の草稿によれば、「歴史における哲学体系の継起順序は、理念の概念規定の論理的導出における継起順序と同一である」(V 6. 27)。一八二〇/二一年講義でも、「歴史における哲学体系の継起順序は、理念の展開における論理的規定の継起順序と同一である」(V 6. 27) と述べられる。

一八二三/二四年の講義録の特徴は、哲学史の展開を導く「内的な弁証法」という表現と、その自己否定的な作用への言及にある。それによれば、哲学史の歩みは、哲学における概念の進行と同じく必然的である。この進行を導くものは、「形態・規定の内的な弁証法」(V 6. 154) である。有限なものは真なるものではなく、その内容に矛盾し、没落しなければならない。現存するものは、その一面性ゆえに内的な理念に適合せず、破壊される。このようにして、哲学史は、哲学そのものの展開過程を時間のうちに表象することになる。

さらに一八二五/二六年講義によれば、「哲学史と哲学体系とは同一」であり、「哲学史は哲学そのものと同一の展開である」とされるが、それは「唯一の理性のみが存在する」からである（V 6. 220）。一八二七／二八年講義によれば、哲学の進行は「自由な必然性による」（V 6. 289）とされ、「哲学史の展開は非歴史的な展開における哲学と同一である」（V 6. 293）といわれる。一八二九／三〇年講義ではふたたび「論理学における進行と哲学史における進行は、一にして同一でなければならない」（V 6. 323）とされる。以上のように、哲学体系あるいは論理学との対応関係を通じて、哲学史が哲学そのものであり、それ自体で学問であることが基礎づけられる。

さて、これまでに論理的カテゴリーの展開過程と、現実の哲学史の進展とを、一義的に対応させて理解する試みも行われてきた。[21] 実際、たとえば『大論理学』において、論理的カテゴリーと哲学史上の特定の思想形態との対応関係を窺わせる記述も存在している。しかしながら、過度にそのような理解へと傾くことは、あまりにも歴史の展開を概念へと従属させるものと言わざるをえない。実際に『哲学史講義』の本論の叙述を見ても、ヘーゲルが現実の哲学史の進行と論理的カテゴリーとの対応関係の厳密性に、それほど意を用いているとは考えにくい。イェシュケが推定するように、このような論理的カテゴリーとの並行関係は、ベルリン時代後期の講義にいたるまで繰り返されているとはいえ、イェーナ時代の構想の名残と考えることもできるであろうが、[22] 講義録の検討からこのような推定を根拠づけることは困難である。とはいえ、歴史のあゆみと論理学あるいは体系との対応関係の主張は、歴史的規定の学問的な必然性を基礎づけるためには譲歩できない論点であったと思われる。

第四節　哲学の時間化とその積極的意義

以上のように歴史的過程をつらぬく必然性が主張される一方で、哲学史がアプリオリに展開される歴史記述へと還元されることはない。ここでヘーゲルは、歴史的なものに固有の偶然性を強調することをけっして忘れてはいないからである。すでに『精神現象学』の末尾において、純粋な学問の「歴史」への外化は、（フィッシャーのように、[23] この箇所が直接「哲学史」を予示すると受け取ることは困難だとしても)、「自由な偶然的生起という形式」(GW 9. 433)によって行われるとされていた。『哲学史講義』の序論にも随所で、歴史的展開のはらむ偶然的性格への言及がみられる。

一八一九年講義によれば、「相互継起が偶然性として現象する点」(V 6. 117)こそが、哲学史を体系そのものと区別する特徴なのである。一八二〇年の草稿によれば、哲学がそうであるのと同様に、哲学史も「発展における体系」である(V 6. 25)。そして哲学史の偶然性は、それを構成する発展の段階が、「生起という仕方で時間のうちに、この特定の場所で、かれこれの民族のもとで、この政治的状況のもとで、またそれと錯綜して出現する。要するに、経験的な形式のもとで出現する」という点にある(V 6. 26)。一八二三/二四年の講義録によれば、一方で、「偶然性は、哲学にあっては断固として追い立てられ、駆逐される」(V 6. 153)と宣言される一方で、哲学史の進行が、必然的であって、論理的な理念によって規定されるが、「論理的な緊密性において進行するのではない」(V 6. 162)ことを強調している。一八二九/三〇年講義によれば、「哲学史においては、それ自体としては必然的なものが、私たちに対してはたやすく偶然的なものとして現象するのである」(V 6. 324)。

本来、無時間的で必然的であるように思われる哲学が、このように時間的な偶然として現れる根拠を、ヘーゲルは「精神の自己認識」にもとづいて説明している。『エンチクロペディー』(第二版と第三版)の第十一節において、「哲学の欲求」は、精神がみずからの最高の内面性である「思考を対象としようとする」(GW 20. 51)点に見定められている。精神とは、みずからを対象化し、自分自身を知る活動にほかならない。そのために、たとえば一八二五/二六年講義に述べられるように、精神は時間のうちへと落ち込んでみずからを展開することになる(V 6. 221)。

生成を通じて自己認識へといたる精神のこのような活動を、一八二〇年の草稿の記述によって確認しておこう。精神は、自分自身を知る活動として存在する。それゆえ、自分を自分から区別し、外的なものとして時間のうちに現れることになる。精神は「絶対的な根源分割によって、私を私自身から区別することによって、自分自身を定在とし、みずからを自分自身にとって外的なものとして措定する」(V 6. 30)。このときヘーゲルは、詳細に展開してはいないものの、「時間の形而上学」に言及している。『哲学史講義』の序論での時間を主題化した議論は、ベルリン時代初期の資料に集中しており、のちには後退してゆく傾向がある。この問題は、すでに一八一九年の講義録において詳細に扱われており、そこでヘーゲルが、時間的なもののもつ積極的意義に触れていることが注目される。この一八一九年の講義筆記録によれば、精神はみずから定在へと歩みだし、存在するものとして対象となるとともに、「時間のうちへと落ち込む」(V 6. 112)。このような時間化は、ともすれば精神にとって排除されるべきと考えられがちであるが、そのような見方は精神の本性を見誤るものなのである。さらに一八二〇年の草稿によれば、精神の時間化が、たんに有限性の表徴であるにとどまらず、精神にとっての必然的契機であることが強調されている。

精神は、まさに自然の現存の普遍的な、区別する様式である外面性のうちに、みずからを措定する。しかし外面性の様式のひとつは時間であって、この形式についての詳論は自然哲学および有限的精神の哲学にゆずらなければならない。この現存在および時間における存在は、それ自体本質的に有限である個別的意識一般の契機であるばかりでなく、思考というエレメントにおける哲学的理念の発展の契機でもある。(V 6. 30)

精神が時間のうちへと落ち込むことが意味するのは、それが歴史のうちにたんなる有限な個別的意識として登場することばかりではない。精神の時間化の本来的意義は、哲学的な理念一般の歴史的発展にこそ存するとヘーゲルはいう。ただし、この草稿にもとづいて行われたと推定される一八二〇/二一年の講義録を参照してみると、実際の講義にあたってヘーゲルが「精神の時間化」をめぐるこの論点に深入りすることはなかったようである。そしてその後『哲学史講義』という枠組みのなかで「時間の形而上学」が詳細に展開されることもなかった。

みずからを外面化しつつ、そこにおいて自己同一性を達成するという精神の作用に、ヘーゲルの依拠する「発展」

の概念が基礎づけられている。一八二三／二四年の講義録によれば、精神の発展とは、みずからを区別にもたらしつつ、そのうちで自分自身にとどまることである。「精神は自分自身に対してあり、自分自身という存在をみずからに対する対象として、自分の対象となり、自分の対象と一体となる。そのことで、精神は自分自身のもとにある。そのことによって、精神が生み出すものは、精神そのものである。この他者において、精神は自分自身へといたる。精神の発展は、分離すること、そしてそのことでみずからにいたることである」（V 6. 147）。

このような境地において、精神は自己産出的であり、みずからの所産としての自分自身とのみかかわることになる。哲学史の対象である「思想」は、もはや自分自身以外のなんらかの意味へと奉仕するものではなく、それ自身のうちに意味を備え、自己完結している。一八二五／二六年の講義によれば、「哲学史は、思想そのもの以外には、いかなる意義も、いかなる使命ももたない」（V 6. 210）。なぜなら、哲学史が対象とする思想にあっては、内面的なものと外面的なものとの区別が完全に解消されているからである。同様の論点は、一八二七／二八年の講義でも以下のように繰り返されている。ほかの学問においては叙述と叙述対象とが互いに異なるのに対し、「思想にあっては、意味・意義と叙述・外的なものは同一のもの」であるから、「哲学においては、思想自身がみずからの対象となり、自分自身にのみかかわり、自分自身からみずからを規定するのである」（V 6. 278）。

おわりに――想起の体系としての哲学史

他者において完全に自己同一である、あるいは自分から出てゆくことによって自分自身と完全に一致する、このような精神の自己関係的性格の獲得のうちに、内面化＝想起の作用を見て取ることができるであろう。『エンチクロペディー』（第二版と第三版）の第四六五節（第一版では第三八四節に対応する表現がある）によれば、「知性の所産である思想は、事柄、つまり主観と客観の単純な同一である」（GW 20. 464）が、このような完全な同一が達成されるのは、直観に始まり、記憶へといたる内面化の道程を通過することによってなのである。
複数年度の草稿や講義筆記録に確認できる「精神の竪穴」という表現は、哲学史がまさしくそのような想起の体系にほかならないことを裏づける。というのも、この表現は『エンチクロペディー』(第三版)における「想起」、そして「像」の能力としての「構想力」をめぐる議論(第四五三節以降)の論脈で、きわめて強い印象を刻むものだからである。『哲学史講義』において、この表現はベルリン時代初期、つまり一八一九年の講義録と、一八二〇年の草稿に確認できるが、その後いったん後退して姿を消し、最後の一八三一年の講義筆記録にふたたび登場してくる。「自我はそこにすべてが含まれている竪穴であり、哲学史はそこから宝を取り出す」(V 6. 355)。きわめて類似した表現は、すでにイェーナ時代の『精神哲学』の草稿(一八〇五/〇六年)にも見られる。そこでヘーゲルは、「精神の宝庫、精神の夜」のうちに保存された「像、私のもの、廃棄されたものとしての存在」を、精神が「所有し、支配する」と述べていた(GW 8. 186)。

哲学史は、過去を通してむしろ現在するものに取り組むという逆説的性格を持つのであった。「過去の夜」(V 6. 206)へと融解した思想は、精神というエレメントのうちに想起される、あるいは、過ぎ去ったものとして現在している。『精神現象学』の末尾、それまでの精神の遍歴がことごとく内面化され、想起の対象となった「絶対知」において、ヘーゲルは述べる。「歴史というこの生成は、精神の緩慢な運動と精神の相互継起を現示し、それぞれ精神の完全な富で装われた像の画廊である」(GW 9. 433)。歴史的に生起するとともに、内面化されていく精神の形態の想起が、『精神現象学』の方法論を基礎づけている。哲学史もまた同様に、全体の契機という形で保存された過去の思想の形態を、いわば「画廊」を巡り歩くようにして、順繰りに想起する営みであることになる。(24)

想起の体系としての哲学史のうちに登場する思想の諸形態は、たとえばプラトン的なイデアがそうであるような、あらゆる時間を離れた永遠の真理ではなく、時間のうちに生起し、過ぎ去るもの、時間的な偶然性を通過して保存されたものである。体系や論理学との対応関係のもとで時間を抹消してしまうことなく、永遠と時間との緊張関係のなかから哲学の歴史は紡ぎだされる。ヘーゲルは、この緊張関係のうちにみずから身を置きつつ、そのつど歴史的に生成するものとして哲学史講義を行ったのであった。

注

序章

（1）ヘーゲルの講義録については、つぎの文献が基本資料を与えてくれる。オットー・ペゲラー編『ヘーゲル講義録研究』寄川条路監訳、法政大学出版局、二〇一五年。

第一章

（1）L. v. Henning, *Vorwort des Herausgebers*, in: G. W. F. Hegel, *Werke. Vollständige Ausgabe durch einen Verein von Freunden des Verewigten*, Bd. 6, Berlin, 1840, S. VII.（松村一人訳「レオポルト・フォン・ヘニングの序文」『小論理学』上（改版）岩波文庫、一九七八年、一〇頁）

（2）G. W. F. Hegel, *Vorlesungen über die Logik und Metaphysik, Heidelberg 1817. Mitgeschrieben von F. A. Good*, in: *Vorlesungen. Ausgewählte Nachschriften und Manuskripte*, Bd. 11, hrsg. von K. Gloy, Hamburg: Meiner, 1992.（小坂田英之・木村博・黒崎剛・藤田俊治訳「G・W・F・ヘーゲル『一八一七年の論理学と形而上学講義』について」『ヘーゲル論理学研究』創刊号、一九九五年、一〇八―一三三頁）

（3）G. W. F. Hegel, *Vorlesungen über die Logik, Berlin 1831. Nachgeschrieben von Karl Hegel*, in: *Vorlesungen. Ausgewählte Nachschriften und Manuskripte*, Bd. 10, hrsg. von U. Rameil, Hamburg: Meiner, 2001.（ウド・ラーマイル編、カール・ヘー

ゲル筆記『G・W・F・ヘーゲル論理学講義――ベルリン大学、一八三一年』牧野広義・上田浩・伊藤信也訳、文理閣、二〇一〇年）

（4）各講義の特徴については、つぎのものに紹介がある。ペゲラー編『ヘーゲル講義録研究』（法政大学出版局、二〇一五年）第二章「イェーナ大学での講義」（K・デュージング）、第三章「論理学講義（一八一七年）」（K・グロイ）、第四章「論理学・形而上学講義」（H・C・ルーカス）。A・ゼル「講義録の中に見るヘーゲル論理学」（牧野廣義訳）『阪南論集』（社会科学編）第四十八巻第五号、二〇一二年、六七―七六頁。

（5）この筆記録の翻訳は、寄川条路編訳『初期ヘーゲル哲学の軌跡――断片・講義・書評』ナカニシヤ出版、二〇〇六年、第二章を参照。

（6）ヘーゲルの講義活動については、つぎのものを参照。「資料　ヘーゲルの講義活動」、加藤尚武編『ヘーゲル哲学への新視角』創文社、一九九五年。

（7）直接知については、ゴートの講義録ではテキストの第三十四節、コルヴォンの講義録では第三十三節の説明のなかでごく簡単に言及される程度であった（GW 23/1. 59, 244）。

（8）第二十九節の記述の欄外には、「五月十九日の講義終了、グリュッツマハーによる筆記」とあり、この部分は、他の学生の筆記を参考にして書き写された可能性が考えられる（GW 23/2. 537）。

（9）試行版の編者であるラーマイルの解説を参照（V 10. XXXVf. 『G・W・F・ヘーゲル論理学講義――ベルリン大学、一八三一年』、二八六頁以下）。

（10）Henning, Vorwort des Herausgebers, S. VIII.（「レオポルト・フォン・ヘニングの序文」『小論理学』上（改版）十一頁）なお、ガイアーのノートは、一八三〇年五月六日の日付が付いたヘーゲルの講義の覚え書きと、ヘニングの第十九節補遺三の文章との類似から、一八三〇年のものと推定される（V 10. XIVf. 『G・W・F・ヘーゲル論理学講義――ベルリン大学、一八三一年』、二六九頁以下）。

（11）第二十二節の補遺に第二十三節の内容が含まれるなど、ヘニングの補遺の付け方が必ずしも適切だとはかぎらない。ヘニングは第二十三節には補遺を付けなかったが、第二版以降のテキストをもとにした講義録では、第二十三節に対する説明も独立してきちんとなされている（GW 23/2. 451f., 525f., 662f.）。

（12）『エンチクロペディー』第一版の「予備概念」と現行版との対応関係については、つぎのものを参照。小坂田英之・木村博・黒崎剛・藤田俊治訳「G・W・F・ヘーゲル　ハイデルベルク・エンチクロペディー（一八一七）論理学　その一〈緒論〉と〈A論理学・予備概念〉」『ヘーゲル論理学研究』第六号、二〇〇〇年、四五―八二頁。

（13）G. W. F. Hegel, *Enzyklopädie der philosophischen Wissenschaften im Grundrisse (1830). Erster Teil. Die Wissenschaft der Logik. Mit der mündlichen Zusätzen*, in: *Werke in zwanzig Bänden*, hrsg. von E. Moldenhauer und K. M. Michel, Suhrkamp, 1970, Bd. 8.（= W 8）（松村一人訳『小論理学』上・下（改版）、岩波文庫、一九七八年）

（14）「もしAがあれば、Bがある」という定式で示されるヘーゲル独特の仮言判断の具体例については、類型化すると、「種があれば類がある」、「類があれば種がある」、「種があれば種がある」という三つの案が出されていた。この点について詳しくは、つぎのものを参照。赤石憲昭「ヘーゲルの「仮言判断」の具体例をめぐって」『ヘーゲル論理学研究』第九号、二〇〇三年、五七―七四頁。

第二章

（1）ウド・ラーマイル編、カール・ヘーゲル筆記『G・W・F・ヘーゲル論理学講義――ベルリン大学、一八三一年』牧野広義・上田浩・伊藤信也訳、文理閣、二〇一〇年、二六四頁。

（2）この講義録の編者であるアンネッテ・ゼルは講義録における「予備概念」に着目している。Annette Sell, Der »Vorbegriff« zu Hegels enzyklopädischer Logik in den Vorlesungsnachschriften, in: *Der »Vorbegriff« zur Wissenschaft der Logik in der Enzyklopädie von 1830*, hrsg. von Alfred Denker, Annette Sell und Holger Zaborowski, Freiburg/München: Alber 2010. 二〇一一年三月十五日に一橋大学で行われたアンネッテ・ゼルの講演「講義録から見たヘーゲル論理学」の原稿は、ヘーゲル論理学の講義録の編集作業における問題と個々の講義録の紹介とを含んでおり、後者は二〇一〇年の上掲のゼルの論文にもとづいている。アンネッテ・ゼル「講義録の中に見るヘーゲル論理学」、牧野廣義訳『阪南論集――社会科学編』第四十八巻、第一号、二〇一二年、六七―七六頁。また、ルーカスは、予備概念に重要性を認めないフルダに対して、講義録での予備概念の占める割合が『エンチクロペディー』と比較して大きいことを指摘し、予備概念の重要性を強調している。Hans-Christian Lucas, Hegels Vorlesungen über Logik und Metaphysik. Mit besonderer Berücksichtigung der Berliner Zeit, in: *Hegel-Studien*, Bd. 26, S. 40.（ハンス・クリスチャン・ルーカス「論理学・形而上学講義」、オットー・ペゲラー編『ヘー

ゲル講義録研究』法政大学出版局、二〇一五年、一〇六頁）

（3）『エンチクロペディー』第二版・第三版では「導入」（第一節―第十八節）に「予備概念」（第十九節―第八十三節）が続く。本章で「予備概念の冒頭箇所」というときには、第二版・第三版の第十九節―第二十五節ないしは一八二六年以前の講義録でそれに対応する箇所を指す。「思想の客観性に対する三つの態度」は第二十六節―第七十八節で展開される。

（4）*Briefe von und an Hegel*, hrsg. von Johannes Hoffmeister, Bd. 3, Hamburg 1969, S. 125ff. カール・ダウプはヘーゲルの友人かつハイデルベルク大学での同僚であり、『エンチクロペディー』第二版の出版にあたってヘーゲルの世話をした。『G・W・F・ヘーゲル論理学講義――ベルリン大学、一八三一年』、二七四頁。

（5）「導入」と「予備概念」の対応箇所については注3で述べた通りであるが、ヘーゲルは「予備概念」（Vorbegriff）を「導入」（Einleitung）と呼んでもいる。『G・W・F・ヘーゲル論理学講義――ベルリン大学、一八三一年』、三〇四―三〇五頁。

（6）フルダは、いかにしてエンチクロペディーの予備概念と体系における現象学的導入を区別するのかという問いを立てており、W・フラッハ、H・C・ルーカス、ヌッツォらもまたこの問題を論じている。Hans Friedrich Fulda, *Das Problem einer Einleitung in Hegels Wissenschaft der Logik*, Frankfurt a. M. 1965. Hans Friedlich Fulda, Vorbegriff und Begriff von Philosophie bei Hegel, in: *Hegels Logik der Philosophie. Religion und Philosophie in der Theorie des absoluten Geistes*, hrsg. von Dieter Henrich und Rolf-Peter Horstmann, Stuttgart 1984, S. 13–34. Werner Flach, Zum »Vorbegriff« der Kleinen Logik Hegels, in: *Der Idealismus und seine Gegenwart. Festschrift für Werner Marx*, hrsg. von Ute Guzzoni, Bernhard Rang und Ludwig Siep, Hamburg 1976, S. 133–146. Hans-Christian Lucas, Der »Vorbegriff« der Enzyklopädischen »Logik« doch als Einleitung im empathischen Sinne?, in: *Hegel-Studien*, Bd. 26, 1991, S. 218–224. Hans-Christian Lucas, *Hegels enzyklopädisches System der Philosophie von der »Wissenschaft der Logik« zur Philosophie des absoluten Geistes*, hrsg. von Burkhard Tuschling und Ulrich Vogel, Stuttgart 2004.

（7）すでに出版されていたゴートの講義録として以下のものがある。G. W. F. Hegel, *Vorlesungen über Logik und Metaphysik, Heidelberg 1817, mitgeschrieben von F. A. Good*, hrsg. von Karen Gloy, Bd. 11, Hamburg 1992.

（8）Karen Gloy, Hegels Logik-Vorlesung aus dem Jahre 1817 in: *Hegel-Studien*, Bd. 26, 1991, S. 29.（カーレン・グロイ「論理学講義」、オットー・ペゲラー編『ヘーゲル講義録研究』法政大学出版局、二〇一五年、九二頁）

（9）ヌッツォが指摘しているように、「論理的なものの三側面」に当たる記述はすでに一八一二年の『ギムナジウムにおける哲学的予備学の講演』（*Über den Vortrag der philosophischen Vorbereitungs-Wissenschaften auf Gymnasien*）のうちに見ることができる。Angelica Nuzzo, Das Problem eines »Vorbegriff« in Hegels spekulativer Logik, in: *Der »Vorbegriff« zur Wissenschaft der Logik in der Enzyklopädie von 1830*, hrsg. von Alfred Denker, Annette Sell und Holger Zaborowski, Freiburg/München: Alber 2010, S. 112f. G. W. F. Hegel, *Nürnberger Gymnasialkurse und Gymnasialreden (1808–1816)*, hrsg. von Klaus Grotsch, in: *Gesammelte Werke*, Bd. 10/2, Hamburg 2006, S. 830.

（10）石川和宣によれば、歴史的過程としての「予備概念」はその後に配置されている「三側面」に対して導入的役割を果たす。またその両者を直接的に重ね合わせることの困難さについても指摘されている。石川和宣「学への導入としての思惟の歴史――「思想（思惟）の客観性に対する三つの態度」についての考察」『ヘーゲル哲学研究』第十六号、日本ヘーゲル学会、二〇一〇年、一三四頁。

（11）Birgit Sandkaulen, *Dritte Stellung des Gedankens zur Objektivität. Das unmittelbare Wissen*, in: *Der »Vorbegriff« zur Wissenschaft der Logik in der Enzyklopädie von 1830*, hrsg. von Alfred Denker, Annette Sell und Holger Zaborowski, Freiburg/München: Alber 2010, S. 172. 「予備概念」の元の型は『ヤコービ批評』以来のものであるが、その時点では直接知の説明が欠けている。

（12）ゴートの講義録では第二十八節の途中から第三十節までが欠落している。

（13）*G. W. F. Hegel's Werke. Vollständige Ausgabe durch einen Verein von Freunden des Verewigten*, Berlin 1840.

（14）Annette Sell, Der »Vorbegriff« zu Hegels enzyklopädischer Logik in den Vorlesungsnachschriften, S. 69.

（15）石川和宣によれば、『信仰と知』（一八〇二年）では術語化されていなかった「直接知」の概念は後年のヤコービ再評価にともなって用いられるようになった。また、ミシュレ版『哲学史講義』（一八三六年、一八四〇年）ではヤコービがカント以前の哲学者として位置づけられているのに対し、ガルニロン／イェシュケ版『哲学史講義』（一八二五／二六年）ではカント・フィヒテ以後、シェリング以前の哲学者として配置されていることが指摘されている。石川和宣「〈時代と個人の精神的教養形成の転換点〉としてのヤコービ――ヘーゲル哲学における〈直接知〉論の展開」『宗教学研究室紀要』第六巻、二〇〇九年、五四―八八頁。

（16）ゼルによれば、一八二五年の夏講義は四月に始まっているのだが、講義録自体は六月二日のものから開始されている。哲学的な理由により「直接知」から開始されているわけではない。Annette Sell, Der »Vorbegriff« zu Hegels enzyklopädischer

Logik in den Vorlesungsnachschriften, S. 73.

（17）一八二六年の筆者不明の講義録は、同一の筆者による一八二六年の美学講義録とともに綴じられている。Annette Sell, Der »Vorbegriff« zu Hegels enzyklopädischer Logik in den Vorlesungsnachschriften, S. 74. アンネッテ・ゼル「講義録の中に見るヘーゲル論理学」牧野廣義訳、七四頁。

（18）Hans-Christian Lucas, Hegels Vorlesungen über Logik und Metaphysik. Mit besonderer Berücksichtigen der Berliner Zeit, S. 37.（ハンス・クリスチャン・ルーカス「論理学・形而上学講義」、オットー・ペゲラー編『ヘーゲル講義録研究』法政大学出版局、二〇一五年、一〇二頁）

（19）「論理的なものの三側面」の箇所では一貫して、第二の側面である「β弁証法的ないし否定理性的側面」のうちに懐疑主義の契機がある。一八一七年時点では「三側面」の第二の側面に対応させる形で、第二の立場としてのカントの立場の説明の直後に懐疑主義の説明があったのだと推測される（第三十六節）。

（20）すでに出版されていたカール・ヘーゲルの講義録とその翻訳には以下のものがある。G. W. F. Hegel, *Vorlesungen über die Logik, Berlin 1831, nachgeschrieben von Karl Hegel*, hrsg. von Udo Rameil, in: *Vorlesungen*, Bd. 10, Hamburg 2001. ウド・ラーマイル編、カール・ヘーゲル筆記『G・W・F・ヘーゲル論理学講義――ベルリン大学、一八三一年』牧野広義・上田浩・伊藤信也訳、文理閣、二〇一〇年。

（21）『G・W・F・ヘーゲル論理学講義――ベルリン大学、一八三一年』、二八三頁。

第三章

（1）このことは、たとえば『精神現象学』理性章Aや、『大論理学』本質論の「現象」、「概念論」の「客観性」、「認識の理念」などについてもいえよう。

（2）彼が自然哲学について書き記したものは、このイェーナ期以降のものしか残されていないが、彼がイェーナに移ってから突然、自然哲学に取り組み始めたとは考えづらい。イェシュケは、二〇一四年四月にウィーン大学で行われた第三十回国際ヘーゲル学会の基調報告で、このことを指摘していた。しかし、残念ながらこれについては何の資料も残されていない。

（3）Kimmerle Dokumente zu Hegels Jenaer Dozententätigkeit (1801–1807), in: *Hegel-Studien*, Bd. 4, 1967, S. 54. ペゲラー

編『ヘーゲル講義録研究』法政大学出版局、二〇一五年、七九頁。

(4) ペゲラー編『ヘーゲル講義録研究』、八〇頁。

(5) ペゲラー編『ヘーゲル講義録研究』、八一頁。

(6) C. L. Michelet, Vorrede des Herausgebers, in: *Hegel, Werke*, Bd. 7, Abt. 1, *Vorlesungen über die Naturphilosophie als zweiter Teil der Encyklopädie der philosophischen Wissenschaften im Grundrisse*, hrsg. von C. L. Michelet, Berlin, 1847.

(7) Erläuternde Diktate zur »Encyclopädie« (GW 13. 581ff.). このテキストの成立等については同じ巻の編者解説を参照(GW 13. 709ff.)。

(8) おそらくはミシュレ版『自然哲学』の「補遺」もここに収録されるであろう。

(9) W. Bonsiepen, Hegels Vorlesungen über Naturphilosophie, in: *Hegel-Studien*, Bd. 26, 1991. ペゲラー編『ヘーゲル講義録研究』、一〇九―一二七頁。

(10) ペゲラー編『ヘーゲル講義録研究』、一一三―一一四頁。

(11) ペゲラー編『ヘーゲル講義録研究』、一一七頁

(12) ペゲラー編『ヘーゲル講義録研究』、一一九頁

(13) 一八三〇年夏学期の講義で第二版と第三版のどちらが用いられたのかは不明である。

(14) ここでの「エンチクロペディー」は著作としての『エンチクロペディー』ではなく、当時バイエルンでギムナジウムの上級クラスの哲学で講義することと定められていた「エンチクロペディー」である。ヘーゲルはこれを「特殊諸学の体系」としてみずから構成し、それを授業していた。歴史的経緯については、大河内泰樹「世俗化された日曜日の場所――ヘーゲルにおける〈哲学〉と〈大学〉」(西山雄二編『哲学と大学』未來社、二〇〇九年)を参照。

(15) Erläuternde Diktate zur »Encyclopädie« (GW 13. 581ff.)

(16) ただし、ここに記されている質・量・度量に対応づけた「力学」の下位区分は、他には見られないものであり、ヘーゲルの言葉を忠実に書き写したものであるのかは疑わしい(GW 13. 593)。

(17) 『ヘーゲル全集』第十九巻の編者(ボンジーペンら)が一九八九年に言及していた「天体のシステム」について触れている当該箇所(GW 19. 465)は、ベルンハルディーによれば「第二の領域」の説明のなかに登場するが、第二十四巻では、「第三のもの」に続く箇所の異同として示されている(GW 24/1. 13)。これが、彼らが当時依拠していたギースの編集によ

るテキスト（G. W. F. Hegel, *Naturphilosophie*, Bd. 1, *Die Vorlesung von 1819–20*, hrsg. von M. Gies, Neapel 1982）のミスによるものであるのか、それとも実際にノートには「第二のもの」と記されていたものが編者により誤りとして判断されたものであるのかは、わからない。

（18）リンギエの記している節番号と、『ヘーゲル全集』第十三巻において対応する節の節番号がずれているのは、一八一七年の第一版での節のナンバリングに混乱が見られるために、編者がこれを修正しているからである。第十三巻の編者解説を参照（GW 13. 615f.）。

（19）一八二三／二四年冬学期のグリースハイムのノートでは、はっきりとこう言われている。「私はこの力学という部門に、私のエンチクロペディーよりも大きな範囲を与え、第一九七節から第二一七節〔実際には第一九八節から第二一八節〕で扱われているものをここで取り上げよう」（GW 24/1. 530）。

（20）W. Bonsiepen, Veränderungen in der Einleitung zur Naturphilosophie 1823/24–1828, in: *Hegel-Studien*, Bd. 26, 1991, S. 216–218.

（21）戸田山和久『科学哲学の冒険——サイエンスの目的と方法を探る』ＮＨＫブックス、二〇〇五年。ただし戸田山はある種の実在論を擁護する立場からこの議論を紹介している。

（22）ヘーゲルは物理学が形而上学を前提としていることを講義でくり返し指摘している（GW24/1. 490f.; GW 24/2. 764, 939f.）。

第四章

（1）ホトーとグリースハイムの講義録は『ヘーゲル全集』第二十五巻第一分冊、エルトマンの講義録は『試行版』第十三巻、シュトルツェンベルクの講義録と補遺は『ヘーゲル全集』第二十五巻第二分冊に収められている。また、一八二七年の講義録にはいずれも、ヴァルターの講義録が異文として付されている。なお、Ｍ・Ｊ・ペトリの「主観的精神」の英独対照訳（M. J. Petry, *Hegel's Philosophy of Subjective Spirit*, vol. 1-3, Boston: Reidel, 1978）には、「補遺」を補うものとして、右記のグリースハイムの講義録に加えて、ケーラーの講義録（一八二五年）が付されている。

（2）「主観的精神の哲学」とその講義録をめぐる研究史の概観については、ブルクハルト・トゥシュリング「主観的精神の哲学講義」（オットー・ペゲラー編『ヘーゲル講義録研究』法政大学出版局、二〇一五年、一二九頁以下）を参照。本章はこのトゥシュリングの先行研究を前提としている。

（3）トゥシュリング「主観的精神の哲学講義」、一三〇頁。たとえば、ヘーゲルが『法哲学綱要』と並ぶ形で「主観的精神の哲学」の単行本の刊行を計画していたことも、このことの裏づけとなるだろう。

（4）たとえば、邦訳が手に入る以下の論考などは、「主観的精神の哲学」の解釈に関するきわめて重要な示唆を含むものである。ジャック・デリダ『哲学の余白』（高橋允昭ほか訳、法政大学出版局、二〇〇七年）、カトリーヌ・マラブー『ヘーゲルの未来――可塑性・時間性・弁証法』（西山雄二訳、未來社、二〇〇五年）、ロバート・B・ピピン『ヘーゲルの実践哲学――人倫としての理性的行為者性』（星野勉監訳、法政大学出版局、二〇一三年）、マルクス・ガブリエル／スラヴォイ・ジジェク『神話・狂気・哄笑――ドイツ観念論における主体性』（大河内泰樹・斎藤幸平監訳、堀之内出版、二〇一五年）。

（5）トゥシュリング「主観的精神の哲学講義」、一四一頁。

（6）Dirk Stederoth, *Hegels Philosophie des subjektiven Geistes*, Berlin: Akademie, 2001, S. 188–235.

（7）Stederoth, *Hegels Philosophie des subjektiven Geistes*, S. 230ff.

（8）いちばん分かりやすいのは標題だろう。第二版・第三版の「自己感情」は、「人間学」第二区分内部の下位区分として独立の標題を冠している。また第三版では「人間学」第二区分の標題自体が「感じる魂」に変わっている。

（9）Stederoth, *Hegels Philosophie des subjektiven Geistes*, S. 234.

（10）Stederoth, *Hegels Philosophie des subjektiven Geistes*, S. 234.

（11）マラブー『ヘーゲルの未来――可塑性・時間性・弁証法』、六七頁。

（12）G. W. F. Hegel, *Vorlesungen. Ausgewählte Nachschriften und Manuskripte*, Bd. 13, S. 108.

（13）Stederoth, *Hegels Philosophie des subjektiven Geistes*, S. 226–235.

第五章

（1）カール・ローゼンクランツ『ヘーゲル伝』中埜肇訳、みすず書房、一九八三年、二九〇頁（Karl Rosenkranz, *Hegels Leben*, Berlin 1844, S. 335）。

(2) Herbart Schnädelbach, *Hegels praktische Philosophie. Ein Kommentar der Texte in der Reihenfolge ihrer Entstehung*, Frankfurt a. M.: Suhrkamp, 2000, S. 327ff., 333ff.

(3) その他にも、ブルシェンシャフトとの親密さを示すエピソードは多数ある。たとえば、ブルシェンシャフトのカール・ザントが反自由主義者のコッツェブーを殺害した事件（一八一九年三月）で、ザントの母親に事件の正当性を伝えたことで大学を免職となったデ・ヴェッテに、ヘーゲルはシュライアマハーとともに援助金を出している。ジャック・ドント『ヘーゲル伝』飯塚勝久訳、未來社、二〇〇一年、三七八頁以下を参照。

(4) ローゼンクランツ『ヘーゲル伝』、二九二―二九三頁（Rosenkranz, *Hegels Leben*, S. 338f.）。

(5) ローゼンクランツ『ヘーゲル伝』、二九二頁以下（Rosenkranz, *Hegels Leben*, S. 338）。

(6) Schnädelbach, *Hegels praktische Philosophie*, S. 329.

(7) ローゼンクランツ『ヘーゲル伝』、二九二頁（Rosenkranz, *Hegels Leben*, S. 337）。

(8) ジャック・ドント『ヘーゲル伝』、三六六頁以下、三九三頁。また、『法哲学綱要』と講義録との相違をめぐる論争史として簡便な解説は以下のものを参照。G. W. F. Hegel, *Die Philosophie des Rechts. Vorlesung von 1821/22*, hrsg. von Hansgeorg Hoppe, Frankfurt a. M.: Suhrkamp, 2005, S. 7–13. 『法の哲学――「法の哲学」第四回講義録　一八二一／二二年冬学期、ベルリン、キール手稿』尼寺義弘訳、晃洋書房、二〇〇九年、i―viii頁。なお、そのほかの文献に関しては、本書の第六章を参照。

(9) 一八〇〇年十一月二日付のこの有名な手紙を、フランクフルトからイェーナに移住する三か月ほどまえにヘーゲルはシェリングに送っている。Hegel, *Briefe von und an Hegel*, Bd. 1, hrsg. von Johannes Hoffmeister, Hamburg: Meiner, 1969, S. 59–60. なお、欲求とはヘーゲルの分類によれば感情である。

(10) ローゼンクランツ『ヘーゲル伝』、二九五頁以下（Rosenkranz, *Hegels Leben*, S. 341ff.）。ローゼンクランツは、ヘーゲル『法哲学綱要』の「序文」にあるフリース批判が紙上でのヘーゲルの誹謗を巻き起こしたことと、シュライアマハーに対するヘーゲルの非難とのつながりを指摘している。『ハレ学芸新聞』の攻撃に関する憤怒がヘーゲルをかき乱し続け、あの序文〔シュライアマハーを批判した『ヒンリヒス宗教哲学への序文』〕はなおこうした情動の支配下で書かれた。この情動によって、気迫のこもった怒りの言葉が持つ大いなる美しさをその序文は一部には備えることとなった」。ちなみに、当該序文にはシュライアマハーは名指しされてはいない。分裂した教会が合同することで国家に対する影響力を持つことに対してヘーゲルは懸念を持ち、その運動を推進するシュライアマハーに原理的な対決を挑んでいたこと、一八二一年夏学期の『宗教哲学講義』におけるシュライアマハー批判とその背景、およびこの論争の経過については、以下を参照。山﨑純『神と国家——ヘーゲル宗教哲学』創文社、一九九五年、第二章。

(11) オットー・ペゲラー「序文」(ヘーゲル『自然法と国家学講義——ハイデルベルク大学一八一七・一八一八年』高柳良治監訳、法政大学出版局、二〇〇七年)三一〇頁。フリース批判における感情概念の批判は、したがって、検閲を意識しつつ、ブルシェンシャフトの掲げる自由主義を推進するにあたって、感情という不確実で思考の入り込む余地のない熱狂をたやすく醸成する可能性、すなわちヘーゲルの嫌ったテロルを誘発する可能性のある要素を取り除くことが眼目であったといえないだろうか。

(12) この点については、早瀬明「ハイデルベルクならびにベルリン時代の法哲学講義聴講ノート」(加藤尚武編『ヘーゲルを学ぶ人のために』世界思想社、二〇〇一年)一六九—一八六頁を参照。ホッペが編集して二〇〇五年に出版した一八二一/二二年冬学期の筆記録(注8を参照)にも、フリースの名は出てこない。

(13) ヴァルター・イェシュケ『ヘーゲルハンドブック』神山伸弘ほか監訳、知泉書館、二〇一六年、四六六頁(Walter Jaeschke, *Hegel-Handbuch*, Stuttgart: Metzler, 2003, S. 364f.)。なお、『法哲学綱要』の出版は一八二〇年一〇月である。

(14) ヘーゲル『法の哲学——「法の哲学」第四回講義録　一八二一/二二年冬学期、ベルリン、キール手稿』尼寺義弘訳、晃洋書房、二〇〇九年、二頁。

(15) ローゼンクランツ『ヘーゲル伝』、二九〇頁(Rosenkranz, *Hegels Leben*, S. 335)。

(16) ハイネの回想にあるヘーゲルとの会話は、一八二一から二三年のあいだの出来事といわれ、そこから二十数年を経て、一八四五年に『ドイツに関する書簡』のなかで公にされた。ハイネは一八二〇/二一年冬学期の学期末に美学講義の聴講者として記録されているとのことである。シュナイダー「美学講義」、ペゲラー編『ヘーゲル講義録研究』法政大学出版局、二〇一五年、一八〇頁。

(17) *Hegel in Berichten seiner Zeitgenossen*, hrsg. von Günter Nicolin, Hamburg: Meiner, 1970, S. 234f.

(18) ヘーゲルはのちに『エンチクロペディー』(第二版)第六節で、この二重命題についての反響に応答している。この点についてはつぎのものを参照。イェシュケ『ヘーゲルハンドブック』、三六五頁以下(Jaeschke, *Hegel-Handbuch*, S. 276)。ヘーゲルの応答には神の現実性をめぐる文言が見られる。

(19) ハイデルベルク大学でのこの講義を第一回として、ベルリン大学に移ってからの最初の講義を第二回として、通算で数える。

(20) ヘーゲル『自然法と国家学講義』、二一一頁。この文章は序文にではなく国内法の節に見られる。

(21) ペゲラー「序文」（ヘーゲル『自然法と国家学講義』）三一五頁。第一回講義を独自に編集したイルティングもまた、同じ箇所に注を付けて、「実在的な歴史的過程の必然性」を表すものである、と述べている。G. W. F. Hegel, *Die Philosophie des Rechts. Die Mitschriften Wannemann (Heidelberg 1817/18) und Homeyer (Berlin 1818/19)*, hrsg. von Karl-Heinz Ilting, Stuttgart: Klett-Cotta, 1983, S. 337 (Anm. 272a).

(22) ヘーゲル『自然法と国家学講義』、二一二頁。

(23) 続く節でヘーゲルは、「理性的なものは存在すべきであるが（Das Vernünftige soll sein）、それは国民の自己意識において現実に存在する。……人間的意識は完成可能なものとして常に展開において把握されるものである」と述べている（GW 26/1, 168f.）（ヘーゲル『自然法と国家学講義』、三一五頁、二一六―二一七頁）。

(24) ヘンリヒ版の評価の問題については本書の第六章も参照。

(25) 『ヘーゲル法哲学講義録一八一九／二〇』中村浩爾ほか訳、法律文化社、五頁（G. W. F. Hegel, *Philosophie des Rechts. Die Vorlesung von 1819/20 in einer Nachschrift*, hrsg. von Dieter Henrich, Frankfurt a. M.: Suhrkamp, 1983, S. 51）。ヘーゲルの下の名まえに誤りがある。正しくは Georg Wilhelm Friedrich である。この点もまた、このノートの信憑性を低くするものであった。とはいえ、同年の筆記録リンギエ・ノートの発見により、ヘンリヒ版にも一定の価値が認められた。

(26) ヘンリヒ「編者の序文」『ヘーゲル法哲学講義録一八一九／二〇』、二六一頁以下（Dieter Henrich, Einleitung des Herausgebers. Vernunft in Verwirklichung, in: Hegel, *Philosophie des Rechts*, S. 13f.）。

(27) ヘンリヒ「編者の序文」『ヘーゲル法哲学講義録一八一九／二〇』、二六二頁（Henrich, *Philosophie des Rechts*, S. 14）。

(28) ヘンリヒ「編者の序文」『ヘーゲル法哲学講義録一八一九／二〇』、二六四頁（Henrich, *Philosophie des Rechts*, S. 16）。

(29) ヘンリヒ「日本語版への編者序文」『ヘーゲル法哲学講義録一八一九／二〇』、二頁。

(30) ヘーゲル『自然法および国家法「法の哲学」第二回講義録――一八一八／一九年冬学期、ベルリン』尼寺義弘訳、晃洋書房、二〇〇三年、三頁。

(31) ヘーゲル『法の哲学――「法の哲学」第四回講義録、一八二一／二二年冬学期、ベルリン』尼寺義弘訳、晃洋書房、二〇〇九年、六頁。

（32）この論調は、法哲学講義録全般に見られるものではある。

（33）ヘーゲル『ヘーゲル教授殿の講義による法の哲学Ｉ――一八二二／二三年冬学期、ベルリン』尼寺義弘訳、晃洋書房、二〇〇五年、六六―六七頁。

（34）ヘーゲル『ヘーゲル教授殿の講義による法の哲学II――一八二二／二三年冬学期、ベルリン』尼寺義弘訳、晃洋書房、二〇〇八年、三九一頁。

（35）ヘーゲル『法哲学講義』長谷川宏訳、作品社、二〇〇〇年、五二〇頁。

（36）全集版にして五頁足らずのもので、序文にあたる文書が残されているだけである。人間にとっての突如の思いつきは、自然にとっての「雷、地震、コレラ」のようなものである、とヘーゲルが述べたと記されたその筆記録は、「十一月十四日の晩にヘーゲルはコレラで亡くなった」という文章で終わっている。

（37）Schnädelbach, *Hegels praktische Philosophie*, S. 334.

（38）講義録によって出版された本の表現が解釈され直した例として、権左武志の研究がある。人格と所有の自由というヘーゲルの掲げる原理は、封建的な土地所有の撤廃の原理であり、講義録にはその名が記載されているナポレオン法典にもとづいたものである。権左武志『ヘーゲルにおける理性・国家・歴史』岩波書店、二〇一〇年、一一〇頁以下を参照。

第六章

（1）校訂版『ヘーゲル全集』第二十六巻が講義録にあたり、つぎの三分冊から成る。
GW 26/1: *Nachschriften zu den Kollegen der Jahre 1817/18, 1818/19 und 1819/20.*
GW 26/2: *Nachschriften zu den Kollegen der Jahre 1821/22, 1822/23.*
GW 26/3: *Nachschriften zu den Kollegen der Jahre 1824/25 und 1831.*

（2）一九九一年時点で講義録の編集基準についてつぎのように言われている。「読者がヘーゲルの校訂版テキストにしかるべく要求するのは、ヘーゲルのテキストとして何が妥当しうるのかをより厳密に吟味し確定することである」（エリーザベト・ヴァイサー＝ローマン「法哲学講義――例証、草稿、筆記録」、オットー・ペゲラー編『ヘーゲル講義録研究』法政大学出版局、二〇一五年、一五二頁）。

（3） 講義録に関する論争をまとめた研究のうちもっとも網羅的なものとして、権左武志「ヘーゲル法哲学講義をめぐる近年の論争」（一）、（二）（『北大法学論集』第四十巻第五・六合併号、第四十一巻第一号、一九九〇年）がある。権左はさらに「その後の論争の経過」も示している（権左武志『ヘーゲルにおける理性・国家・歴史』岩波書店、二〇一〇年）。

（4） 水野建雄「ヘーゲル『法哲学』の形成と理念（序）――イルティング・テーゼとその批判」、筑波大学哲学思想学系『哲学・思想論集』第十二号、一九八六年、二一―二四頁。

（5） 講義の筆記者に関する情報として、山﨑純「資料――ヘーゲルの講義活動」（加藤尚武編『ヘーゲル哲学への新視角』創文社、一九九九年）、早瀬明「ハイデルベルクならびにベルリン時代の法哲学講義聴講ノート」（加藤尚武編『ヘーゲルを学ぶ人のために』世界思想社、二〇〇一年）を参照。

（6） ヴァイサー＝ローマン「法哲学講義――例証、草稿、筆記録」、一四四―五頁。

（7） *Vorlesungen, Ausgewählte Nachschriften und Manuskripte*, Bd. 1, hrsg. von Otto Pöggeler, Hamburg 1983. *Die Philosophie des Rechts. Die Mitschriften Wannenmann (Heidelberg 1817/18) und Homeyer (Berlin 1818/19)*, hrsg. von Karl-Heinz Ilting, Stuttgart 1983.

（8） G. W. F. Hegel, *Vorlesungen über Rechtsphilosophie 1818–1831*, Bd. 1, hrsg. von Karl-Heinz Ilting, Stuttgart 1973.

（9） G. W. F. Hegel, *Philosophie des Rechts. Die Vorlesung von 1819/20 in einer Nachschrift*, hrsg. von Dieter Henrich, Frankfurt a. M. 1983.

（10） 早瀬明「ハイデルベルクならびにベルリン時代の法哲学講義聴講ノート」、一七七頁。

（11） *Vorlesungen, Ausgewählte Nachschriften und Manuskripte*, Bd. 14, hrsg. von Emil Angehrn, Martin Bondeli und Hoo Nam Seelmann, Hamburg 2000.

（12） G. W. F. Hegel, *Die Philosophie des Rechts. Vorlesung von 1821/22*, hrsg. von Hansgeorg Hoppe, Frankfurt a. M. 2005.

（13） G. W. F. Hegel, *Vorlesungen über Rechtsphilosophie 1818–1831*, Bd. 3, hrsg. von Karl-Heinz Ilting, Stuttgart 1974.

（14） G. W. F. Hegel, *Philosophie des Rechts, Nachschrift der Vorlesung von 1822/23 von Karl Wilhelm Ludwig Heyse*, hrsg. von Erich Shilbach, Frankfurt a. M. 1999.

（15） G. W. F. Hegel, *Vorlesungen über Rechtsphilosophie 1818–1831*, Bd. 4, hrsg. von Karl-Heinz Ilting, Stuttgart 1974.

（16） G. W. F. Hegel, *Vorlesungen über Rechtsphilosophie 1818–1831*, Bd. 4, hrsg. von Karl-Heinz Ilting, Stuttgart 1974.

(17) 滝口清栄「ヘーゲル法哲学の研究状況――『法（権利）の哲学』と講義筆記録をめぐって」（加藤尚武・滝口清栄編『ヘーゲルの国家論』理想社、二〇〇六年）二六五―二六六頁。

(18) ヘーゲルが恐れた検閲をもたらした政治的事件に、一八一九年八月の「カールスバート決議」がある。オーストリア宰相メッテルニヒの主導で行われたこの決議の内容の一つに、「君主制維持」があり、この決議に端を発するプロイセンの新検閲布告によって、それ以前の学術機関における検閲の自由が撤廃された。つまり、ヘーゲルが出版しようとしていた『法哲学綱要』も、検閲の対象になることを意味したのである。これについては、水野建雄「カールスバート決議」（加藤尚武ほか編『ヘーゲル事典』弘文堂、一九九二年）を参照。

(19) ただしイルティングの問題提起は、権左武志が述べるように、ハイムとローゼンツヴァイクの批判ないし再検討だけを目的としたものではなく、戦後の『法哲学綱要』の解釈史におけるリベラル・復古主義という相対立する二つの側面の関連をどう考えるかという動機をもつ。これについては権左武志「ヘーゲル法哲学講義をめぐる近年の論争」（一）、一三〇四頁を参照。

(20) Rudolf Haym, *Hegel und seine Zeit. Vorlesungen über Entstehung und Entwicklung, Wesen und Werth der Hegel'schen Philosophie*, Berlin 1857, S. 383.

(21) Franz Rosenzweig, *Hegel und der Staat*, München/Berlin 1920, S. 142.

(22) Hegel, *Vorlesungen über Rechtsphilosophie 1818–1831*, hrsg. von Karl-Heinz Ilting, Bd. 1, S. 28.

(23) Hegel, *Vorlesungen über Rechtsphilosophie 1818–1831*, hrsg. von Karl-Heinz Ilting, Bd. 3, S. 764.

(24) Hegel, *Vorlesungen über Rechtsphilosophie 1818–1831*, hrsg. von Karl-Heinz Ilting, Bd. 1, S. 29.

(25) Hegel, *Vorlesungen über Rechtsphilosophie 1818–1831*, hrsg. von Karl-Heinz Ilting, Bd. 1, S. 30–32.

(26) 水野建雄「ヘーゲル〈法哲学〉をめぐる一八一九年――イルティング問題について」（筑波大学編『倫理学』第四号、一九八六年）、ならびに滝口清栄「ヘーゲル法哲学の研究状況」を参照。

(27) Hegel, *Vorlesungen über Rechtsphilosophie 1818–1831*, hrsg. von Karl-Heinz Ilting, Bd. 1, S. 102.

(28) 「理性」と「現実」をめぐる問題について、現状肯定のヘーゲルとは異なる未来志向のヘーゲルをこのテキストから読み取るものに、加藤尚武『哲学の使命――ヘーゲル哲学の精神と世界』（未來社、一九九二年）がある。

(29) Hegel, *Philosophie des Rechts. Die Vorlesung von 1819/20 in einer Nachschrift*, S. 250f. 『ヘーゲル法哲学講義録一八一九／二〇』中村浩爾ほか訳、法律文化社、一九〇頁。

(30) Hegel, *Philosophie des Rechts. Die Vorlesung von 1819/20 in einer Nachschrift*, S. 25.『ヘーゲル法哲学講義録一八一九／二〇』二七三頁。

(31) Hegel, *Philosophie des Rechts. Die Vorlesung von 1819/20 in einer Nachschrift*, S. 25.『ヘーゲル法哲学講義録一八一九／二〇』二七三頁。

(32) 権左武志「ヘーゲル法哲学講義をめぐる近年の論争」(二)、一六〇頁。

(33) Hegel, *Philosophie des Rechts. Die Vorlesung von 1819/20 in einer Nachschrift*, S. 16f.『ヘーゲル法哲学講義録一八一九／二〇』、二六五―二六七頁。権左武志が指摘したように、こうした力点の移動が起こる根拠として、ヘンリヒはイルティングが提示した検閲への可能性を全面的に認めているため、イルティング・テーゼがヘンリヒ編集の講義録によって覆されるわけではない。権左武志「ヘーゲル法哲学講義をめぐる近年の論争」(二)、一五八頁を参照。

(34) これに対してイルティングは、君主の決定の形式と実質との関係をヘンリヒのいうように「両義性」と捉えるのではなく、第二節でみたのと同じように「矛盾」であると捉える(K.-H. Ilting, Zur Genese der Hegelschen Rechtsphilosophie, in: *Philosophische Rundschau* Bd. 30, 1983, S. 199)。なお、権左武志「ヘーゲル法哲学講義をめぐる近年の論争」(二)、一六〇頁を参照。

(35) Hegel, *Philosophie des Rechts. Die Vorlesung von 1819/20 in einer Nachschrift*, S. 302–305.『ヘーゲル法哲学講義録一八一九／二〇』、二九三―二九六頁。

(36) ヴァイサー゠ローマン「法哲学講義――例証、草稿、筆記録」、一四五―一四六頁。

(37) ペゲラー「序文」三一七頁。なお、このテキストのなかで目を引く記述に、つぎのものがある。「内閣によって、客観的なもの、根拠、一般に事柄の知識が君主に提出され、つぎに君主のほうは、この根拠にしたがって決定したりしなかったりすることができる」(GW26/1. 176)『ヘーゲル法哲学講義録一八一九／二〇』、二二六頁。このような、君主が決定しない可能性に言及したものは、『法哲学綱要』と刊行された講義録を含めて、このテキストのみである。

(38) *Die Philosophie des Rechts. Die Mitschriften Wannenmann (Heidelberg 1817/18) und Homeyer (Berlin 1818/19)*, hrsg. von Karl-Heinz Ilting, Stuttgart 1983, S. 20ff.

(39) *Vorlesungen, Ausgewählte Nachschriften und Manuskripte*, Bd. 14, hrsg. von Angehrn, et al. S. XVII.

(40) Hegel, *Philosophie des Rechts. Die Vorlesung von 1819/20 in einer Nachschrift*, S. 362ff.『ヘーゲル法哲学講義録一八一九

／二〇』、三一六頁以下。なお、新しい『ヘーゲル全集』において、本文はヘンリヒ編集のテキストであり、欄外にリンギエ手稿との異同が示されているが、ヘンリヒのテキストで「同一性」となっている箇所の多くは、リンギエ手稿に従って新しい『ヘーゲル全集』本文でも「観念性」に訂正されている。

(41) Hegel, *Philosophie des Rechts. Die Vorlesung von 1819/20 in einer Nachschrift*, S. 363f. 『ヘーゲル法哲学講義録一八一九／二〇』、三一七―三一八頁。

(42) 君主の決定に関する「恣意」と「悟性」については、神山伸弘「君主の無意味性――ヘーゲル『法の哲学』における〈君主〉の使命」(『一橋論叢』第一〇四巻第二号、一九九〇年)が参考になった。

第七章

(1) 講義録について詳しくは、フランツ・ヘスペ「世界史の哲学講義」(オットー・ペゲラー編『ヘーゲル講義録研究』法政大学出版局、二〇一五年、一六三―一七四頁)、山﨑純「ヘーゲル『世界史の哲学』講義の最新の資料状況について」(静岡大学人文学部編『人文論集』第四十八号、一九九七年、一―一四頁)等を参照。またこの山﨑論文ではヘーゲルの自筆資料についても論じられている(二―六頁)。

(2) G. W. F. Hegel, *Vorlesungen über die Philosophie der Weltgeschichte*, hrsg. von E. Gans. Berlin 1837.

(3) G. W. F. Hegel, *Vorlesungen über die Philosophie der Weltgeschichte*, hrsg. von E. Gans und K. Hegel, 2. Auflage, Berlin 1840.

(4) なお、私たちが現在日本語で読むことができる『世界史の哲学講義』に、武市健人訳『歴史哲学(改訳)』(『ヘーゲル全集』第十巻、岩波書店、一九五四年)および全三冊のその文庫版(岩波文庫、一九七一年)、そして長谷川宏訳の『歴史哲学講義(上・下)』(岩波文庫、一九九四年)があるが、これらは基本的にグロックナー版が翻訳されたものである。

(5) G. W. F. Hegel, *Sämtliche Werke*, Bd. 8, hrsg. von G. Lasson, Leipzig 1920. G. W. F. Hegel, *Sämtliche Werke*, Bd. 8, hrsg. von G. Lasson, Leipzig 1923.

(6) G. W. F. Hegel, *Die Vernunft in der Geschichte*, hrsg. von J. Hoffmeister. Hamburg 1955.

(7) G. W. F. Hegel, *Vorlesungen. Ausgewählte Nachschriften und Manuskripte*, Bd. 12, *Vorlesungen über die Philosophie der*

Weltgeschichte (Berlin 1822/23). Nachschriften von Karl Gustav Julius von Griesheim, Heinrich Gustav Hotho, und Friedrich Carl Hermann Victor von Kehler, hrsg. von Karl Heinz Ilting, Karl Brehmer und Hoo Nam Seelmann, Meiner: Hamburg 1996. この版の編集事情については、フナム・ゼールマン「世界史の哲学講義（一八二二／二三年）」（オットー・ペゲラー編『ヘーゲル講義録研究』法政大学出版局、二〇一五年、一七五―一七七頁）を参照。

（8）本書一六頁参照。試行版は G. W. F. Hegel, *Vorlesungen. Ausgewählte Nachschriften und Manuskripte*, Bd. 12, *Vorlesungen über die Philosophie der Weltgeschichte (1822/1823)*, hrsg. von K. H. Ilting, K. Brehmer und H. N. Seelmann. Hamburg 1996. 校訂版については本書五頁を参照。なお、脚注で挙げた参考文献においてイルティング版とされているのは、この試行版である。

（9）このような問題について、ヘスペは編集にあたって厳守すべき点をまとめている（ヘスペ「世界史の哲学講義」、一七四頁）。

（10）ヘスペ「世界史の哲学講義」、一七一―一七二頁を参照。

（11）ヘスペ「世界史の哲学講義」、一七二―一七三頁を参照。

（12）伊坂青司「ヘーゲル歴史哲学の原型と変容――〈世界史の哲学〉初回講義（一八二二／二三年）を中心に」（『思想』第一〇八六号、二〇一四年）、一四九頁を参照。

（13）伊坂青司「ヘーゲル歴史哲学の原型と変容」、一四八―一四九頁を参照。

（14）伊坂青司「ヘーゲル歴史哲学の原型と変容」、一四一―一四二頁、山﨑純「時空の十字路としての世界史――ヘーゲル『歴史哲学』新資料を読む」（『理想』第六六〇号、一九九七年）、七九頁―八〇頁、権左武志『ヘーゲルにおける理性・国家・歴史』（岩波書店、二〇一〇年）、二〇頁を参照。

（15）伊坂青司「ヘーゲル歴史哲学の原型と変容」、一四六頁を参照。

（16）権左武志『ヘーゲルにおける理性・国家・歴史』、二八―三〇頁等を参照。

（17）このことはユトレヒト大学図書館所蔵のアッカースダイクの講義録に記録されている。詳しくはフランツ・ヘスペ「『歴史は〈自由の意識〉における進歩である』――ヘーゲルの歴史哲学の展開に関して」（ヘンリッヒ／ペゲラーほか『続・ヘーゲル読本――〈翻訳編／読みの水準〉』法政大学出版局、一九九七年）、二八九―二九〇頁、山﨑純「時空の十字路としての世界史」、七二―七三頁を参照。

（18）ヘスペ「『歴史は〈自由の意識〉における進歩である』」を参照。

（19）山﨑純「〈歴史の始まり〉としての近代――『世界史の哲学』講義にみられる近代認識の発展」（加藤尚武編『ヘーゲル哲学への新視角』創文社、一九九九年）、二二四―二二六頁を参照。

第八章

（1）H. G. Hotho, *Vorlesungen über Ästhetik, oder Philosophie des Schönen und der Kunst, Berlin 1833. Nachgeschrieben und durchgearbeitet von Immanuel Hegel*, hrsg. und eingeleitet von Bernadette Collenberg-Plotnikov, Stuttgart 2004.

（2）*Vorlesung über Philosophie der Kunst, Berlin 1820/21. Eine Nachschrift*, hrsg. von H. Schneider, Frankfurt a. M. 1995. *Vorlesungen über die Philosophie der Kunst, Berlin 1823. Nachgeschrieben von Heinrich Gustav Hotho*, hrsg. von A. Gethmann-Siefert, Hamburg 1998.

（3）*Philosophie der Kunst, 1826. Nachgeschrieben durch von der Pfordten. Ms. im Besitz der Staatsbibliothek Preußischer Kulturbesitz, Berlin*, hrsg. von A. Gethmann-Siefert, J.-I. Kwon und K. Berr. Frankfurt a. M. 2004.

（4）*Philosophie der Kunst oder Ästhetik, Berlin 1826. Nachgeschrieben von Friedrich Carl Hermann Victor von Kehler*, hrsg. von A. Gethmann-Siefert und B. Collenberg-Plotnikov, München 2004.

（5）Hegels Vorlesung über Ästhetik 1828/29. Allgemeiner Teil, hrsg. von H. Schneider, in: *Jahrbuch für Hegelforschung* Band 12–14, Sankt Augustin 2010.

（6）聡明な直観という言葉は、ヘーゲルの『美学講義』においては一八二三年にのみ出てくる用語である。しかし、『エンチクロペディー』第一版（一八一七年）では、緒論の第十節に、第二版（一八二七年）と第三版（一八三〇年）では、緒論の第十六節にも出てくることから、ヘーゲル自身がこの語を用いたことの信憑性は得られる。また、直観に聡明という形容詞を付けることは、ほかの哲学者にも見られるものではなく、ヘーゲル独特の用法だと考えられる。

（7）Vgl. *Philosophie der Kunst, 1826. Nachgeschrieben durch von der Pfordten*, 54ff. *Philosophie der Kunst oder Ästhetik, Berlin 1826. Nachgeschrieben von Friedrich Carl Hermann Victor von Kehler*, 11ff.

（8）Friedrich Schiller, *Sämtliche Werke*, Bd. 5, München 1962, 577.

（9） Vgl. *Philosophie der Kunst oder Ästhetik, Berlin 1826. Nachgeschrieben von Friedrich Carl Hermann Victor von Kehler*, 19. ヘーゲルは「民族の精神」という言葉を用いてシラーの美学を解釈したが、シラー自身はこの語を用いてはいない。

第九章

（1） Vgl. *Hegels Ästhetik als Theorie der Moderne*, hrsg. von A. Gethmann-Siefert, H. Nagl-Docekal, E. Eozsa, E. Weisser-Lohmann, Akademie 2013. ここでは、ヘーゲル美学の現代的な意義が、さまざまな観点から論じられている。さらに、つぎのものは、ヘーゲルの美学思想の形成史を詳細に分析して、講義録のヘーゲルが、近代の芸術を「もはや美ではない芸術」として、いわゆる美学の範疇に収まらないものとして積極的に論じていることを具体的に立証している。Annemarie Gethmann-Siefert, *Einführung in Hegels Ästhetik*, Fink 2005.

（2） Hegel, *Werke*, hrsg. von einem Verein von Freunden des Verewigten, Berlin 1832–1845.

（3） Walter Jaeschke, *Hegel-Handbuch. Leben-Werk-Wirkung*, Stuttgart: Metzler 2003, S. 419.

（4） 山﨑純「ヘーゲルの語り口に迫る画期的な翻訳——長谷川宏『ヘーゲル美学講義』（作品社）の翻訳革命と資料上の革命」『情況』一九九五年三月号、九一頁。

（5） オットー・ペゲラー編『ヘーゲル講義録研究』法政大学出版局、二〇一五年、二〇三―四頁。

（6） Annemarie Gethmann-Siefert, Einleitung: Gestalt und Wirkung von Hegels Ästhtik, in: *Vorlesungen Ausgewählte Nachschriften und Manuskripte*, Bd. 2, *Vorlesugen über die Philosophie der Kunst, Berlin 1823*, Hamburg: Meiner 1998, S. CLXXXI.

（7） Jaeschke, *Hegel-Handbuch*, S. 420.

（8） Gethmann-Siefert, Einleitung: Gestalt und Wirkung von Hegels Ästhtik, S. CXLII.

（9） Hegel, *Philosophie der Kunst, Vorlesung von 1826*, hrsg. von Annemarie Gethmann-Siefert, Jeong-Im Kwon und Karsten Berr, Suhrkamp 2005; *Philosophie der Kunst oder Ästhetik nach Hegel, im Sommer 1826. Mitschrift Friedrich Carl Hermann und Victor von Kehler*, hrsg. von Annemarie Gethmann-Siefert und Bernadette Collenberg-Plotnikov, Fink 2004.

（10） Gethmann-Siefert, Einleitung: Gestalt und Wirkung von Hegels Ästhtik, S. CXCVIII-CIC.

第十章

（1）一八三一年の『宗教哲学講義』の聴講者数はわかっていない。Vgl. G. W. F. Hegel, *Vorlesungen über die Philosophie der Religion*, in: Vorlesungen. Ausgewählte Nachschriften und Manuskripte, hrsg. von Walter Jaeschke, Hamburg: Meiner, Bd. 3, 1983, S. XII.

（2）Vgl. Bd.3, S. X.

（3）Vgl. Bd.3, S. XI.

（4）Hegel, *Vorlesungen über die Philosophie der Religion*, Bd. 3, 1983; Bd. 4, 1985; Bd. 5; 1984. 引用は本文中に巻数・頁数を記す。

（5）Vgl. Diego Giordano, The Hegels Vorlesungen über die Philosophie der Religion（1821–1831）sources and critical editions from Marheineke to Jaeschke, in: *Kriterion*, vol. 52, no. 123, 2011, S. 75–88.

（6）オットー・ペゲラー編『ヘーゲル講義録研究』（法政大学出版局、二〇一五年）、六四頁を参照。

（7）以下の叙述については、山﨑純『神と国家』（創文社、一九九五年）によっている。

（8）ペゲラー編『ヘーゲル講義録研究』、六四頁を参照。

（9）ペゲラー編『ヘーゲル講義録研究』、六四頁を参照。

（10）ペゲラー編『ヘーゲル講義録研究』、四五頁を参照。

（11）cf. Hodgson, P. C., *Hegel and Christian Theology. A Reading of the Lectures on the Philosophy of Religion*, Oxford, 2007, p. 67.

（12）当時、『ヨブ記』の起源と執筆時期が激しい論争となっていた。ヘーゲル『宗教哲学講義』（山﨑純訳、創文社、二〇〇一年）、二七六頁を参照。

（13）岩波哲男『ヘーゲル宗教哲学入門』（理想社、二〇一四年）、一一九頁を参照。

（14）ペゲラー編『ヘーゲル講義録研究』、二〇頁を参照。

第十一章

（1）Vgl. *Briefe von und an Hegel*, hrsg. von Johannes Hoffmeister, Bd. 1-4, Hamburg 1952-1960, Nr. 11.

（2）なお、現在刊行中の校訂版『ヘーゲル全集』第二部では、第二十九巻に神の存在証明に関する講義の「補遺」が収められる予定になっている。

（3）各年度の宗教哲学講義の全般的な相違については本書の第十章を参照のこと。

（4）この講義録を含め、ベルリン時代のヘーゲルのヤコービ論に独自の意義を見いだそうとする論考として、つぎのものを参照した。石川和宣「〈時代と個人の精神的教養形成の転換点〉としてのヤコービ——ヘーゲル哲学における〈直接知〉論の展開」（『宗教学研究室紀要』第六号、二〇〇九年）、五四—八八頁。

（5）『エンチクロペディー』では、ヘーゲル自身、神の存在証明の問題についてはこの「予備概念」を参照するように促している（GW 20. §552 Anm.）。

（6）この点については本書の第二章を参照のこと。

（7）本章では『神学講義』の叙述を理解するにあたり、つぎの文献を参照した。Walter Jaeschke, *Hegel-Handbuch*, Stuttgart: Metzler, 2010, S. 497f. 西羽義夫「ヘーゲルと神の存在証明」（『大阪大学人間科学部紀要』第二巻、一九七六年）、四三—七三頁。中畑邦夫「ヘーゲル論理学における神の存在証明の意義」（『ヘーゲル哲学研究』第十五号、二〇〇九年）、一一六—一二八頁。

（8）Vgl. Jacobi, *Briefe über die Lehre des Spinozas*, 1789, VII, Beilage, S. 419.

（9）Hegel, *Vorlesungen über die Philosophie der Religion*, in: *Vorlesungen. Ausgewählte Nachschriften und Manuskripte*, hrsg. von Walter Jaeschke, Hamburg: Meiner, 1983, Bd. 3, S. 63.

第十二章

（1）*Vorlesungen über die Geschichte der Philosophie*, hrsg. von K. L. Michelet, Berlin, 1840, S. VIII.

（2）『哲学史講義』の各種源泉資料に関しては、試行版『ヘーゲル講義録選集』の編者解説等に詳しい。Vgl. Hegel, *Vorlesun-*

gen. Ausgewählte Nachschriften und Manuskripte, Bd. 6–9, *Vorlesungen über die Geschichte der Philosophie*, 4 Teile, hrsg. von Pierre Garniron und Walter Jaeschke, Hamburg: Meiner, 1986–96, Bd. 6, S. XVIIIff.

（3）ペゲラー編『ヘーゲル講義録研究』法政大学出版局、二〇一五年、二一一頁。

（4）*Werke. Vollständige Ausgabe durch einen Verein von Freunden des Verewigten*. Berlin 1832–1845, Bd. 13–15: *Vorlesungen über die Geschichte der Philosophie*, hrsg. von K. L. Michelet.

（5）*Sämtliche Werke. Jubiläumsausgabe in zwanzig Bänden*, hrsg. von Hermann Glockner. Stuttgart 1927–1940, Bd. 17–19: *Vorlesungen über die Geschichte der Philosophie*.

（6）*Sämtliche Werke*, hrsg. von Gerog Lasson und Johannes Hoffmeister, Leipzig 1911 ff., Bd. 15a *Vorlesungen über die Geschichte der Philosophie*, Teilband 1, 1940.

（7）この新版にもとづく翻訳・注解として、つぎのものがある。山口誠一・伊藤功『ヘーゲル「新プラトン主義哲学」註解』（知泉書館、二〇〇五年）。

（8）Karl Rosenkranz, *Georg Wilhelm Friedrich Hegels Leben*, Berlin 1844, S. 201. Vgl. GW 18. 341.（『ヘーゲル伝』中埜肇訳、みすず書房、一九八三年、一八三頁）。

（9）*Vorlesungen über die Geschichte der Philosophie*, hrsg. von K. L. Michelet, S. VII.

（10）Rosenkranz, *Hegels Leben*, S. 201.

（11）Michelet, *Geschichte der letzten Systeme der Philosophie in Deutschland von Kant bis Hegel II*, Berlin 1838, S. 791.

（12）Kuno Fischer, *Hegels Leben, Werke und Lehre*, Heidelberg 1911, S. 433, 1011ff.

（13）Klaus Düsing, *Hegel und die Geschichte der Philosophie*, Darmstadt 1983, S. 7.

（14）*Hegels Enzyklopädie der philosophischen Wissenschaften (1830). Ein Kommentar zum Systemgrundriß*, hrsg. von Hermann Drüe u.a., Frankfurt a. M. 2000, S. 487.

（15）この点についてはつぎの研究が参考になる。山口誠一『ヘーゲルのギリシア哲学論』（創文社、一九九八年）、石川和宣「学への導入としての思惟の歴史――〈思想（思惟）の客観性に対する三つの態度〉についての考察」（『ヘーゲル哲学研究』第十六号、二〇一〇年）。

（16）Rosenkranz, *Hegels Leben*, S. 205.（ローゼンクランツ前掲書、邦訳一八六頁）。

（17） 山口誠一『ヘーゲルのギリシア哲学論』、七五頁、参照。
（18） ヘーゲルの哲学史講義の歴史的背景については、以下を参照。Walter Jaeschke, *Hegel-Handbuch*, Stuttgart: Metzler, 2003, S. 178f.
（19） Hans Friedrich Fulda, *Das Problem einer Einleitung in Hegels Wissenschaft der Logik*, Frankfurt a. M. 1965, S. 195.（フルダ『導入としての現象学』久保陽一・高山守訳、法政大学出版局、二〇〇二年、二六五頁）。
（20） *Briefe von und an Hegel*, hrsg. von J. Hoffmeister, Bd. 2, 1953, S. 216.
（21） この問題については、以下フルダによる検討も参照のこと。Fulda, *Das Problem einer Einleitung in Hegels Wissenschaft der Logik*, S. 209ff.（フルダ『導入としての現象学』、二八一頁以下）。
（22） *Hegels Enzyklopädie der philosophischen Wissenschaften (1830). Ein Kommentar zum Systemgrundriß*, hrsg. von Drüe u. a., S. 491.
（23） Fischer, *Hegels Leben, Werke und Lehre*, S. 433.
（24） ただし、哲学史序論において「画廊」というよく知られた表現は、一八一九年の講義録、一八二〇年の講義草稿、一八二一／二二年の講義録、一八二三年の草稿、一八二三／二四年の講義録に登場するが、その後は姿を消している。

あとがき

ヘーゲル哲学について書かれた本はたくさんあるが、そのなかでも、もっとも包括的で、かつ、バランスの取れたものは、つぎの二冊である。一つは、『ヘーゲル全集』第一部「著作集」を概観した、オットー・ペゲラー編『ヘーゲルの全体像』（以文社、一九八八年）であり、もう一つは、第二部「講義録」に的を絞った、オットー・ペゲラー編『ヘーゲル講義録研究』（法政大学出版局、二〇一五年）である。二冊を一読すると、ヘーゲル哲学の全体と、ドイツのヘーゲル研究がよくわかるようになっている。さらに、日本のヘーゲル研究を知りたい読者には、本書『ヘーゲル講義録入門』をお勧めしたい。

本書は、ペゲラー編『ヘーゲル講義録研究』の共訳者たちを中心とした、日本語によるヘーゲル哲学研究への入門書である。日本のヘーゲル研究の状況を踏まえて、新しい校訂版『ヘーゲル全集』の第二部「講義録」を使って、これまで知られることのなかったヘーゲル像を描き出している。ドイツの研究状況を伝える本書の各章を読んで、日本のヘーゲル研究の現状を知ってもらえれば本望である。

最後になったが、本書の出版を引き受けて、編集を担当してくれた法政大学出版局の郷間雅俊氏に、厚くお礼申し上げる。

二〇一六年　夏

寄川条路

著者紹介

編　者

寄川条路（よりかわ・じょうじ）。一九六一年、福岡県生まれ。ボーフム大学大学院修了、文学博士。現在、明治学院大学教授。単著に『新版　体系への道』（創土社、二〇一〇年）、『ヘーゲル哲学入門』（ナカニシヤ出版、二〇〇九年）、『ヘーゲル『精神現象学』を読む』（世界思想社、二〇〇四年）、共訳にオットー・ペゲラー編『ヘーゲル講義録研究』（法政大学出版局、二〇一五年）。

著　者（五十音順）

赤石憲昭（あかいし・のりあき）　一九七四年、東京都生まれ。一橋大学大学院修了、社会学博士。現在、日本福祉大学准教授。論文に「ヘーゲル判断論の論理――ヘーゲル判断論の人間論的解釈の試み」（久保陽一編『ヘーゲル体系の見直し』理想社、二〇一〇年）、「ヘーゲルの「仮言判断」の具体例をめぐって」（『ヘーゲル論理学研究』第九号、二〇〇三年）、共訳にオットー・ペゲラー編『ヘーゲル講義録研究』（法政大学出版局、二〇一五年）。

池松辰男（いけまつ・たつお）　一九八八年、山東省生まれ。東京大学大学院修了、文学修士。現在、千葉県立保健医療大学非常勤講師。論文に「身体と言語――「精神哲学」における二つの表現」（『ヘーゲル哲学研究』第十九号、二〇一三年）、「承認の条件としての身体――ヘーゲル「人間学」における〈身体〉の意義」（『倫理学年報』第六十二集、二〇一三年）、共訳にマルクス・ガブリエル／・スラヴォイ・ジジェク『神話・狂気・哄笑――ドイツ観念論における主体性』（堀之内出版、二〇一五年）、オットー・ペゲラー編『ヘーゲル講義録研究』（法政大学出版局、二〇一五年）。

大河内泰樹（おおこうち・たいじゅ）　一九七三年、福岡県生まれ。ボーフム大学大学院修了、哲学博士。現在、一橋大学教授。単著に Ontologie und Reflexionsbestimmungen. Zur Genealogie der Wesenslogik Hegels. Konigshausen und Neumann, 2008. 共著に西山雄二編『人文学と制度』（未來社、二〇一三年）、共訳にアクセル・ホネット『自由であることの苦しみ――ヘーゲル『法哲学』の再生』（未來社、二〇〇九年）、マルクス・ガブリエル／スラヴォイ・ジジェク『神話・狂気・哄笑——ドイツ観念論における主体性』(堀之内出版、二〇一五年)、オットー・ペゲラー編『ヘーゲル講義録研究』(法政大学出版局、二〇一五年)。

岡崎 龍(おかざき・りゅう)　一九八七年、バーモント州生まれ。一橋大学大学院修了、社会学修士。現在、日本学術振興会特別研究員・フンボルト大学留学中。論文に「ヘーゲル『精神現象学』における否定性の問題——ヴォルフガング・ボンジーペン『ヘーゲルのイエナ期論考における否定性の概念』を読む」(『クァドランテ』第十六号、二〇一四年)、共訳にマルクス・ガブリエル/・スラヴォイ・ジジェク『神話・狂気・哄笑——ドイツ観念論における主体性』(堀之内出版、二〇一五年)、オットー・ペゲラー編『ヘーゲル講義録研究』(法政大学出版局、二〇一五年)。

片山善博(かたやま・よしひろ)　一九六三年、東京都生まれ。一橋大学大学院修了、社会学博士。現在、日本福祉大学教授。単著に『生と死の倫理——「死生学」への招待』(DTP出版、二〇一四年)、『差異と承認——共生理念の構築を目指して』(創風社、二〇〇七年)、『自己の水脈——ヘーゲル「精神現象学」の方法と経験』(創風社、二〇〇二年)、共訳にオットー・ペゲラー編『ヘーゲル講義録研究』(法政大学出版局、二〇一五年)。

小井沼広嗣(こいぬま・ひろつぐ)　一九七九年、東京都生まれ。法政大学大学院修了、文学修士。現在、法政大学非常勤講師。論文に「道徳的行為主体による悪とその克服——『精神現象学』における良心論をめぐって」(『ヘーゲル哲学研究』第二十号、二〇一四年)、共訳にオットー・ペゲラー編『ヘーゲル講義録研究』(法政大学出版局、二〇一五年)、ロバート・B・ピピン『ヘーゲルの実践哲学——人倫としての理性的行為者性』(法政大学出版局、二〇一三年)。

小島優子(こじま・ゆうこ)　一九七三年、神奈川県生まれ。上智大学大学院修了、哲学博士。現在、高知大学准教授。単著に『ヘーゲル——精神の深さ』(知泉書館、二〇一一年)、『最新哲学がよ～くわかる本』(秀和システム、二〇〇六年)、共著に『生命倫理の教科書』(ミネルヴァ書房、二〇一四年)、共訳にオットー・ペゲラー編『ヘーゲル講義録研究』(法政大学出版局、二〇一五年)。

真田美沙(さなだ・みさ)　一九八九年、福岡県生まれ。一橋大学大学院修了、文学修士。現在、一橋大学大学院博士課程在学。論文に「ヘーゲル『大論理学』における量の適用範囲」(『哲学の探求』第四十号、二〇一三年)、「量における質の回復について——ヘーゲル『大論理学』における〈定量の無限性〉を中心に」(『ヘーゲル哲学研究』第二十一号、二〇一五年)。

鈴木亮三(すずき・りょうぞう)　一九七五年、愛知県生まれ。東北大学大学院修了、文学博士。現在、日本医科大学非常勤講師。共著に『どう生きどう死ぬか』(弓箭書院、二〇〇九年)、論文に「〈所有の運命〉の行方――フランクフルト・イエーナ期ヘーゲル哲学生成の一断面」(『思索』第四十七号、二〇一四年)、「ヘーゲル哲学におけるオイディプス問題」(『ヘーゲル哲学研究』第十九号、二〇一三年)。

瀧本有香(たきもと・ゆか) 一九八八年、福井県生まれ。早稲田大学大学院修了、文学修士。現在、日本学術振興会特別研究員。論文に「シェリングとヘーゲル――その芸術観と芸術の地位」(『哲学世界』第三十七号、二〇一四年)、「ヘーゲル美学における有機体の美しさ」(『哲学世界』別冊第五号、二〇一三年)、共訳にオットー・ペゲラー編『ヘーゲル講義録研究』(法政大学出版局、二〇一五年)。

中畑邦夫(なかはた・くにお) 一九七一年、千葉県生まれ。上智大学大学院修了、哲学博士。現在、麗澤大学非常勤講師。論文に「ヘーゲルのソクラテス論――その悲劇性および喜劇性」(『麗澤学際ジャーナル』第二十二巻、第一号、二〇一四年)、「ヘーゲル論理学における神の存在証明の意義」(『ヘーゲル哲学研究』第十五号、二〇〇九年)、「ヘーゲル論理学における「人格性」について――『大論理学』の実践的・倫理的な解釈可能性」(『倫理学年報』第五十二集、二〇〇三年)。

三重野清顕(みえの・きよあき) 一九七七年、兵庫県生まれ。東京大学大学院修了、文学博士。現在、お茶の水女子大学非常勤講師。論文に「超越論的な過去――初期シェリングの時間論」(『倫理学年報』第五十九集、二〇一〇年)、「共同体の倫理――時間論的視座より」(『理想』六八五号、「特集 倫理学の再発見」二〇一〇年)、「真理の生成――ヘーゲルにおける時間の真理開示機能をめぐって」(『KAWADE道の手帖・ヘーゲル入門』河出書房新社、二〇一〇年)、共訳にオットー・ペゲラー編『ヘーゲル講義録研究』(法政大学出版局、二〇一五年)。

人名索引

ア 行

カ 行

サ 行

タ 行

ナ 行

ハ 行

マ 行

ヤ 行

ラ 行

ヘーゲル講義録入門

2016年9月12日　初版第1刷発行

編著者　寄川条路

発行所　一般財団法人　法政大学出版局

〒102-0071　東京都千代田区富士見2-17-1
電話03（5214）5540　振替00160-6-95814
組版：HUP　印刷：日経印刷　製本：積信堂

ISBN978-4-588-15079-1